Nadja von Saldern
Glücklich getrennt

NADJA VON SALDERN

GLÜCKLICH
GETRENNT

Wie wir achtsam miteinander umgehen,
wenn die Liebe endet

Ullstein leben ist ein Verlag der Ullstein Buchverlage GmbH

ISBN 978-3-96366-003-0

3. Auflage 2019
© 2018 by Ullstein Buchverlage GmbH, Berlin
Lektorat: Barbara Krause
Umschlaggestaltung: zero-media.net, München
Satz: Keller & Keller GbR
Gesetzt aus der Minion
Druck und Bindearbeiten:
CPI books GmbH, Leck
Printed in Germany

Für meinen Mann, Clemens

Inhalt

Vorwort

Jede Paarbeziehung ist so einzigartig wie die beiden Menschen, die sie eingehen, denn jeder bringt seine eigene Geschichte und seine Charaktereigenschaften mit. Genauso einzigartig wie die Beziehung selbst ist ihr Gelingen oder Scheitern. Und dennoch: Aus meiner langjährigen Erfahrung mit Paaren weiß ich, dass das Gelingen oder Scheitern einer Beziehung Mustern folgt, die man gut benennen kann. Denn unseren Verhaltensmustern liegen Werte und Vorstellungen zugrunde, die wir von dem Kulturkreis vermittelt bekommen, in dem wir groß geworden sind. Während wir in geschäftlichen Angelegenheiten Entscheidungen treffen, die auf Zahlen, Daten und Fakten und nur manchmal auf intuitivem Verhalten beruhen, treffen wir in ganz persönlichen Dingen wie der Partnerwahl Entscheidungen mehr nach reinem Bauchgefühl – oft beseelt von unerfüllten Wünschen, Sehnsüchten und Erwartungen. Die Erkenntnis, dass viele dieser Erwartungen vom anderen nicht erfüllt oder gar enttäuscht werden und wir an der Seite des erwählten Partners nicht glücklich werden, trifft uns hart. Und irgendwann kommt der Zeitpunkt, an dem wir uns fragen, ob uns die Beziehung, in der wir leben, überhaupt noch in irgendeiner Hinsicht guttut oder uns – und dem anderen – nicht vielmehr schadet.

Bleiben oder gehen? Wer sich diese Frage stellt, dem geistert die Trennung schon im Kopf herum. Das heißt, es ist ein Punkt erreicht, der nach Veränderung ruft. Wohin die Veränderung das Paar führt, ist vielleicht noch offen. Wird der Tiefpunkt zu einem Neuanfang führen, oder bedeutet er das Aus der Bezie-

hung? In meiner Praxis erlebe ich beides: Paare, die noch nicht
wissen, wohin die Reise geht, und die um den Erhalt ihrer Beziehung kämpfen oder um ein friedliches Ende bemüht sind.
Ich lerne ihre Sorgen, Nöte und Bedürfnisse kennen. Ich begleite sie auf ihrem Weg der Befriedung und Veränderung der
Situation.

Und sollte es tatsächlich zur Trennung kommen, dann stehen
beide vor großen Herausforderungen. Zum einen müssen sie
mit den Schmerzen und dem Verlust umgehen und zum anderen viele sachliche Themen klären. Ein Paar, das sich trennt,
führt in der Regel bestehende Beziehungsmuster fort und versucht, seine Ziele mit dem altbewährten und einstudierten Paar-
tanz zu erreichen. Dadurch kann es schnell zu einem nervenaufreibenden Rosenkrieg der Parteien kommen, der sich zur
schlimmsten Zeit im Leben entwickeln kann. Mein Anliegen ist
es, dies zu verhindern. Die Trennungsmediation ist dafür ein
idealer Rahmen. Hier werden die sachlichen Themen, die in
einer Trennungssituation besprochen werden müssen, begleitet,
aber auch den Emotionen wird wichtiger Raum gegeben. Dabei
ist die Trennungsmediation eng mit der Paartherapie verwoben.

Ich werde aus meiner Praxis und meinen Erfahrungen als
Mediatorin berichten. Anhand vieler Fallbeispiele werde ich
Ihnen erklären, worauf es im Trennungsprozess ankommt und
was beachtet werden muss, damit dieser achtsam und friedlich
verlaufen kann. Dabei ist mir natürlich bewusst, dass es überaus schwierig und manchmal sogar unmöglich ist, eine Trennung achtsam und friedlich zu gestalten. Aber es gibt Möglichkeiten und Lösungen, selbst wenn die Lage noch so verzwickt
erscheint.

Dieses Buch ist für Menschen geschrieben, verheiratet oder
zusammenlebend, die eine Trennung in Erwägung ziehen. Und
auch für diejenigen, die befürchten, dass es dazu kommen

könnte, oder die sich einfach nur informieren möchten, wie eine Trennung ablaufen könnte. Und dieses Buch wird sicher auch von Menschen gelesen, die schon mitten in einem Kampf mit dem Expartner stehen. Auch hier werden Sie immer wieder Hilfestellungen finden und davon profitieren, auch wenn es viel weniger Möglichkeiten gibt, wenn die Eskalation schon einmal auf die Spitze getrieben ist. Umso wichtiger ist es, es gar nicht so weit kommen zu lassen. Es geht mir nicht um die Aufarbeitung der ganzen Beziehung, sondern vielmehr um eine Bejahung der Trennungssituation. Denn wenn wir zur Trennung Ja sagen können, dann können wir dem Partner auch in Würde begegnen.

Dieses Buch sollte von Anfang bis Ende gelesen werden. In jedem Kapitel stecken wertvolle Informationen, die nur chronologisch Sinn ergeben. In meiner Praxis wollen die Parteien häufig das vermeintlich Wichtige, also das Sachliche und Juristische, zuerst in Angriff nehmen. Doch erst wenn Sie sich darauf einlassen, auch Ihre Beziehung und die Trennungsgründe zu beleuchten und zu befrieden, entwickelt sich die Bereitschaft für eine friedliche Trennung und den guten Umgang miteinander. Lassen Sie sich überraschen, Sie werden erstaunt sein, dass ganz andere Dinge Sie weiterbringen, als Sie im Moment noch für möglich halten.

»Stell dir vor, es ist Rosenkrieg
und keiner geht hin ...«

1

Vom Paradoxon der Paarbeziehung

Irgendwann im Leben begegnen wir dem Menschen, mit dem wir unser Leben teilen und eine Familie gründen wollen. Wir verlieben uns und erleben das schönste aller Gefühle, das wir Menschen kennen. Die Verliebtheit verleiht uns Flügel und befähigt uns, das Glas halb voll statt halb leer zu sehen. Wir fühlen uns rundum großartig und sehen auch den anderen in einem durchweg positiven Licht. Wir trauen uns! Alles scheint leicht und einfach zu gehen. Wir können es kaum glauben, wenn sich Freunde etwa darüber beklagen, seit der Geburt ihrer Kinder keinen Sex mehr zu haben, und verwundert reiben wir uns die Augen angesichts älterer Paare, die sich im Restaurant wortlos gegenübersitzen und sich ganz offensichtlich nichts mehr zu sagen haben. Wir sind blauäugig und meinen, uns würde es anders ergehen. Leider weit gefehlt, denn jedes Paar geht irgendwann durch schwierige Zeiten.

Das Leben in einer festen Beziehung ist nichts anderes als ein fortwährendes Paradoxon aus widersprüchlichen Bedürfnissen. Auf der einen Seite wollen wir frei, autonom und unbeschwert sein, auf der anderen Seite sehnen wir uns nach Gemeinsamkeit, Intimität und übernehmen freiwillig die Verantwortung für eine Familie. Das alles unter einen Hut zu bekommen stellt eine große Herausforderung dar. Denn was der eine als Freiheit definiert, löst beim anderen unter Umständen Verlustängste aus. Und was der eine als Intimität betrachtet, das empfindet der andere möglicherweise als Einschränkung. Zudem bringen wir Themen und Verletzungen in unsere Beziehung mit, die uns schon lange begleiten. Da gibt es viele unerfüllte Bedürfnisse aus unserer Kindheit, auf deren Erfüllung wir auch im Erwachsenenalter noch sehnsüchtig hoffen. Haben wir etwa von unseren Eltern zu wenig Lob erfahren, dann erwarten wir ein solches von unserem Partner umso mehr. Erfahren wir das Lob jedoch nicht, dann fühlen wir uns schnell »ungeliebt«. Streit und Missverständnisse sind vorprogrammiert.

Dabei wünschen wir uns einen Partner, der mit uns durch dick und dünn geht, einen Komplizen für dieses Leben, mit dem wir vielleicht auch irgendwann einmal eine Familie, ein Familienunternehmen gründen wollen. Denn dies soll der Hafen sein, in den wir immer wieder einfahren können, der uns Kraft spendet, uns glücklich macht und uns vor Einsamkeit bewahrt. Zudem wollen wir auch Spaß haben, eine erfüllende Sexualität erleben und vom anderen in Krisenzeiten aufgefangen werden. Und am Ende träumen wir davon, bis ins hohe Alter Händchen haltend auf einer Bank zu sitzen und versonnen in die Weite zu schauen. Das alles, und nicht weniger, soll uns eine Partnerschaft ermöglichen. Puh! Was für Erwartungen!

Vertrag ohne Worte

Das Eingehen einer Ehe oder Lebensgemeinschaft – ganz nüchtern betrachtet – ist ein Vertrag. Ein Vertrag zwischen zwei Menschen, die vorhaben, das Leben miteinander zu teilen. Juristische Eheverträge werden nur dann abgeschlossen, wenn sich einer davon einen Vorteil verspricht. Der andere stimmt zu, weil er die Möglichkeit einer Trennung in dem Moment ausblendet. In der Praxis gestalten sich Eheverträge jedoch schwierig, weil man sich beim Aufsetzen eines Ehevertrags quasi schon in die mögliche Scheidung hineinversetzen muss. Niemand spricht gerne über die Möglichkeit, dass die Beziehung vielleicht auch auseinandergehen könnte. Das sind Gedanken, die wir uns im Hoch der Gefühle füreinander nicht gestatten. Zu groß ist die Angst, die Beziehung ihrer Romantik zu berauben, dem anderen das Gefühl zu geben, ihm nicht genügend zu vertrauen oder es nicht ernst zu meinen. Manches wird vielleicht mündlich besprochen und auch explizit geäußert, der Großteil wird aber stillschweigend vereinbart. Was der eine darunter versteht, davon weiß der andere nicht viel, ahnt es nur und hegt seinerseits insgeheim Erwartungen. Vieles wird nur angenommen, aber nicht ausgesprochen und schon gar nicht schriftlich festgehalten.

In den heutigen Beziehungen gibt es auch kaum Selbstverständlichkeiten mehr, auf die man sich früher noch einstellen konnte. Heute ist alles Verhandlungssache. Auch wissen wir noch nicht, was uns erwartet oder wie wir uns selber entwickeln werden. Daher ist es in vielen Fällen nicht möglich, über Eventualitäten zu reden und Vereinbarungen zu treffen. Also lässt man es lieber sein. So bleibt die Romantik bestehen und die Hoffnung, dass schon alles gut werden wird.

Dabei gehört dieser Vertrag zu den folgenschwersten Vereinbarungen, die wir im Leben treffen. Zugleich aber ist es ein Vertrag, über den – aus oben genannten Gründen – am wenigsten gesprochen und verhandelt wird. Wir gehen davon aus, dass der andere so herausragend ist, wie wir vermuten. Aufrichtigkeit, Treue, Fleiß, gegenseitige Unterstützung, Zugewandtheit, Offenheit, Fairness, Schutz der Beziehung, Hilfs- und Kommunikationsbereitschaft werden als Werte vorausgesetzt. Auf dieser stillschweigenden Vertragsbasis gründen wir nun unser neues, gemeinsames Leben. Wir verlassen uns ganz auf den anderen und die Einhaltung der unausgesprochenen Regeln. Und wir glauben, uns auf uns selber verlassen zu können. Wir ziehen zum anderen, geben vielleicht unseren Job auf, bekommen Kinder, entscheiden gemeinsam, wer unsere Freunde sein sollen, und bauen auf den anderen. In guten wie in schlechten Zeiten.

Anders als gedacht

Doch schon bald kommt es zu den ersten »Vertragsverletzungen«. Der Partner verhält sich nicht so wie gedacht, oder wir selbst tun nicht, was der andere von uns erwartet. Sogenannte weiche Faktoren – wir schreien uns niemals an usw. – werden verletzt. Aber auch stillschweigende Vereinbarungen wie etwa häufiger oder regelmäßiger Sex werden nach der Geburt des ersten Kindes nicht eingehalten. Dies jedoch wird als »Ehebruch« wahrgenommen, und dann ist es zum tatsächlichen Ehebruch durch eine Affäre nicht mehr weit.

Eine Vertragsverletzung zieht die andere nach sich. Wir hinken der Erfüllung des Vertrages hinterher, beklagen uns, dass der Partner nicht so ist wie angenommen, sind sauer, dass die Beziehung nicht unseren Erwartungen entsprechend funktioniert. So steht der eine plötzlich nicht mehr dazu, alleine für die finanzielle Versorgung der Familie verantwortlich zu sein. Oder der andere möchte jetzt doch keine Kinder mehr, oder einer nahm sich vor, eine ganz innige, nahe Beziehung zu leben, und stellt irgendwann fest, dass er doch mehr Freiheiten braucht, als er dachte.

Wir reagieren enttäuscht, verärgert, traurig, frustriert und oft auch wütend. Vor allem aber wollen wir, dass sich in unserer Beziehung etwas ändert – am liebsten wäre uns, der Partner würde sich ändern, denn wenn dieser sich an die stillschweigend vereinbarten Regeln halten würde, wäre alles doch einfacher. Der Partner verändert sich aber nicht. Es sind daher Veränderungen auf beiden Seiten nötig, auf den neuen Grundlagen, den unterschiedlichen Charaktereigenschaften und Gegebenheiten.

Jetzt heißt es, den Vertrag langsam, aber sicher auszuarbeiten, miteinander zu reden, sich den Veränderungen anzupassen. Immer wieder sind kleine Verträge und Absprachen notwendig, die sachlich ausdiskutiert werden müssen, auch wenn sie auf Emotionen beruhen. So lernen wir uns selber und den anderen kennen und sehen, wie wir unser Zusammenleben weiter gestalten können. Denn wir sind wohl doch nicht Topf und passender Deckel füreinander, sondern vielmehr zwei ganz unterschiedliche Wesen, die nun gemeinsam etwas Neues erschaffen müssen.

In jeder Beziehung passieren Veränderungen, die immer wieder aufs Neue verhandelt werden müssen. Gelingt dies nicht, so kommt irgendwann die große Veränderung, die Trennung.

Die Trennung ist wieder ein Vertrag. Dieser Vertrag kündigt den Ehevertrag auf. Er ist einseitig kündbar. Das klingt ganz einfach und zeitgemäß. Dennoch sieht die Realität anders aus.

Eine der häufigsten Fragen in meiner paartherapeutischen Praxis lautet:»Soll ich mich trennen oder nicht?« Vielen scheint es schlicht unmöglich, diese Entscheidung zu treffen.

Stattdessen verstricken sie sich jahrelang in dieser Ambivalenz und kommen da nicht raus. Täglich wechseln die Sichtweisen, ständig legt man andere Werte oder Maßstäbe an. Man spricht mit dem Partner, versucht, ihn ins Boot zu ziehen, doch dieser übernimmt das Ruder nur, um in die andere Richtung zu steuern. Was es nur noch schwerer macht. So viele Gründe sprechen gegen eine Trennung: gemeinsame Kinder, gemeinsames Eigentum, in das man viele Jahre investiert hat, sowie diverse

Ängste, Abhängigkeiten und – nicht zu vergessen – die Restliebe, die trotz allem noch da ist. Und diese Liebe muss förmlich abgetötet werden, will man die Trennung schaffen. Vielen gelingt das nur durch eine Affäre, und in der Regel dauert es mehr als zwei Jahre, bis die Entscheidung zur Trennung endgültig getroffen ist. Die Schmerzen und Verletzungen dauern in der Regel schon viel länger. Eine schwere Zeit. Oft ahnt der Partner nichts davon oder blendet es noch aus. Dies alles belastet den Trennungsvertrag empfindlich. Alles hängt mit Kommunikation zusammen. Stimmt die Kommunikation in der Ehe nicht, können die Bedürfnisse und Veränderungen nicht genügend gewürdigt und bearbeitet werden. Und an der Kommunikation hapert es oft. Daraus entstehen Probleme, die sich wie Viren in der Beziehung ausbreiten und sich in Symptomen (Zahnpastatube) niederschlagen. Finden die Themen dann immer noch keine Beachtung, werden sie größer, das Virus breitet sich zusehends aus. Der Teppich, unter den alles gekehrt wird, wölbt sich, und irgendwann stolpert man darüber und fällt. Und der Schmerz ist heftig. Denn jetzt wird einem bewusst, was man versäumt hat und was sich auch nicht mehr wiedergutmachen lässt. Die Liebesbeziehung geht zu Ende.

2

Warum eine Trennung so schwerfällt

Aus welchen Gründen auch immer wir uns trennen: Der Schmerz ist riesengroß. Schließlich waren wir mit einer großen Vision und vielen Träumen in die Beziehung gestartet. Die Hoffnung und den Wunsch nach Verschmelzung und vertrauter Zweisamkeit mit unserem Partner müssen wir nun aufgeben. Das ist hart. Haben wir nicht unser Bestes gegeben, alles, was wir hatten, so zumindest kommt es uns vor. Und haben wir nicht unendlich viel investiert, oft unter großen Mühen, und haben wir nicht dabei auch auf viel verzichtet? Das alles fühlt sich plötzlich total falsch an. Verschenkte Energie, vertane Zeit. Darüber hinaus müssen wir vielen Menschen wehtun, einige auch enttäuschen und uns selber in eine ungewisse, im Moment noch sehr grau anmutende Zukunft begeben. Vielleicht wissen wir nicht, ob wir die richtige Entscheidung getroffen haben, werden unter Umständen zu etwas genötigt, was wir niemals wollten. Selbst wenn wir mit der Trennung einigermaßen im Frieden sind, Schmerzen werden wir jedenfalls haben.

Genau in diesem Gemützustand der totalen Verwirrung und des Schmerzes müssen wir auch noch handeln. Es müssen so viele Dinge besprochen und geregelt werden. Wie sagen wir es den Kindern? Wer wohnt in Zukunft wo? Wann sind die Kinder bei wem? Was machen wir mit der gemeinsamen Firma? Und wie viel Geld werde ich zur Verfügung haben? Diese sachlichen Themen klären zu müssen macht die Trennung zu einem noch schmerzhafteren Erlebnis. Denn wir gehen nicht nur in eine ungewisse Zukunft und müssen Trauerarbeit leisten, sondern wir müssen auch noch auseinanderdividieren, was über so lange Zeit zusammengewachsen ist.

Diese Kombination aus Klärungsbedarf und Emotionen stellt die Herausforderung einer Trennung dar. Wenn wir dies nicht friedlich regeln, dann bedeutet das Kampf vor Gericht, dann bedeutet das Rosenkrieg. Und dies zieht noch mehr Schmerzen nach sich, finanzielle Belastungen und viel, viel Leid, nicht nur für unsere Kinder. Menschen nach einem Rosenkrieg sprechen von der schrecklichsten und herausforderndsten Zeit ihres Lebens.

Eine friedliche Trennung kann aber nur gelingen, wenn die sachlichen Themen geklärt sind. Denn wir können uns erst auf ein neues Leben einlassen, wenn wir die dazu nötigen Dinge geregelt haben. Sind sie nicht geklärt, dann schwirren sie in unserem Kopf herum, und die Unklarheit macht uns ängstlich, unsicher und bereitet uns Sorgen.

Doch damit es überhaupt zu einer Klärung der Sachfragen kommen kann, bedarf es zuvor einer Betrachtung der Emotionen in der Situation. Denn stellen wir uns einmal vor, wie zwei völlig zerstrittene Parteien, die sich gerade getrennt haben, vor einem Anwalt sitzen und sich über die Ursachen der Trennung streiten. Der Anwalt ermahnt sie immer wieder und sagt: »Liebe Frau X und lieber Herr Y, jetzt bleiben Sie doch bitte sachlich. Sonst kommen wir hier nie zum Ende. Wie wollen wir denn das jetzt mit dem Haus regeln?«

Die Chancen, dass es in einer derart aufgeheizten Stimmung zu einer sachlichen Einigung kommt, sind denkbar gering. Und die angespannte Situation wird bestehen bleiben, solange die Emotionen keine echte Würdigung erfahren. Denn viele

Streitigkeiten während der Trennung haben gar nichts mit der aktuellen Situation zu tun, sondern mit den Altlasten aus der zu Ende gehenden Beziehung. Ähnlich einem Erbschaftskrieg, in dem es gar nicht um den Kronleuchter oder das Geld geht, sondern darum, wen der Erblasser vermeintlich mehr geliebt hat. Daher ist es wichtig, sich klarzumachen, woher die Emotionen kommen, was sie zeigen wollen und warum sie immer noch so stark sind. Erst wenn die Emotionen in den Fokus gerückt werden, kann das Gefühl von Frieden entstehen.

Ein Mann kann den Trennungswunsch seiner Frau einfach nicht akzeptieren. Er findet, es gäbe gar keinen Grund, sich zu trennen. Er ist verzweifelt darüber. Er stellt sich aber zur Verfügung, mit der Frau die notwendigen Dinge zu regeln, da er weiß, dass sie ausziehen möchte, und deshalb wenigstens für die Kinder eine Regelung gefunden werden muss. Er zeigt sich aber sonst auf keine Weise nachgiebig und kooperativ. Vordergründig zeigt er sich gesprächsbereit, aber im Grunde genommen boykottiert er alles, was erreicht werden soll.

Der Mann braucht jetzt Zeit. Er muss über die Umstände hinwegkommen und sich emotional auf die Trennung einstellen. Er hat noch nicht »Ja« zur Trennungssituation gesagt, sie noch nicht akzeptiert, weshalb er unbewusst die möglichen Lösungsversuche verhindert. Er braucht Erklärungen dafür, was eigentlich passiert ist, sonst kreisen seine Gedanken immerzu nur darum, und er ist nicht in der Lage, klar zu denken. Er braucht vor allem emotionale Unterstützung, damit seine Gefühle ihn nicht so im Griff haben. Er kann erst wieder Herr seiner Gefühle werden und sich auf die sachliche Vereinbarung einlassen, wenn er versteht, warum die Beziehung nicht mehr funktioniert hat. Kann er seinen Frieden mit der Trennung machen, dann kann er auch verhandeln und die Notwendigkeit der sachlichen Klärung akzeptieren. Ohne emotionale Aufarbeitung der Trennungssituation gibt es keine friedliche Trennung. Wir können getrost davon ausgehen, dass wir selbst die schmerzhafteste Trennung irgendwann überwinden können. Wir müssen die Schmerzen durchleben, vergleichbar einer Raupe, die den Kokon durchbrechen muss, bevor sie sich zum Schmetterling entfalten kann. Der Raupe darf man nicht »helfen«, indem man den Kokon auftrennt, denn dann wäre sie nicht lebensfähig. Genau die Kraftanstrengung ist es aber, die sie später stark macht für ein Leben unter ganz anderen Bedingungen. So wie vielleicht auch der Seelenschmerz notwendig ist, weil er uns letztlich hilft, stark zu werden für die anstehenden Veränderungen, die eine Trennung mit sich bringt.

Ich bin immer wieder aufs Neue überrascht zu erleben, wie es Menschen gelingt, selbst furchtbarste Schicksalsschläge zu meistern, sich trotz widrigster Umstände am eigenen Schopf aus dem Sumpf zu ziehen und sich auf neue Gegebenheiten einzustellen. So gesehen sind wir Menschen doch ziemlich *wunder*bare Wesen …

Eines Tages kam eine Frau in meine Praxis, die dreißig Jahre lang verheiratet gewesen war. Sie hatte auf ein Berufsleben und auf eigene Interessen weitgehend verzichtet und sich ganz auf die Familie konzentriert. »Aus Rücksichtnahme auf die Firma«, wie ihr Mann das formulierte, hatte er all ihre Bedürfnisse, zum Beispiel nach Zweisamkeit und Hilfe mit den Kindern, stets sofort im Keim erstickt. Die Firma war schließlich »das Wichtigste«, denn sie brachte ja das Geld. Von einem Tag auf den anderen, die Kinder gingen gerade aus dem Haus, hatte er sie für eine jüngere Frau verlassen.

Diese Frau, die in ihrem Leben alles auf eine Karte gesetzt und darauf vertraut hatte, dass es immer so bleiben würde, gehört zu den wahrhaft traurigen Fällen meiner Praxis. Doch auch sie hat ihr Schicksal gemeistert und lebt heute ein sehr zufriedenes, wenn auch völlig anderes Leben, als sie sich ursprünglich gewünscht und vorgestellt hatte. Auf unsere Anpassungsfähigkeit, ein Geschenk der Evolution, ist immer noch Verlass. Dennoch gehört eine Trennung zu den größten Krisen im Leben eines Menschen. Unser ganzes Dasein gerät aus den Fugen und wird komplett infrage gestellt. Wir stecken so sehr in der Krise, dass wir nicht mehr klar denken können. Unser Bauch und unser Kopf liefern sich heftigste Gefechte, doch eigentlich wissen wir gar nichts mehr.

Wir müssen in der schwierigen und hochemotionalen Trennungssituation Dinge klären. Wir brauchen just in dieser Phase einen klaren Kopf und die Bereitschaft, ausgerechnet mit dem Menschen, den wir als Ursache unseres Leids betrachten, über all das zu reden. Diese schwierige Herausforderung muss uns gelingen, damit wir eine friedliche Trennung hinbekommen.

Wir haben die Wahl,

- ob wir viele Jahre mit Streit, Seelenschmerzen und finanziellen Verlusten verbringen wollen,

- ob wir uns die weitere Zukunft – mit gefühlt ungerechtem Ausgang – von einem Familiengericht diktieren lassen wollen, oder

- ob wir unser Schicksal selbst in die Hand nehmen und unsere getrennten Wege gemeinsam so vorbereiten, ebnen und gestalten, dass sie für uns beide und für unsere Kinder gut begehbar werden und in eine bessere Zukunft führen.

Die fünf Phasen einer Beziehung

Wir sehen also: Die wichtigste Voraussetzung für eine friedliche Trennung besteht in der Bereitschaft, die Trennung für sich selbst und auch, wenn möglich, gemeinsam mit dem Expartner aufzuarbeiten. Wir brauchen Frieden mit der Trennung. Und für den Frieden helfen Erklärungen und die Einsicht, was geschehen ist. Erklärungen nehmen uns zwar nicht den Schmerz, aber sie können für Klarheit und gegenseitiges Verständnis sorgen. Es ist daher keine verschenkte Zeit, sich noch einmal vor Augen zu führen, warum die Beziehung so und nicht anders verlaufen ist. Das kann zugleich verhindern, dass uns in der nächsten Beziehung, die wir eingehen, dieselben Fehler noch einmal unterlaufen. Entscheidend ist, dass wir dabei eine möglichst neutrale Sichtweise einnehmen. Sich selbst zu belügen und das Scheitern der Beziehung auf den anderen zu schieben ist dabei wenig hilfreich. Denn damit begibt man sich in die Rolle des Opfers, das dem anderen ausgeliefert war, und fühlt sich dementsprechend machtlos. Ein Gefühl, das zum einen selten der Realität entspricht und zum anderen verhindert, dass wir uns mit unserem eigenen Anteil an der Beziehung auseinandersetzen. Bearbeiten können wir jedoch nur unsere eigenen Themen und Sichtweisen, und ändern können wir nur unser eigenes Verhalten. Wenn wir das tun, dann bekommt die Vergangenheit einen Sinn. Und was ich verstehe, hilft mir die negativen Gefühle zu überwinden. Das wiederum eröffnet uns die Möglichkeit, unsere Zukunft anders zu gestalten.

Hilfreich für so eine Revision ist meiner Erfahrung nach, sich einmal anzusehen, welche Stadien Paarbeziehungen in der Regel durchlaufen und welchen Herausforderungen sie sich in den einzelnen Phasen stellen müssen.

Phase 1: Verliebtheitsphase

Der Beginn einer Beziehung ist in aller Regel geprägt von den schönsten Hochgefühlen, die wir Menschen empfinden können. Ganz gleich, was vorher war: Wenn wir uns verlieben, sind wir plötzlich in der Lage, uns von unserer besten Seite zu zeigen. Und dem andern verleihen wir das Gefühl, ganz einzigartig zu sein. Selbst wenn wir in dieser ersten Phase der Verliebtheit voneinander getrennt sind, fühlen wir uns wunderbar erhaben.

Herausforderung: Diese Phase zu genießen, ohne ganz den Kopf zu verlieren, gehört zur größten Herausforderung in dieser Zeit. Denn wir können uns auch in jemanden verlieben, der gar nicht zu uns passt. Das ahnen wir im tiefsten Innern auch, drücken das aber weg, um den schönen Hormonschub möglichst lange auf dem hohen Level zu halten. Diese Phase geht spätestens nach zwei bis drei Jahren zu Ende, das sagt uns die Erfahrung. Wenn diese Zeit der Hochgefühle vorüber ist, sind manche so enttäuscht, dass sie sich gleich auf den nächsten Partner stürzen, um sich diese schönen Gefühle zu erhalten. Ich nenne das den Hollywood-Effekt. Das Leben soll dann aus einer Verliebtheitsphase nach der anderen bestehen. Wir brauchen immer mehr davon, was aber oberflächlich bleibt und abstumpft. Glücklich macht das eher nicht, im Gegenteil, es verursacht eher Leid, nicht nur auf der anderen Seite. Weil »forever young« eben nur im Pop-Song gut gelingt.

Lösung: Jeder sollte versuchen, auch in dieser heißen Phase einen kühlen Kopf zu bewahren, und sich darüber im Klaren sein, dass die Verliebtheit noch keine Garantie für ein gemeinsames Leben ist. Auch das in dieser Phase vorherrschende Gefühl von totaler Seelenverwandtschaft kann trügerisch sein. Vielleicht haben wir uns auch nur verliebt, weil die Kinderwunschuhr tickt oder die Torschlusspanik droht. Also Vorsicht.

Trennung: Wenn es in der Verliebtheitsphase zur Trennung kommt, dann hat das etwas von kaltem Entzug. Demjenigen, der verlassen wird, erscheint die Fallhöhe besonders hoch, weil er den anderen in dieser Phase nur von dessen bester Seite kennengelernt hat. Das bietet viel Potenzial zur Verklärung, was sich sehr existenziell anfühlen kann, wie uns unter anderem die großen Dramen in der Literatur vor Augen führen.

Gedanken: Wir sollten versuchen, die Trennung anzunehmen und akzeptieren, dass alle Phasen, auch die schönsten, endlich sind. Wir sollten die schönen Gefühle konservieren und dankbar sein, dass wir diese erleben durften. Zur Trennung in dieser Phase kommt es in aller Regel, weil einer von beiden (noch) nicht bereit dazu ist, sich dauerhaft zu binden. Bevor die Verliebtheitsphase nicht abgeschlossen ist und die zweite Phase angefangen hat, sollte man daher noch nicht von einem dauerhaften Glück ausgehen.

Phase 2: Bindungsphase

Nicht von ungefähr geht die Beziehung in die Bindungsphase über. Wenn es denn weitergehen soll, muss etwas qualitativ anderes kommen: ein aufrichtiges Bekenntnis beider Partner zueinander. Jeder muss für sich entscheiden, ob er mit dem auserwählten Partner tatsächlich sein Leben verbringen möchte. Natürlich muss nicht jeder eine (lebens)lange Beziehung eingehen wollen. Manche suchen tatsächlich nur Lebensabschnittsgefährten. Wenn dem so ist, dann sollte das spätestens in dieser Phase klar und deutlich ausgesprochen werden, um beim anderen keine falschen Erwartungen zu wecken, die einem doch nur selbst irgendwann auf die Füße fallen. Kommt es zur Bindung, also zu einem dezidierten Ja füreinander, dann ist der nächste Schritt gemacht, und das Zusammenleben beginnt.

Herausforderung: Wir stehen in dieser Phase vor einer der wichtigsten Entscheidungen in unserem Leben. Dazu müssen wir wissen, was wir wollen und was uns wichtig ist. Denn wer nicht richtig wählt, der hat sich verwählt. »Drum prüfe, wer sich ewig bindet...« Das ist nicht einfach, und ein bisschen Mut und Glück gehören wie immer im Leben dazu. In meiner Praxis bekomme ich häufig zu hören, dass die Partner schon in der Bindungsphase eigentlich wussten, dass es zwischen ihnen nicht klappen würde. Zu einem nur halbherzig ausgesprochenen Ja zueinander kommt es vor allem bei Internet-Bekanntschaften. Hier wird der Bindungswunsch schon gleich im Profil bekundet, sodass die Bindungsphase zu einem Großteil übersprungen wird. Das Ja liegt sofort in der Luft, sobald man sich sympathisch ist. Und herauszufinden, was man tatsächlich will, gehört nicht unbedingt zu den leichtesten Lebensaufgaben.

Lösung: Die rosarote Brille absetzen und den anderen besonders auf Werte und Ansichten prüfen. Der Versuchung widerstehen, dass es weitergehen muss. Umkehren sollte möglich sein. Denn einen Weg weiterzugehen, obwohl es sich nicht mehr gut anfühlt oder viele Fakten dagegen sprechen, nur weil man sonst ja so viel Zeit und Energie falsch investiert hätte, ist nicht klug. Denn es sollte so gut wie möglich passen. Hund und Katze können gut zusammenleben, sie können auch aus einem Napf fressen, aber wirklich lieben werden sie sich wohl eher nicht.

Trennung: Sie kann ganz schön wehtun. Hatte man doch schon viele Hoffnungen in die Beziehung gesetzt, und diese nun wie Seifenblasen zerplatzen zu sehen löst große Trauer aus. Zumal sicherlich schon viele Versprechungen gemacht wurden und das zukünftige Leben auch schon angedacht war.

Gedanken: Seien wir realistisch: Wenn in dieser Phase etwas kaputtgeht, dann deshalb, weil man auf ein Fundament gebaut hat, das gar nicht richtig trägt. Oder um im Bild zu bleiben: weil der eine sich eher in einem alten Bauernhaus auf dem Land, der andere sich eher in einem Bungalow in der Großstadt sieht. Es war vielleicht ein Rausch und eine wunderschöne Zeit. Aber ein Lebensbündnis wollte zumindest einer von beiden dann doch nicht eingehen. Wir dürfen uns trennen, wenn wir merken, dass der Partner an unserer Seite vielleicht doch nicht der richtige für eine lange Bindung ist, oder wenn wir merken, dass wir selbst nicht die passende Person für eine lange Bindung mit demjenigen sind. Vielleicht können wir versuchen, das nicht so persönlich zu nehmen.

Phase 3: Realitätsphase

Die Familien sind über das Bündnis informiert, die Kinder vielleicht geplant, und das gemeinsame Leben beginnt und damit der Alltag und die Realität. In dieser Phase zeigt sich der Partner so, wie er wirklich ist. Vielleicht hat er sich sogar schon immer so gezeigt, aber der andere hat es nicht bemerkt, weil er alles nur angenehm und wunderbar an ihm fand. Nun aber werden immer mehr die Defizite gesehen. »Sie ist doch nicht so ordentlich, wie ich dachte.« »Oh, er ist ja auch manchmal ganz schön langweilig.« »Sie liest so lange im Bett und schnarcht, das ist schon ganz schön nervig.« »Er bemüht sich gar nicht, abends früher nach Hause zu kommen.«»Sie kocht nicht mehr mit so viel Liebe und telefoniert viel zu oft mit ihrer Mutter.«»Er hilft nicht im Haushalt und sieht zu viel fern.«»Sie flirtet ziemlich viel mit anderen Männern, und so intelligent, wie ich dachte, ist sie doch nicht.«»Er ist viel zu charmant, und das merken auch die anderen Frauen.«

In dieser Phase kommen oft die Kinder auf die Welt, ein Haus wird gebaut, und in beruflicher Hinsicht ist die Karriereleiter gerade besonders steil, was zusätzlichen Stress bedeuten kann. Das Paar hat wenig Zeit füreinander, und jeder ist mit sich selber unzufrieden. Die eigene Frustration, der Stress im Alltag und dann noch ein Partner, der ebenso gestresst und unzufrieden ist, das führt zu einem explosiven Gemisch, das uns jederzeit um die Ohren fliegen kann. Die meisten Trennungen sind, auch wenn sie erst Jahre später erfolgen, auf diese Phase zurückzuführen, in der die Kinder noch klein sind und der Stress groß.

Herausforderung: Bisher kannten wir vor allem die schönen Gefühle, die unser Partner in uns geweckt hat. Der Umgang mit den schlechten Gefühlen, die der Partner bei uns auslöst, ist neu für uns, und wir haben meist nicht gelernt, damit umzugehen. In dieser Phase wird ein entscheidendes Kriterium für das Wohl oder Wehe der Beziehung wichtig: die Ehrlichkeit im Umgang miteinander. Man versucht, sich dem anderen gegenüber zu öffnen, merkt aber starken Unmut und Gegenwind vom Partner, weil dieser uns so haben will, wie er sich das vorgestellt hatte. Der andere möchte ja sein ursprüngliches Bild vom Partner nicht verlieren, sondern es unbedingt bestätigt bekommen. Das hat zur Folge, dass die Partner sich einander nicht so zumuten, wie sie wirklich sind. Sie fangen an, sich zu verstellen und nicht mehr ehrlich miteinander zu sein.

Zur Verdeutlichung ein Beispiel:

Eine Frau war selbstverständlich davon ausgegangen, dass ihr Partner sie vor seinen Eltern niemals schlechtmachen würde. Nun erfährt sie aber, dass er den Eltern sein Leid über seine Beziehung geklagt und sie dabei in ein schlechtes Licht gerückt hat. Sie ist verletzt und verlangt von ihm, so etwas nie mehr zu tun. Er verspricht es hoch und heilig, aber das Vertrauen ist gestört. Und er tut es wieder, wie sie ein paar Wochen später erfahren muss.

Die Frau kommt in der Realität an, und die Realität ist, dass ihr Mann sie bei seinen Eltern schlechtmacht. Sie will, dass er zu demjenigen wird, der sie immer verteidigt und sich loyal verhält, denn davon war sie damals ausgegangen, als sie ihn kennengelernt hatte. Dieses Bild möchte sie nun zurück. Da dies nicht möglich ist und auch nicht der Realität entspricht, kann sich das Vertrauen im Moment nicht einstellen, denn in der Realität hat er sie schlechtgemacht.

Lösung: Das damalige Traum- und Wunschbild vom Partner aufgeben und ihn wirklich kennenlernen wollen. In diesem Fall wäre es wichtig, der Tatsache ins Auge zu sehen und liebevoll unterstützend gemeinsam am Thema Loyalität zu arbeiten. Der Mann hat vielleicht auf einer anderen Ebene eine ganz loyale Seite, kommt aber mit seinen Eltern in einen Konflikt, den es nun anzusehen gilt. Die Frau kann die loyale Seite wiedererkennen und die nicht-loyale mit dem Mann bearbeiten. Wird der illoyale Teil negiert, dann bekommt er keinen Raum zur Entwicklung.

Trennung: Fremdgänge oder Trennungen sind in dieser Phase sehr häufig. Einige überkommt die Angst vor ihrer eigenen

Courage, und sie trennen sich nach der Bindungsphase gleich wieder. Dann haben sie noch die schönen Momente der Bindung mitgenommen, aber nun ist Schluss. Sie geben der Realitätsphase nicht einmal eine Chance. Das ist für den anderen und damit verlassenen Partner, der sich jetzt endlich eingelassen hat und bereit war zu einem gemeinsamen Leben, besonders hart. Vielleicht stillt die Frau gerade noch das erste oder gar schon das zweite gemeinsame Kind, oder der Mann, der sich so unglaublich auf die Kinder gefreut hatte, muss diese nun teilweise wieder abgeben. Ein Traum und eine Familie zerbrechen. Beide haben sich verloren.

Gedanken: Machen Sie sich bewusst, dass Sie beide von der Realität überfordert waren und mindestens einer von Ihnen den Sprung in die nächste Phase nicht geschafft hat. Vermutlich wäre Ihre Beziehung ohnehin irgendwann zu Ende gegangen. Das Ende der Beziehung wird also auch sein Gutes haben, denn das, was Ihre Seele will, kann in dieser Beziehung nicht mehr erreicht werden: nämlich in ihr zu wachsen. Und machen Sie sich bewusst, dass sich viele Trennungswillige im Nachhinein darüber ärgern, den Absprung nicht schon viel früher geschafft zu haben. Eine Frau sagte mir einmal: »Unsere ganze Beziehung über habe ich versucht, von meinem Partner etwas zu erfahren. Ich wollte so gern über Gefühle mit ihm reden und hatte immer die Hoffnung, er würde irgendwann aus sich herausgehen und mit mir darüber reden. Heute, nach fünfundzwanzig Jahren, habe ich endlich kapiert, dass er das niemals tun wird.«

Die Realitätsphase ist für jede Beziehung der absolute Härtetest. Daher möchte ich Ihnen an dieser Stelle noch etwas aus meiner Praxis erzählen, was ich relativ häufig zu hören bekomme:

Ein Paar hat mit Ende zwanzig geheiratet, drei Kinder bekommen und ein Haus gebaut. Sie waren, zumindest am Anfang, sehr glücklich. Nun sind die Kinder zehn, acht und fünf Jahre alt, und das Paar berichtet mir, dass sie seit mindestens fünf Jahren keinen Sex mehr hatten und auch sonst keine Momente der Nähe mehr existierten. Sie würden nur noch so nebeneinanderher leben. Die Liebe und die Gesprächsthemen seien weg. Es gebe sehr viel Streit, fast täglich. Streit über alles und nichts. Es sei unerträglich. Sie sei total genervt von ihm. Er würde sie so unbeschreiblich anstrengen. Wenn er doch nur weg wäre, wenn er doch endlich ausziehen würde, dann wäre ihr Leben viel leichter.

Was ist hier geschehen? Die Geburt von Kindern ist einerseits ein großes Glück für jedes Paar, andererseits eine harte Prüfung. Denn mit Kindern beginnt ein neues Leben. Kein spontaner Kinobesuch mehr, keine gemütlichen Abende zu zweit. Stattdessen ist man froh, wenn man den turbulenten Alltag gerade so hinbekommt, und sinkt abends ausgepowert und todmüde ins Bett. Für die Frau bedeutet die Geburt des ersten Kindes, dass ihr Leben auf den Kopf gestellt wird: Sie hört in der Regel zumindest für einige Zeit auf zu arbeiten, sie nimmt gewichtsmäßig zu und fühlt sich meist nicht sonderlich attraktiv. Sie hat das Gefühl, dass ihr Gehirn sich mit der Muttermilch verflüchtigt, und ihr fehlt die Kraft, sich auch einmal schön anzuziehen. Nachmittags um zwei läuft sie immer noch im Bademantel durch die Wohnung und hat es immer noch nicht geschafft zu duschen. Sie hat ohnehin keine Zeit mehr für sich selbst, weil sie erst einmal mit ihrer neuen Rolle als Mutter klarkommen muss. Eine Rolle übrigens, auf die man in keiner Weise vorbereitet ist und die nicht jeder Frau gleich auf den Leib geschnitten ist. Die Mutterrolle nimmt ihr die Lust auf Sex.

Zudem bekommt sie nun weniger Aufmerksamkeit von ihrem Partner, der selbst ebenso mit der veränderten Situation erst einmal klarkommen muss. Auch er kann nicht mehr tun und lassen, was er will. Vor allem mit der Frau, mit der er am liebsten zusammen war, hat er kaum noch eine »zwei-same« Zeit. Er muss jetzt seine Partnerin teilen. Vielleicht fühlt er sich zu einer Frau, die jetzt Mutter ist, nicht mehr so hingezogen, oder seine Libido ist durch den Stress und das neue Verantwortungsgefühl vermindert. Sein ganzes Lebensgefühl ist nicht mehr so leicht und verliert an Kraft. Er kommt nach Hause und muss nun viel helfen, sich einbringen und kann sich zu Hause nur noch schlecht erholen. Vielleicht nimmt auch er eine Erziehungszeit wahr und wundert sich, wie anstrengend ein Kind sein kann. Auch merkt er, dass seine Partnerin sich neu erfinden muss, keinen Sex mehr will und viel Zuneigung von ihm auf das Kind übergeht. Eifersucht kommt auf. Im Übrigen brauchen Männer oft länger, um sich an die Vaterrolle zu gewöhnen, da ihnen der neunmonatige Vorlauf fehlt, in dem sich die Frauen durch die Schwangerschaft intensiver auf die Ankunft des Babys vorbereiten können.

Kommen dann noch weitere Kinder dazu, und die Frau geht wieder arbeiten, und das Eigenheim wird als Altersvorsorge gekauft, dann ist der Stress perfekt. Jeder schaut nur noch, wo er bleibt, und spürt Unzufriedenheit in sich aufsteigen. Das Eheleben besteht nur noch aus Pflichterfüllung, ohne Zeit für Intimität. Die Kinder brüllen und müssen versorgt werden. Und der Partner, der etwas für die Beziehung tun möchte, wird dabei zum Stressfaktor. »Jetzt willst du auch noch was von mir!« Der Wert der Paarbeziehung wird nicht mehr gesehen, sondern zunehmend als Last wahrgenommen, was man auch als Stressprojektion auf den Partner bezeichnen kann. Der Partner wird verantwortlich gemacht für den Stress, der nicht von ihm, sondern eigentlich von ganz woanders herkommt, nämlich vom anstrengenden Alltag verursacht wird. Unzufriedenheit ist nun das Gift, das sich von beiden Seiten aus in die Beziehung schleicht. Unzufriedenheit führt zur Abwehr von allem, was etwas von einem fordert und was nicht zwingend notwendig ist, etwa ein Abend zu zweit.

Das Paar muss verstehen, dass die Umstellung auf die neue Familiensituation extrem herausfordernd ist. Dabei wird einer jungen Familie ziemlich viel abverlangt: Es muss nämlich, abgesehen von der materiellen Lebensgrundlage, in gewisser Weise auch in ideeller Hinsicht ein Haus mit vier Zimmern gebaut werden, damit die Familienkonstellation gelingen kann. Es braucht ein Familienzimmer, in dem sich alles abspielt, was die ganze Familie betrifft. Dort finden die gemeinsamen Aktivitäten und die Mahlzeiten im Kreise der Familie statt. Dann braucht jeder Elternteil sein eigenes Zimmer, in dem er Zeit für sich hat und niemand ihm reinredet. In diesem Zimmer übt das Individuum seinen Beruf aus, pflegt seine Hobbys und trifft seine eigenen Freunde. Und dann bedarf es natürlich noch eines besonders wichtigen Raumes: des Paarzimmers. Dort wird die Paarbeziehung gelebt. Diesen Raum könnte man sogar als Schaltzentrale für die ganze Familie verstehen, denn dort wird letztlich über das Wohl oder Wehe des ganzen »Hauses«, die Zukunft der Familie entschieden. Dieser Raum bedarf der Ruhe, der Liebe und des Platzes für viele schöne kleine Momente. Dort wird ein liebevoller Umgang mit dem anderen gepflegt, dort werden Aufmerksamkeiten und Berührungen ausgetauscht, dort hat auch die Leichtigkeit ihren Platz. Das Paar muss sich nicht lange in diesem Raum aufhalten, aber es muss ihn immer wieder betreten und wichtig nehmen. Der Raum ist die Tankstelle für gestresste Eltern, die dort genießen und sich freuen können, sich aber auch absprechen und diskutieren. Dieser

Raum wird einem jedoch nicht geschenkt. Jedes Paar muss ihn sich erarbeiten und gestalten, so wie auch die anderen Räume. Fehlt einer dieser Räume, dann herrscht Missstimmung im Haus, und es kann kein schöner Ort werden, an dem sich die Familie dauerhaft wohlfühlt. Bei der Mehrzahl der Paare fehlt das Paarzimmer und wahrscheinlich auch die individuellen Zimmer, da die Zeit dafür nicht da zu sein scheint. Kein Buch wird gelesen, und keine ruhige Minute ist einem vergönnt. Extrem ist eine solche Situation bei sehr leistungsorientierten Paaren, die dauerhaft in Aktion sind.

Unser Paar aus dem Beispiel wusste nicht oder hat nicht verstanden, wie wichtig das Paarzimmer ist. Es hat nicht verstanden, dass es wie im Flugzeug sich zuerst die Sauerstoffmaske aufsetzen muss, bevor sie sie den Kindern überziehen. Aber nicht nur, dass das Paar diesen Raum nicht genutzt hat, es hat den Raum auch noch mit Füßen getreten. Niemand wird so schlecht behandelt und so viel kritisiert wie der Partner. Dabei sollte er derjenige sein, mit dem wir am vorsichtigsten und am liebevollsten umgehen. Ähnlich einem zusätzlichen Kind, für das man ja auch noch die Kraft und die Liebe übriggehabt hätte. Warum nicht für den Partner? Statt der Liebe wird hier der Kampf gepflegt, der zum Stillstand der Beziehung führt. Der Realitätsphase wird mit der Parole vom Durchhalten und Weitermachen begegnet anstatt mit aktiver Arbeit an der Beziehung. Nur die eigene Unzufriedenheit wird artikuliert, und der Wettstreit beginnt: Ich bin müde. Nein, ich bin müder! Nein, ich! Das Paar hat es nicht geschafft, sich gegenseitig Gutes zu tun, sich zu entlasten und beieinanderzubleiben. Es hat sich nicht mehr miteinander beschäftigt, nicht mehr füreinander interessiert. Das hat zur Trennung geführt. Auch bei Paaren, die sich nach über zwanzig Jahren trennen, kann in der Regel der Anfang vom Ende auf diese Zeitspanne in der

Realitätsphase zurückgeführt werden, in der die Kinder noch klein waren. Es gibt natürlich noch viele andere Gründe dafür, warum ein Paar sich auseinanderlebt und dann seine Intimität verliert. Ich denke da an unterschiedliche Entwicklungen: Der eine will einen spirituellen Weg einschlagen, der andere findet das Kokolores. Oder einer möchte ganz viel mit Freunden machen, doch der andere sitzt lieber vor seinen Büchern. Oder der Altersunterschied ist so groß, dass die Interessen deswegen stark auseinandergehen. Der eine geht in Pension, der andere startet gerade seine Karriere nach den Kindern so richtig durch. Oder der eine hat ein sehr zeitaufwendiges Hobby, aber der andere macht nicht mit. Wie wir es drehen und wenden: Jedes Paar braucht eine gemeinsame Basis, Zeit und Interesse aneinander, sonst wird es sich irgendwann auseinanderleben.

Phase 4: Individualisierungsphase

Ein guter Umgang miteinander in der Realitätsphase gehört zu den wichtigsten Voraussetzungen für eine lange Beziehung. Denn der Umgang in dieser Phase bestimmt, ob das Paar es schaffen kann, in die nächste Phase zu gelangen, die schon die ganze Zeit latent vorhanden war, die nun aber einen besonderen Stellenwert bekommt. Es ist die Entwicklungs- oder auch Individualisierungsphase.

In dieser Phase gelangen beide Partner – sowohl jeder für sich als auch beide gemeinsam – in eine neue Stufe der Entwicklung. Jeder für sich, weil jeder gehalten ist, an sich und seinen eigenen Themen zu arbeiten, und zusammen, weil beide einen Modus finden müssen, in dem sie sich wohlfühlen und in dem sie beide gut leben können. Das kann zu einer sehr engen oder auch zu einer wenig Nähe zulassenden Beziehung führen.

Hauptsache, beide sind hinreichend glücklich damit. Ist einer von beiden mit diesem Modus nicht zufrieden, dann trägt das nicht lange. Dieser Modus funktioniert nur, wenn daraus eine Art von Komplizenschaft wird, in guten wie in schlechten Zeiten. Dabei ist der letzte Halbsatz alles andere als eine hohle Phrase, sondern hat eine große Bedeutung. Ich verwende ihn gerne auch synonym für »mit deinen guten und schlechten Seiten«. Liebe entwickelt sich tatsächlich erst in dieser Phase. Vorher ist das noch gar nicht möglich, auch wenn es sich vielleicht schon wie Liebe angefühlt hat. Denn die Kunst in dieser Phase besteht aus einer ganz wesentlichen Erkenntnis.

Herausforderung: Wir stehen vor der Aufgabe, den anderen nicht mehr durch Kritik und Schimpfen ändern zu wollen, sondern ihn so lassen zu können, wie er ist. In der Verliebtheitsphase hatten wir noch die rosa Brille auf, die die negativen Seiten unseres Partners herausgefiltert hat. In der Realitätsphase hatten wir meist die dunkle Brille auf, die das Gute am Partner unsichtbarer gemacht hat. Daher die oft so negativen Gefühle, die wir mit dem Partner in Verbindung bringen. In der Individualisierungsphase kennen wir unseren Partner, so wie er ist, und müssen in die Akzeptanz gehen. Das fällt schwer, weil der Partner sich genau in dieser Phase individualisiert. Ein Bild soll dies verdeutlichen: Sie beide sind in einem Boot gemeinsam gestartet. Sie haben Wind und Wetter gemeinsam getrotzt und gemeistert. Das fühlte sich nach einem intensiven »Wir« an. Nun sagt die Seele von einem der beiden: »Das ›Wir‹ ist ja ganz schön und gut, aber es muss auch ein ›Ich‹ geben«, und steigt aus dem gemeinsamen Boot aus und in ein eigenes Boot ein. Dieses eigene Boot bedeutet auf keinen Fall die Trennung. Es heißt nur Folgendes: »Lass uns einzeln zu starken Individuen werden.« In der Individualitäts- und Autonomiephase kann

sich die Nähe zueinander kurzfristig lockern, was zu Verlustängsten führen kann.

Bleibt der andere nun in dem alten Boot sitzen und versucht
krampfhaft, den Partner wieder ins alte Boot zu ziehen, wird er
verlieren. Denn das neue individuelle Boot wurde vom Partner
bereits bestiegen, und es gibt definitiv kein Zurück mehr. Ein
rückwärtsgewandtes Tun wird die Beziehung nicht überstehen.
Oftmals lassen wir uns genau in dieser Phase auf eine Affäre ein,
um den großen Herausforderungen zu entgehen.

Lösung: Die Chance besteht darin, dass sich auch der andere
Partner ein eigenes Boot sucht. Beide müssen lernen, die Verantwortung für die eigenen Gefühle zu übernehmen und an
den eigenen Reaktionen zu arbeiten. Warum reagiere ICH so,
wenn mein Partner dies oder jenes tut? Das ist die Frage, die
wir uns in dieser Phase stellen sollten anstelle der fruchtlosen
Haltung:»Mein Partner soll sich ändern, damit ich nicht mehr
so reagieren muss.« Nur mit der ersten Frage, also warum wir
so reagieren, wie wir reagieren, übernehmen wir die Verantwortung für unsere Gefühle und behalten die Macht darüber.
Dadurch machen wir uns selbst glücklich und unabhängig von
unserem Partner. Und nun arbeiten beide daran, dass beide
Boote intensiv verbunden bleiben, vielleicht durch ein stabiles
Gummiband. Daher gehören die Paarzeit, die Gespräche und
die fortwährende Arbeit am Umgang miteinander zu den wichtigen Themen in dieser Zeit. Auch der konstruktive Umgang
mit einer eventuellen Affäre gehört dazu. So individualisiert
bleiben die Partner attraktiv und interessant füreinander. Zu
dieser Phase und ihrer Meisterung kann ich die Lektüre vom
Paartherapeuten David Schnarch wärmstens empfehlen.

Trennung: Wird der Bootswechsel nicht bewältigt, dann geht die Beziehung zu Ende. Einer ist nicht bereit, die Entwicklung mitzumachen. Dies führt zu starker Trauer, weil man schon ziemlich lange in der Beziehung steckt, viel investiert hat und die Kinder leiden werden. Aber es kann auch zu einer Erleichterung führen, da der Kampf um die Beziehung endet und Klarheit entsteht. Dass Trennung möglich ist, das ist gut so. Denn niemand soll mit jemandem leben müssen, den er nicht (mehr) um sich haben kann und will. Und niemand soll gezwungen sein, einen Zustand auszuhalten, den er nicht mehr ertragen kann und will.

Gedanken: In der Regel gibt es immer wieder den Moment, in dem wir uns doch wünschen, den Partner ändern zu können. Aber selbst wenn uns das gelingen würde: Was garantiert uns, dass uns der veränderte Partner dann nicht an anderer Stelle ärgern würde? Darüber müssen wir uns vollkommen im Klaren sein. Weder er noch irgendein anderer Partner wird jemals so sein, dass uns nichts mehr an ihm stört. Denn jeder Mensch, mit dem wir eng verbunden sind, hat eine starke Macht über unsere Gefühle und ist demnach der Auslöser für dieselben. Werden wir lieber nicht »durch« ihn glücklich, sondern »mit« ihm.

Auch sollten wir uns selbst regelmäßig die Frage stellen: »Wäre ich gerne mit mir selbst verheiratet?« Diese Frage sollten wir mit einem Ja beantworten können, denn nur dann geben wir uns die gebotene Mühe. Also sollten wir an uns arbeiten. Das zahlt sich in der Regel vielfach aus. Aber Vorsicht: Natürlich nur im Rahmen unserer Persönlichkeit, denn sich zu verbiegen hat noch nie etwas gebracht. Es ist allerdings gar nicht so einfach, sich Mühe zu geben und den Partner zu erfreuen, ohne dabei seine Persönlichkeit zu gefährden. Gelingt uns dieser Weg, dann kann die tiefe Liebe und damit die letzte Phase kommen.

Phase 5: Lieben und ernten

Die Verantwortung, die wir für unsere Gefühle und unser Leben übernommen haben, bringen uns tiefen Respekt und die Anerkennung des anderen ein. Wenn wir in unserem Boot sitzen und trotzdem ganz nah beim anderen sind, dann fühlen wir uns frei und doch gebunden. Dann wissen wir, dass sowohl wir selbst gehen können als auch der andere uns jederzeit verlassen kann. Wir geben uns diesbezüglich keiner Illusion hin. Aber warum sollten wir uns trennen? Wir sind doch freiwillig zusammen. Diese Freiwilligkeit macht den ganzen Unterschied. So gehen wir als Komplizen durch diese Welt, können über unsere Fehler lächeln und den anderen so akzeptieren, wie er ist. Der andere kennt uns und anerkennt und liebt uns trotzdem, oder gerade weil wir so sind. Wer sich so entwickelt, den betrügt und verlässt man nicht mehr. In dieser Phase hat man stark an sich gearbeitet und erntet nun. Man hat sich der Aufarbeitung der eigenen Themen und der eigenen Schmerzen gestellt, die aus der Kindheit rühren.

Herausforderung: Wir haben es in dieser Phase oft mit alternden Eltern, der Angst vor dem Tod, einer aufwühlenden zweiten Pubertät oder Midlife-Crisis zu tun. Dies zeigt sich möglicherweise in einer Affäre, was, wie auch in den anderen Phasen, eine große Herausforderung darstellt. Und die eigenen Kinder gehen aus dem Haus. Hier zeigt sich noch einmal mehr, ob der andere ein verlässlicher Partner ist und wir unsere Lebensträume verwirklichen können, ohne dass der andere es verbietet. Das Paar braucht neue gemeinsame und eigene Wege.

Lösung: Den anderen in Liebe seine Erfahrungen machen lassen. Ihn nicht einsperren, sondern sich freuen, wenn es dem

Partner gut geht. Ihn aus vollem Herzen unterstützen und ihm Kraft geben. An Selbstliebe arbeiten und sie erfahren.

Trennung: In dieser Phase sind Trennungen selten. Das Paar hat viel gelernt und bleibt in der Regel zusammen. Sollte es doch so sein, dann entscheiden meist beide zusammen, dass sie den Rest ihres Lebens gerne anders verbringen würden.

Gedanken: Sie können auf eine interessante und lebendige Vergangenheit schauen. Was gut und konstruktiv war, darf so stehen bleiben. Beide genießen das gemeinsame Leben. Darüber hinaus ist es auch wertvoll, im Leben noch etwas anderes kennenlernen zu dürfen, wenn man das möchte. Man fühlt sich gebunden und trotzdem frei.

Die Phasen einer Beziehung verlaufen nicht unbedingt nacheinander. Sie können ineinander übergreifen und verlaufen oftmals zeitgleich. Trennungen können in jeder Phase und zu jedem Zeitpunkt passieren. Aber sie kündigen sich an. Viele Alarmzeichen blinken. Diese müssen wir sehen und dürfen sie nicht ignorieren. Leider müssen sich beide Partner gemeinsam diesem Prozess und damit den Phasen stellen. Allein klappt das wohl eher nicht.

Unkraut im Garten

Im Leben gibt es zwei entscheidende Bereiche, die Arbeit und die Beziehung. Für die Arbeit sind wir bereit, dazuzulernen, uns weiterzubilden und uns dafür zu engagieren. Die Beziehung dagegen muss in aller Regel einfach funktionieren. Dabei ist Liebe nach Erich Fromm kein Gefühl, sondern eine Fähigkeit, die wir erlernen können. Die Beziehung ist mit einem Garten vergleichbar, und der braucht viel Aufmerksamkeit und Pflege. Samen pflanzen, gießen, Unkraut jäten und uns kümmern. Eine Beziehung kann nur gelingen, wenn das Paar sich täglich Zuneigung und Wertschätzung entgegenbringt, aufeinander achtet und sich respektiert. Das will gelernt sein und ist oft auch nicht ohne große Mühe zu bewerkstelligen. Sind wir nicht bereit, das zu lernen und uns weiterzuentwickeln, dann werden wir mit den Vertragsveränderungen und damit den Phasen der Beziehung nicht fertig. Das Unkraut wird ignoriert, manche Pflanzen werden zu groß, andere verkümmern. Das führt dazu, dass wir uns in unserem Garten nicht mehr wohlfühlen. Der eine sieht die Notwendigkeit, sich mehr um den Garten zu kümmern, gemeinsam darin zu arbeiten, der andere zieht aber nicht mit. Und dann ist das Gras in Nachbars Garten plötzlich grüner, und der Wunsch nach Veränderung führt zur Trennung. In einem blühenden Garten steckt viel Arbeit. Daher sollte das Paar stets gemeinsame Paarzeit kultivieren und auf viele intime Stunden bestehen. Den anderen verstehen lernen, authentisch kommunizieren und die Dinge ausdiskutieren beziehungsweise einen guten Umgang damit lernen. Sich nicht zu sehr auf die Kinder fokussieren, sondern die Partnerschaft sehr wichtig nehmen, denn ständig müssen neue Verträge geschlossen werden.

Ein Scheidungskind erzählt

Auf die Frage, wie lange ich denn schon als Paartherapeutin arbeite, antworte ich oft, dass ich bereits im Alter von fünf Jahren damit angefangen habe. Und das ist nicht nur ein Scherz. Aus meinen eigenen Erfahrungen habe ich einen Beruf gemacht, ja mehr noch: Ich fühle mich förmlich dazu berufen, Paaren durch Krisenzeiten zu helfen und Partner wieder miteinander ins Gespräch zu bringen.

Als meine Eltern sich scheiden ließen, war ich fünf Jahre alt. Für mich muss diese Trennung eine traumatische Erfahrung gewesen sein, denn ich habe praktisch bis zu meinem achten Lebensjahr keine Erinnerungen. Die sehr belastenden Verlust- und Verlassenheitsängste, die mich später viele Jahre lang begleitet haben, führe ich auf diese Zeit zurück.

Drei Jahre nach der Scheidung beschlossen meine Eltern, es noch einmal miteinander zu versuchen. So zogen wir, meine Eltern, mein jüngerer Bruder und ich zusammen nach Neu-Delhi, wo mein Vater für die deutsche Botschaft tätig war.

Mit dieser Zeit beginnen meine ersten Kindheitserinnerungen, Erinnerungen an ein herrliches Leben in diesem exotischen Land, aber auch Erinnerungen an viele Streitereien und Auseinandersetzungen, die meine Eltern zunehmend unglücklicher machten. Sie waren sehr darum bemüht, uns Kinder von ihren Auseinandersetzungen fernzuhalten, dennoch reagierte ich sehr sensibel auf die ungute Stimmung zu Hause. Immerzu war ich damit beschäftigt zu schauen, wie es meinen Eltern gerade ging. Schlimm waren die Momente, in denen ein Elternteil vom anderen allein zurückgelassen wurde und sich alle Mühe geben musste, uns Kinder die Verzweiflung darüber nicht spüren zu lassen. Wir unternahmen viel zusammen und erlebten schöne Ferien, aber immer fehlte einer, entweder meine Mutter oder mein Vater.

Drei Jahre später, ich war zehn Jahre alt, ging die Beziehung meiner Eltern erneut und endgültig auseinander. Diesmal nahm ich die Trennung ganz bewusst wahr, für mich eine äußerst schmerzhafte Erfahrung. Während mein Bruder wütend und rebellisch darauf reagierte, indem er anfing zu lügen, zunehmend schlechtere Noten bekam und sich nicht mehr unterordnen wollte, reagierte ich mit Anpassung und Einmischung in die Beziehung meiner Eltern. Mein Bruder legte es darauf an, den Finger in die Wunden zu legen, um so auf die Missstände hinzuweisen, ich dagegen wollte die Eltern schonen und ihnen nicht noch zusätzlichen Ärger bereiten. Das führte natürlich auch zu Spannungen zwischen uns Kindern. Mein Bruder ging schon bald ins Internat, wo er sich freischwimmen und entwickeln konnte, während aus mir ein vernünftiges, verständnisvolles und viel zu früh erwachsenes Kind wurde.

An den nun folgenden Beziehungen meiner Eltern nahm ich regen Anteil und wurde davon sehr absorbiert. Da gab es viele sehr schöne Momente, spannende Zeiten und auch Liebe, jedoch immer überschattet von anhaltenden Beziehungsgesprächen. Persönlich nahm ich mich derart zurück, dass ich nicht einmal eine Pubertät erlebte wie andere Kinder, die sich in dieser Phase auf eine gesunde Art und Weise von den Eltern lösen können. Dazu war ich schlicht und ergreifend zu sehr mit den Beziehungsproblemen der Erwachsenen um mich herum beschäftigt. Selbst meine Großeltern lieferten sich Beziehungsgefechte und gingen mehrere Ehen ein.

Und so entschied ich mich nach der Schule – vermutlich aus dem Bedürfnis nach so etwas wie Recht, Ordnung und Sachlichkeit – für ein Jurastudium und arbeitete zwei Jahre lang als Anwältin, bis unsere Kinder zur Welt kamen. Wir zogen berufsbedingt für zwei Jahre nach Brasilien. Plötzlich war ich auf mich selbst zurückgeworfen, konfrontiert mit meinen eigenen Problemen und einem fehlenden Gespür für mich selbst und meine Ängste. Hier holte mich meine Kindheit ein. Zum einen konnte ich diese wunderbar freie und lebensfrohe Energie der Brasilianer nicht aufnehmen und leben, zum anderen hatte ich nun keine Großfamilie mehr, auf die ich meine Aufmerksamkeit lenken konnte. Wenn ich nicht zugrunde gehen wollte, musste ich dringend etwas für meine Psyche tun.

Mithilfe von mehreren Persönlichkeitstrainings und Coachings ist es mir schließlich gelungen, mich von meinem Familiensystem abzunabeln und mich weiterzuentwickeln. Gleichzeitig wurde mir klar, dass ich durch meine komplizierte Familie unendlich viel gelernt und mir dadurch Kompetenzen erworben hatte, die in beruflicher Hinsicht ausbaufähig waren. So machte ich Aus- und Weiterbildungen in Familientherapie und Mediation und eröffnete zusammen mit meinem Mann schließlich eine Praxis für Paartherapie und Mediation in Potsdam und Berlin.

3

Woran Beziehungen scheitern

Wie wir gerade an den einzelnen Phasen einer Beziehung gesehen haben, hat das Scheitern von Beziehungen mannigfaltige Gründe. Daher ist es oft äußerst schwierig, diese genauer zu benennen. Nicht von ungefähr antworten die meisten Paare, die zu mir in die Praxis kommen, auf die Frage nach dem Trennungsgrund mit »Kommunikationsschwierigkeiten«. In der Tat ist das Unvermögen, miteinander im Gespräch zu bleiben oder überhaupt noch miteinander zu reden, einer der Hauptgründe für das Scheitern von Beziehungen. Denn die Kommunikation zwischen zwei Menschen, die sich lieben oder einmal geliebt haben, läuft nach ganz anderen Regeln ab als die Kommunikation zwischen Arbeitskollegen oder Freunden. Und wenn wir diese Regeln nicht kennen oder missachten, dann geht die Liebesbeziehung verloren. Die Kommunikation ist unter anderem so schwierig, weil sich hinter der Kommunikation eine Palette von »eigentlichen« Themen befindet.

Diese »eigentlichen« Themen betreffen Aspekte unseres Lebens, die wir nicht in den Griff bekommen und die die Beziehung wie ein Virus belasten. Sie sind neben den Prozessen, die ich in den Phasen der Beziehung beschrieben habe, die wesentlichen Ursachen für das Scheitern von Beziehungen. Zu den wichtigsten Aspekten gehören:

a) Kommunikationsstörungen
b) Kindheitsthemen
c) Eltern/Schwiegereltern
d) große Herausforderungen
e) Krankheiten, Depressionen und Süchte
f) Narzissmus
g) Fremdgehen

Wenn wir offen dafür sind, diese Themen näher anzuschauen und uns damit auseinanderzusetzen, dann haben wir schon einen weiteren wesentlichen Schritt in Richtung einer friedlichen Trennung geschafft.

Kommunikationsstörungen

»Komisch, mit all meinen Arbeitskollegen, Freunden und Bekannten kann ich wunderbare Gespräche führen, nur mein eigener Partner kann oder will mich einfach nicht verstehen.« Diesen Gedanken kennen all diejenigen, die schon eine geraume Zeit in einer Beziehung leben, und viele fragen sich mehr oder weniger verzweifelt, woran das wohl liegen mag. Denn eigentlich ist es doch absurd, dass wir ausgerechnet mit dem Menschen, der uns am nächsten steht, nicht so reden können, wie wir uns das wünschen. Dabei besteht unser Leben zum größten Teil aus verbaler und nonverbaler Kommunikation. Wir können quasi gar nicht *nicht* kommunizieren. Wir machen Small Talk mit den Nachbarn am Gartenzaun, wir führen Sach- und Fachgespräche mit Vorgesetzten und Kollegen, wir quatschen in der Frauenrunde und debattieren am Männerstammtisch, und wenn wir nicht ganz schräg drauf sind, ecken wir dort in aller Regel selten an und fühlen uns einigermaßen wohl. Nur in der eigenen Beziehung, da hapert und da knirscht es, ganz gleich, ob am Küchentisch, im Hobbykeller oder in den lang ersehnten gemeinsamen Ferien.

Das liegt daran, dass wir in dem Moment, in dem wir uns verlieben, einen hochemotionalen Bereich betreten. Wir geben uns hin, wir zeigen uns und begeben uns dadurch in eine emotionale Abhängigkeit vom anderen. Je länger die Beziehung andauert, desto größer wird die emotionale Abhängigkeit, befördert von einem gemeinsamen Zuhause, gemeinsamen Kindern, Freunden und gemeinsam Erlebtem. Auf der emotionalen Ebene kann der Partner an unserer Seite sehr viel bei uns auslösen und bewirken, im Guten wie im Schlechten. Das spüren und das wissen wir, und wir wittern auch die große existenzielle Gefahr für uns. Denn wir alle haben diese emotionale Abhängigkeit als Kinder und Jugendliche schon einmal erlebt. Hätten die Eltern uns verlassen, als wir noch klein waren, wäre das existenziell gewesen. Da liegt die Vermutung nahe, dass uns die emotionale Abhängigkeit vom Partner an die »hilflose« Abhängigkeit von den Eltern erinnert. Dann wird es wieder existenziell.

Vom hochemotionalen Kontext

Solange diese emotionale Abhängigkeit besteht, so lange befinden wir uns in einem hochemotionalen Kontext und damit auf einer ganz anderen Ebene der Kommunikation, die mit dem Nachbarschaftsklatsch am Gartenzaun nicht mehr viel gemein hat. Doch genau diese anspruchsvolle und herausfordernde Kommunikation haben wir in aller Regel nicht gelernt, nicht von unseren Eltern und nicht in der Schule. Und selbst wenn wir uns dezidiert mit diesem Thema befassen, uns etwa das Handlungskonzept der gewaltfreien Kommunikation eines Marshall Rosenberg zu Gemüte führen und uns vornehmen, die dort formulierten Regeln anzuwenden, erinnern wir uns in dem Moment, in dem der Partner unseren wunden Punkt trifft, nicht mehr an irgendeine Regel, sondern reagieren unwillkürlich und haben unsere Reaktion nicht unter Kontrolle. Wie solch ein hochemotionaler Kontext aussieht, kann folgende Alltagsszene anschaulich machen:

Ein Mann sagt zu seiner Partnerin: »*Puh, ich würde so gerne mal wieder ein Wochenende ganz alleine, ohne irgendjemanden, wegfahren.*« *Die Frau verzieht daraufhin das Gesicht, schaut ihn böse an und sagt:* »*Was glaubst du eigentlich, wer du bist! Immer verpisst du dich, wenn es mal schwierig wird, und lässt mich mit allem allein! Mir reicht es jetzt.*« *Daraufhin erwidert er, dass er sich das nicht gefallen lassen würde. Ständig müsse er sich anhören, dass er nichts tun würde, dabei würde er doch so viel machen und helfen. Ihm reiche es auch.*

Diese alltägliche Situation ist ein Beispiel für eine Kommunikation in einem hochemotionalen Kontext, wie sie sich in fast allen Beziehungen irgendwann – meistens in der Realitätsphase – einstellt. Hochemotional deshalb, weil jede Aussage, jede Geste, jede Kritik oder jeder Veränderungswunsch beim anderen auf ein emotional aufgeladenes Terrain fällt und beim Empfänger der Botschaft etwas auslöst. Bei diesem läuft sofort ein eigener Film und seine Vergangenheit mit dem Sender der Botschaft ab. Das Gesagte wird daher nicht mehr neutral und interessiert angehört, sondern sofort als Angriff und Kritik gewertet. Und dann wird zurückgeschossen. Dabei weiß jeder ganz genau, wo der andere seine Schwachstellen hat und wie er diese am besten treffen kann. Dann kommt der große Streit, der sich häufig gar nicht mehr um das ursprüngliche Thema dreht. Ein Nebenkriegsschauplatz wird eröffnet, und zwar genau dort, wo all die Themen liegen, die entweder noch nie zur Sprache kamen oder noch nicht aufgearbeitet wurden. Die unter den Teppich gekehrten Themen kommen hoch. Jetzt versucht jeder, seine Schmerzen und Verletzungen zu heilen, indem er sie herausbrüllt, sich beschwert, kritisiert oder sich brutal zurückzieht. Jeder versucht, sich selbst zu entschuldigen und zu entlasten, indem er den anderen verletzt.

Und dann mutiert die Kommunikation entweder zur dauerhaften Streitkulisse, oder aber sie erlischt. Jeder verschließt sich immer mehr und würde eher einem Fremden oder einem entfernten Freund seine wahren Gedanken erzählen, als sie mit dem Menschen zu teilen, mit dem er zusammenlebt. Dass jemand, der vielleicht durch viele Kinder, Hausbau und Job sehr beansprucht ist, mal ein Wochenende alleine wegfahren möchte, das ist im Auge jedes neutralen Außenstehenden ein vollkommen verständlicher und nachvollziehbarer Wunsch, genauso wie das Bedürfnis, mal wieder zu spüren, dass es noch ein Leben außerhalb der Familie gibt. Die Partnerin allerdings macht daraus ein großes Ding. Vielleicht wollte der Mann seinen Wunsch ja nur einmal äußern, ohne ihn wirklich in die Tat umsetzen zu müssen. Er hatte sich wohl erhofft, dann von seiner Partnerin zu hören, dass sie das gut verstehen kann und dass sie sich das auch manchmal wünscht. Leider klappt das so in der Realitätsphase meistens nicht, sondern eben erst in der späteren Individualisierungsphase, wenn man denn überhaupt zusammen dahin gelangt.

Ähnlich auch das nächste Beispiel:

Eine Frau kommt abends völlig erschöpft und müde nach Hause. Ihr Partner hatte ihr versprochen, Essen vorzubereiten, was er dann jedoch nicht geschafft hatte, da ihm etwas dazwischengekommen war. Ihr Hunger und ihre Müdigkeit sind groß, und so sagt sie nicht freundlich »guten Abend«, sondern bemerkt als Erstes, dass das Essen noch nicht auf dem Tisch steht. »Du hast ja noch gar nichts vorbereitet, wie wir das eigentlich besprochen hatten.« Daraufhin geht der Mann an die Decke. »Ich reiße mir hier den Hintern für uns alle auf, und du hast nichts anderes zu tun, als mich anzuschnauzen. Ich mache sowieso schon so viel, und deine ewige Anspruchshaltung geht mir tierisch auf die Nerven. Lass mich doch in Ruhe damit.«

Ein WG-Genosse hätte womöglich gesagt, dass es ihm leidtue, er würde erzählen, was ihn vom Kochen abgehalten hat, und sich dann in der Küche an die Arbeit machen. Die Frau hätte sich dann vermutlich bereitwillig dessen Gründe für die verspätete Essenszubereitung angehört, und beide hätten sich noch einen schönen Abend gemacht. In einem hochemotionalen Kontext funktioniert das so nicht. Der Mann kann nicht neutral bleiben und einfach nur die Müdigkeit seiner Partnerin wahrnehmen. Er fühlt sich sofort angegriffen, ist verletzt, weil seine Partnerin ihn nicht bestätigt und seine sonstigen Leistungen anerkennt, und geht daher emotional an die Sache heran. Der Streit eskaliert, und der Abend endet in getrennten Betten und ohne Schlaf, weil die Trennungsgedanken kreisen.

Wenn wir nicht mehr authentisch kommunizieren

Auch fehlende Ehrlichkeit in der Kommunikation wird von Paaren regelmäßig als Trennungsgrund angeführt, denn diese führt dazu, dass das Vertrauen erlischt, also die Basis für eine befriedigende Beziehung, wie das folgende Beispiel zeigen kann:

Eine Frau fragt ihren Partner bei einer Veranstaltung, wie er denn die Frau am anderen Ende des Tisches finde. Dieser überlegt und sagt dann wahrheitsgemäß: »Also, ich finde, die hat etwas an sich, was sie ziemlich anziehend macht.« Die Frau wird daraufhin sauer, bekommt schlechte Laune und verdirbt mit spitzen Bemerkungen den Abend. Der Mann zieht den Kopf ein und sagt daraufhin gar nichts mehr.

Schon diese kleine Episode in einer Beziehung kann zum Ende dessen führen, was als authentische Kommunikation bezeichnet werden kann. Die Frau fragt etwas und kann mit der Antwort schlecht umgehen, weil sie das auf einer rein emotionalen Basis tut. Der Mann sagt sich daraufhin: »In Zukunft halte ich eben den Mund, ist auch in Ordnung. Denn das muss ich mir nicht antun, und das tut mir auch nicht gut.« Er wird ihr nicht mehr ehrlich sagen, was er denkt. Er wird ihr nicht mehr sagen, dass er vielleicht vor vielen Jahren einmal in einem Bordell war und was für sexuelle Fantasien er hat. Ab jetzt wird er lügen, und die Frau wird sich in der Paartherapie beschweren, dass ihr Partner nicht die Wahrheit sagt. Dieses Paar wird die Realitätsphase schwieriger überstehen und die Beziehung schlechter auf einen befriedigenden Weg und in die Tiefe führen. Stattdessen werden sich ihre Gespräche zu einer »Schnittmengenkommunikation« entwickeln, was bedeutet, dass nur noch gesagt wird, was dem anderen schmecken könnte. Keiner traut sich mehr, etwas Strittiges oder Individuelles zu äußern, was aber genau in die nächste Beziehungsphase der Individualisierung münden würde. Entweder es wird *laut* oder *langweilig* in der Beziehung. Keiner erfährt mehr vom anderen, was dieser wirklich denkt und fühlt. Die Intimität verliert sich, und die Bereitschaft für eine Affäre oder eine Trennung steigt.

Was sollte das Paar verstehen? Die tiefe emotionale Abhängigkeit in einer Partnerschaft hat weitreichende Auswirkungen auf die Kommunikation, die in der Beziehung herrscht. Anders als der Freund oder die Arbeitskollegin ist der Partner Auslöser für weitreichende und tief gehende Gefühle. Fehlt die Anerkennung in der Äußerung des anderen, dann fühlt man sich nicht geliebt. Beachtet der andere einen einmal nicht, fühlt man sich nicht gesehen und ist verletzt. Sie ahnen gar nicht, wie oft am Tag ich das Wort »verletzt« zu hören bekomme. Da gibt es Verletzungen ersten, zweiten und dritten Grades. Das liegt an der engen Verbindung mit dem Partner, durch die wir uns von ihm emotional abhängig fühlen.

Einmal Kind, immer Kind?

Oft wird das Problem auf die fehlende und schlechte Kommunikation geschoben, hat aber in Wirklichkeit eine tiefere Ursache. Niemand kann uns also so sehr verletzen wie unser Partner. Das erinnert uns unweigerlich an unsere eigenen Eltern und an unsere Kindheitsmuster. Als wir klein waren, waren wir tatsächlich abhängig und ausgeliefert, und wir konnten uns nicht wehren. Welches Kind kann sich schon gegen seine Eltern durchsetzen? Unser kindliches Agieren war mehr oder weniger von Hilflosigkeit und oftmals von reinem Überlebenswillen geprägt. Kommt nun der Partner mit ähnlichen Sprüchen wie unsere Eltern auf uns zu, schrumpfen wir auf das Kleinkindniveau und reagieren dementsprechend kindlich und in den alten Mustern und eben gerade nicht wie Erwachsene. Ein Arbeitskollege schafft es nicht, mal so eben den Kindheitstrigger zu setzen, der Partner schon. (Das Essen nicht vorbereitet zu haben, wie im Beispiel oben, ist im Erwachsenendasein ein normaler Vorgang, als Kind hat man dafür vielleicht richtig Ärger bis hin zu Liebesentzug bekommen.)

Die Verbindung zwischen dem Erwachsenen-Ich und dem Kind-Ich führt zu diesen Schwierigkeiten in der Kommunikation. Alltägliche Sätze, unpopuläre Gedanken, die Äußerung von Wünschen und Bedürfnissen und menschliche (manchmal Über-)Reaktionen werden vom kindlichen Ich als Gefahr und nicht als Bereicherung der Beziehung gesehen. Wenn dann noch die Verletzungen aus der Beziehungsvergangenheit hinzukommen, dann reagieren wir nicht mehr rational, sondern im Kind-Ich, das nur noch reagiert und nicht mehr nachdenkt.

Wenn mir Klienten sagen, dass sie mit niemandem so schlecht kommunizieren könnten wie mit ihrem Partner, so liegt dies daran, dass im Partner oft die eigenen Eltern gesehen werden. Denn den Eltern hat man schließlich auch nicht viel oder nur bestimmte Dinge von sich erzählt. Der Partner würde auf eine Offenbarung vielleicht ganz positiv reagieren, aber das wird nicht ausprobiert, weil man sich als Kind schon bei den Eltern (zu) oft mit ausgesprochenen Wahrheiten eine Strafe eingehandelt hat. So sind es letztlich die Ängste unseres kindlichen Ichs, die uns den Übergang in die Liebesphase versperren.

Wenn die Eltern dazwischenfunken

Man kann es vielleicht erst einmal gar nicht glauben, doch die Eltern beziehungsweise die Schwiegereltern spielen bei vielen Trennungen eine ganz entscheidende Rolle. Je schwieriger und unausgesprochener die Beziehung zu den eigenen Eltern war oder je enger und gebundener die Eltern-Kind-Beziehung, umso größer ist deren Einfluss auf die Beziehung. Warum das so ist, wird klar, wenn man sich einmal genauer ansieht, was da eigentlich passiert.

Eine Frau bemüht sich sehr, mit ihren Schwiegereltern gut auszukommen. Das geht so lange gut, bis das erste Kind da ist. Von da an mischt sich die Schwiegermutter ständig in die Erziehung ein und spart nicht mit Kritik und Ratschlägen, was die junge Mutter rasend macht. Sie möchte ihre eigenen Erfahrungen machen und empfindet die Einmischung der Schwiegermutter als schlimme Grenzüberschreitung. Ihr Partner dagegen nimmt seine Mutter in Schutz. Das sei doch alles gar nicht so tragisch, beschwichtigt er und meint, man solle die Mutter ruhig gewähren lassen. Sie meine es schließlich nur gut mit ihnen.

Dieses kleine, aber ganz typische Beispiel kann der Anfang vom Ende sein. Der Mann befindet sich zwischen seiner Partnerin und seiner Mutter in einem Loyalitätskonflikt, der ihn in eine dauerhaft schwache Position bringt. Denn die Frauen werden sich gegenseitig zerreiben und ihn mit. Er will es im Grunde allen recht machen, möchte Harmonie und erntet Stress und große Probleme. Eine Zeit lang kommt er damit noch durch, indem er selbst sich heraushält und die Auseinandersetzung mit der Mutter seiner Partnerin überlässt. Letztere versucht unterdessen, einen Abnabelungsprozess zu übernehmen, den sie gar nicht übernehmen kann, da es den Abnabelungsprozess des Mannes betrifft. Dies trifft bei der Schwiegermutter auf völliges Unverständnis. Irgendwann wird die Frau keine Lust mehr haben und die Sache wieder ihrem Partner überlassen. Sie wird die Schwiegermutter meiden und sich heraushalten. Der Mann wird dann die Eltern alleine besuchen und auf diese Weise noch eine Weile die scheinbare Harmonie aufrechterhalten können. Irgendwann aber wird dies auch der Frau zu bunt werden, und der Respekt vor ihrem Mann, der immer noch zu seinen Eltern hält, die sie so unmöglich behandeln, geht verloren.

Sie stellt ihn, vielleicht nur stillschweigend, vor die Wahl: Deine Eltern oder ich. Sie könnte es auch anders formulieren: Werde endlich erwachsen. Irgendwann wird er dann seiner Partnerin versprechen, mit seinen Eltern zu reden. Ansatzweise wird er das auch tun, aber immer nur alleine und sehr vorsichtig. Denn seine Glaubenssätze und Verstrickungen erlauben ihm nicht die klare Beantwortung der Frage danach, wer an erster Stelle steht: die Partnerin oder die eigenen Eltern. Der Loyalitätskonflikt nimmt zu, und die Partnerin hat immer weniger das Gefühl, dass ihr Mann wirklich zu ihr hält. Es herrscht Sprachlosigkeit darüber, dass der Mann zulässt, wie seine Eltern sie behandeln. Und die Eltern machen jetzt nicht halt. Wo sie nur können, versuchen sie das Paar zu trennen, unbewusst natürlich. Sie lassen den Sohn nicht los, und geheime Gedanken darüber, wie schön es doch wäre, die Schwiegertochter loszuwerden, stellen sich ein.

Was das Paar verstehen sollte: In der Bindungsphase muss die Entscheidung für den Partner voll und ganz getroffen werden. Wie im Tierreich ist es erforderlich, dass die Kinder irgendwann ihre Eltern hinter sich lassen und sich ein eigenes Leben aufbauen. Sie ziehen weiter. Dafür ist es gut, wenn sowohl die Eltern die Kinder wirklich loslassen (bei Säugetieren nennt man das »vom Gesäuge beißen«) als auch die Kinder selber von dannen ziehen. Nur dann sind sie bereit, mit einem Partner ein neues Leben aufzubauen, das nicht mehr mit Stricken am alten Ufer festgebunden ist. Geschieht dies nicht, hat die Ursprungsfamilie noch großen Einfluss und stört die neue Familie ganz empfindlich.

Ein Paar zieht ins Haus der Schwiegerfamilie. Die Tochter ist Einzelkind und hat eine starke Bindung zu ihren Eltern. Die Eltern können jederzeit die Wohnung des Paares betreten, da die Türen auch von außen geöffnet werden können. Gibt es ein Problem, dann bespricht die Frau dies zuerst mit ihrer Mutter. Abends hat sie dann keine Lust mehr, es auch noch ihrem Partner zu erzählen, der sich das aber sehr wünschen würde.

Dieses Paar kann nicht frei und offen ins neue Leben gehen und die Realitäts- und Individualitätsphase durchlaufen. Es wird überall an ihm gezogen und gezerrt. Der Platz der einzelnen Familienmitglieder ist in so einer Gemengelage nicht klar. Und Unklarheit führt zu Stress und Problemen.

Eine kleine Geschichte von meiner eigenen Schwiegermutter: Mein Mann rief sie kurz nach unserer Hochzeit einmal an, um ein berufliches Problem mit ihr zu besprechen. Doch sie unterbrach ihn schon nach wenigen Sätzen:»Du hast jetzt eine Frau, besprich das mit ihr.« Das war der Anfang einer großen Freundschaft zwischen ihr und mir. Die Fronten waren geklärt, mein Mann aus dem Nest geworfen, und wir hatten eine von meiner Schwiegermutter unbelastete gemeinsame Zeit. Wenn Eltern diese Abnabelung nicht vollziehen, ist es natürlich viel schwieriger, denn dann muss das Kind dies tun, an seinen Glaubenssätzen vorbei. Aber es muss geschehen, sonst zerreibt das die Beziehung, wie wir oben gesehen haben. Das bedeutet keinesfalls, dass es zur totalen Trennung von den Eltern kommen muss, auch wenn eine solche vielleicht zeitweise einmal notwendig wird. Es reicht schon aus, sich vor den Partner zu stellen und kundzutun: Erst kommen wir, und dann kommt ihr.

Eines scheint mir noch erwähnenswert: Als Sohn oder Tochter hat man die Eltern immer schon so und nicht anders erlebt. Vielleicht als übergriffig oder nicht ehrlich, als klammernd oder abwertend. Als Kind kennt man dies schon sein Leben lang, und es macht einem nichts mehr aus. Als Kind fühlt man die Übergriffe nicht mehr. Für den Partner aber ist das neu. Dieser wird das erste Mal mit dem Verhalten der Schwiegereltern konfrontiert und wundert sich, wie der andere dies dulden kann. Das erwachsene Kind der Eltern, selbst unempfindlich dafür, verlangt nun auch vom Partner, darüber hinwegzusehen, was dieser jedoch nicht kann oder nicht will. Unsere Werte und Überzeugungen geben wir nur auf, wenn wir dies schon als Kinder tun mussten. Als Erwachsene tun wir das in der Regel nicht mehr, was dann zum Streit zwischen dem Paar führt. »Wie kannst du es dulden, dass deine Mutter einfach so in mein Schlafzimmer kommt?« »Wie kannst du nicht merken, dass dein Vater hinter unserem Rücken Schlechtes über mich sagt?«

Unbewältigte Themen aus der Kindheit und Herkunftsfamilie

Ein großer Wunsch beherrscht viele Paarbeziehungen: der Wunsch, der andere möge doch endlich seine Kindheitsthemen aufarbeiten. Ein durchaus berechtigter Wunsch, denn unverarbeitete Themen verursachen in einer Beziehung immer wieder Probleme. Und für die Individualisierung ist es wichtig, sich dessen bewusst zu werden. Wir reagieren und handeln auf eine ganz bestimmte Art und Weise, weil wir eine Historie haben, die uns geprägt hat. In der Regel soll uns das, was wir erlebt und durchlebt haben, fit für unser Leben und für die Beziehung machen. Leider gibt es viele Erlebnisse in der Kindheit, die die Beziehung empfindlich stören und sie belasten. Wurden wir zum Beispiel von einem Elternteil früh verlassen, so werden wir den Partner vielleicht über alle Maßen an uns binden. Haben wir nicht genug Liebe erfahren, dann buhlen wir eventuell immer wieder derart um die Liebe des anderen, dass wir darüber den Respekt des Partners verlieren. Oder wurden wir geschlagen und belogen, dann werden wir weniger Vertrauen zu einem anderen aufbauen können oder gar selbst die Verhaltensweisen der Eltern annehmen und uns ähnlich zerstörerisch verhalten. Wurden wir von unserer ersten Liebe auf eine schmerzhafte Weise verlassen, so haben wir vielleicht immer noch eine ganz grundsätzliche Wut auf das andere Geschlecht und lassen diese am aktuellen Partner aus. Oder hatten wir keine Geschwister, so haben wir wohl nicht gelernt zu teilen, was für den Partner nach fehlender Verbundenheit aussehen könnte. Hatten wir einen cholerischen Vater, so reagieren wir auf eine normale Wut des Partners wohl schon mit Rückzug, was diesem dann wiederum Angst machen könnte. Oder hatten wir niemanden, der sich in der Kindheit wirklich um uns gekümmert hat, dann lösen wir unsere Probleme in der Regel alleine, was der Partner ebenfalls als mangelnde Verbundenheit interpretieren kann.

Auf all diese Prägungen und die daraus resultierenden Schwierigkeiten legt der Partner seinen Finger und beißt sich daran oft sogar fest. Er spürt, dass hier etwas nicht gut läuft, und hofft auf Änderung, weil diese auch ihm selbst zugutekommen würde. Wenn der andere doch endlich einsehen würde, dass er überreagiert, dass er in seinen Kindheitstraumata feststeckt und dass man mit ihm so nicht leben kann. In der Regel hat der Partner sogar recht. Nur übersieht er, dass auch er seine Themen mitbringt und diese Themen die Streitpunkte in der Beziehung genauso befeuern. Sie beide reinszenieren ihre Kindheit und finden keinen Weg heraus, weil sie wie damals als Kinder agieren. Das Paar verstrickt sich im Streit darüber, wer nun verkorkster ist und wer mehr aufzuarbeiten hätte. Es ist ja auch viel einfacher, den anderen für Probleme verantwortlich zu machen, als bei sich selbst zu suchen. Damit man den Kampf darum, wer mehr an sich arbeiten muss, nicht verliert, besteht man weiterhin darauf, dass der andere etwas tun muss. Vielleicht macht der eine tatsächlich seine »Hausaufgaben«, aber der andere nicht. Es hilft jedoch wenig, wenn man nach einem Streit immer nur darüber nachdenkt, warum der andere wieder so heftig reagiert hat, und sich fragt, was wohl mit diesem los ist. Statt der Schlussfolgerung, dass der andere »echt krank« ist, sollte man sich eher fragen, warum man selbst so reagiert. Denn auf diese Weise kann man tatsächlich etwas über sich selbst erfahren und weiterkommen.

Eine Frau liegt gemütlich auf dem Sofa und bittet ihren Partner, ihr doch ein Glas Wasser aus der Küche mitzubringen. Dieser kommt nach zehn Minuten wieder ins Wohnzimmer zurück, setzt sich auf seinen Platz und fängt an zu lesen. Das Wasser hat er vergessen.

Die Frau hat nun zwei Optionen: Sie kann entweder sein Verhalten ins Visier nehmen oder aber über ihre eigenen Gefühle nachdenken. Bei der ersten Option kann sie allenfalls das Verhalten des Partners deuten, was sicherlich negativ ausfallen wird. »Er liebt mich nicht, ich bin ihm unwichtig, er ist kein hilfsbereiter Mensch, er hat nur seine eigenen Dinge im Kopf.« Sie wird wütend werden und ihn beschimpfen. Er wird sich verteidigen, und die Trennungsgedanken werden kreisen. Bei der zweiten Option wird die Frau sich fragen, warum sie so wütend wird. »Ich bin enttäuscht, ich fühle mich zurückgesetzt, ich fühle mich nicht beachtet und nicht geliebt. Warum ist das so, obwohl es doch nur um ein blödes Glas Wasser geht?« Dann kann sie Überlegungen anstellen, die ihre Kindheit betreffen, wie etwa: »Mein Vater hat so wenig an mich gedacht. Ich wurde als Kind vernachlässigt. Daher habe ich viel nachzuholen. Ich bin verletzt, weil ich als Kind nicht genug bekommen habe und es jetzt endlich bekommen will.« Sie kann sich nun das kleine Mädchen in ihrem Innern ansehen und diesem kleinen Mädchen Zuwendung geben. Das innere Kind braucht Beachtung in seinem Schmerz.

Die erwachsene Frau dagegen kann auch damit leben, dass ihr einmal kein Wasser gebracht wird. Nun kann die Frau aufstehen, sich das Glas Wasser selbst holen, auf dem Rückweg ihrem Partner einen Kuss geben und sagen: »Hat mir gutgetan, mal aufzustehen.« Der Partner wird ein schlechtes Gewissen bekommen und ihr zumindest an diesem Abend die Wünsche von den Augen ablesen. Diese Frau hat im richtigen Moment die Verantwortung für ihre Gefühle selbst übernommen und an sich gearbeitet. Sie hat die Gefühle nicht dadurch bearbeitet, indem sie den Partner beschimpft hat, sondern durch eigene Handlung und Gedanken sich selber gutgetan und damit einen viel größeren Erfolg erzielt. Sie hat einen schönen Abend.

Doch in der Praxis wird genau diese Verantwortung für die eigenen Gefühle nicht übernommen, sondern an der Veränderung des Partners gearbeitet. Unbewusst scheut sich der Erwachsene, da noch einmal hinzusehen, denn die Schmerzen damals waren zu groß. Wird dies aber nicht gemacht, dann bleibt die Verwechslung vom Erwachsenen-Ich und dem Kindheits-Ich bestehen und wir reagieren empfindlich, wo eigentlich Großzügigkeit angesagt wäre, und wir reagieren wütend, wo eigentlich Demut richtig wäre. Im Kind-Ich können wir nicht hilfreich erwachsen reagieren, was wiederum eine zerstörerische Auswirkung auf die Beziehung hat.

Vorbild Eltern

Hat ein Partner ein gutes, vielleicht sogar überhöhtes Bild von seinen Eltern, kann es passieren, dass er das Leben seiner Eltern leben möchte oder sich nach einem Partner sehnt, der das Vater- oder Mutterbild erfüllt. Dabei wird von einem Ideal ausgegangen, welches der Partner nie erfüllen kann. Sie werden schon ahnen, dass auch hier wieder die Realitätsphase das Problem offenlegt. Der Partner wird nicht gesehen, wie er tatsächlich ist, sondern an einem idealisierten Bild gemessen. Dies führt bei diesem zu einem ständigen Gefühl, nicht gut genug zu sein, und damit zu einer Unzufriedenheit, die auf die Beziehung ausstrahlt. Und nicht nur der Partner, der immer dem Idealbild hinterherhinkt, sondern auch derjenige, der den Partner anders haben will, zerstört damit seine Liebe selbst.

Je schwieriger, unausgesprochener und nicht losgelassen die Beziehung zu den eigenen Eltern war, umso notwendiger ist es, sich von diesen zu lösen. Das heißt aber nicht, den Kontakt abzubrechen, sondern vielmehr, sich von ihnen unabhängig zu machen und die alten Muster und Glaubenssätze aus der Kindheit zu bearbeiten und loszulassen. Beliebte Muster sind: Ich muss meine Eltern glücklich machen. Ich darf meinen Eltern nichts zumuten. Ich muss immer ein braves Kind sein. Ich muss meine Eltern ehren und immer für sie da sein. Ich muss erfolgreich sein. Aber auch Muster wie: Ich bin schuld, wenn es meinen Eltern nicht gut geht, ich trage die Verantwortung, wenn etwas schiefgeht, ich kann es nicht aushalten, wenn meine Eltern enttäuscht von mir sind, meine Eltern brauchen mich. Die Liste der Muster und Glaubenssätze ist lang. Sie fesseln den Partner förmlich an seine Eltern. Und wenn die Mutter anruft, muss der Partner eben warten. Gibt es ein Problem, muss zuerst der Vater davon erfahren. Und selbst wenn der eigene Partner mal alleine etwas unternehmen will: Die Eltern müssen mit, weil sie sonst traurig wären. Und der gemütliche Sonntag ist in dem Moment zu Ende, in dem ein Elternteil traurige Töne anschlägt.

Wenn die Pubertät beim Falschen nachgeholt wird

Die Crux an der Sache: Sowohl mit unseren Eltern als auch mit unserem Partner verbindet uns eine emotionale Abhängigkeit, was dazu führt, dass sich auch unsere Gefühle für die Eltern und den Partner ähneln. Somit kann es passieren, dass der Erwachsene sich heute noch mit dem aktuellen Partner an Dingen abarbeitet, die er als Kind oder Jugendlicher nicht bearbeiten, also auch nicht abschließen konnte.

Eine Frau wehrt sich ständig gegen das, was der Mann tut oder vorschlägt. Sie findet immer alles »doof«. Mit diesem andauernden Widerstand kann der Mann sehr schlecht umgehen und wird allmählich ungerecht, ist gemein zu ihr und geht ebenfalls ins dauernde Kontra. Kein Vorschlag, keine Idee, kein Wunsch vom anderen wird akzeptiert, sondern vielmehr bekämpft. Es geht heiß her, und die Abwärtsspirale beginnt.

Von außen betrachtet verhalten sich diese beiden wie Jugendliche in der Pubertät. Da muss man einfach mal gegen alles sein. Zum einen in der Hoffnung, dass man auch geliebt wird, wenn man schwierig oder verrückt ist, und zum anderen, um sich abzugrenzen und eine eigene Persönlichkeit zu entwickeln. Hat dieser Prozess in der Jugend nicht oder nur unzureichend stattgefunden, so kann es sein, dass er nun in der Beziehung nachgeholt wird. Nur leider mit dem Falschen! Diese Verlagerung führt zu Unverständnis beim Partner, und im Regelfall kommen nun auch bei diesem unerledigte Themen aus der Kindheit und Jugend zum Vorschein. Jetzt streiten beide wie zwei extrem Pubertierende um die Anerkennung der Eltern und um ihre Autonomie. Wird das nicht erkannt und an der richtigen Stelle ausgetragen, also bei den Eltern, wird die Partnerschaft durch unerledigte Kindheits- und Jugendprozesse stark belastet. Die Beziehung hält uns dazu an, unsere Kindheits- und Jugendthemen noch einmal zu bearbeiten, aber bitte nicht in der Beziehung, sondern bei den Eltern. In der Regel geschieht dies aber nicht. In der Regel werden die Eltern geschont und nach wie vor wie Menschen behandelt, denen man nichts sagen und zumuten darf, ganz so, wie man das damals als abhängiges Kind empfunden hat.

Zusammenfassend kann man sagen: Eltern und Schwiegereltern sollen durchaus Teil der neuen Familie sein. Sie dürfen und können jederzeit unterstützen und eine Bereicherung für die ganze Familie sein. Aber sie müssen einen klaren Platz in der Familie haben. Es ist der Platz des Gutmütigen, der das Seine tut, um die eigenen Nachfahren zu unterstützen und zu tragen. Was nicht erlaubt ist, sind Kritik oder gar Spaltversuche. Denn das Paar hat es schon schwer genug, sich durch die Phasen der Beziehung zu arbeiten, da braucht es keine zusätzlichen Baustellen. Und wenn die Eltern das nicht verstehen, dann ist Abgrenzung angesagt, und zwar deutlich. Und Sätze wie »Jetzt bist du schon genauso wie deine Mutter« höhlen wie ein Schwelbrand die Beziehung aus.

Glaubensfragen und andere versteckte Gründe

Nicht nur die fehlende Aufarbeitung der Kindheit kann zum Scheitern der Beziehung führen. Auch Themen aus der Herkunftsfamilie können die Beziehung schwer belasten.

Ein Paar unterschiedlichen Glaubens tut sich gegen den aus-drücklichen Wunsch der Eltern zusammen. Die Eltern wollen nicht, dass ihre Kinder jemanden mit einer anderen religiösen Gesinnung heiraten. Das Paar entscheidet sich trotzdem für eine Eheschließung, weil es findet, dass das im 21. Jahrhundert doch möglich sein müsse. Doch schon kurz nach der Hochzeit beginnt das Paar, sich heftig zu streiten, was schließlich zur Trennung führt.

Dieser Trennungsgrund fällt nicht so schnell ins Auge. In diesem Fall fühlen sich die Partner unbewusst schuldig, weil sie gegen den Wunsch ihrer Familien gehandelt haben. Die Schuld versuchen sie abzuarbeiten, indem sie sich streiten, denn dann verhalten sie sich ihren Herkunftsfamilien gegenüber loyal. Jetzt haben die anderen ja recht behalten, und so trägt jeder Streit diese Schuld auch ab. Genauso schwerwiegend auf das ganze Leben kann sich beispielsweise der frühe Tod eines Geschwisters auswirken, als der Partner noch klein war. Dieser hat nun vielleicht unbewusst entschieden, das Leben keinesfalls zu genießen, um dem toten Geschwister gegenüber loyal zu bleiben, dem ja der Genuss verwehrt blieb. Der Partner wird darüber ganz verrückt, weil er einfach nicht verstehen kann, warum der andere sich das Leben selbst so schwermacht. Wenn die Partner aus unterschiedlichen Elternhäusern kommen – Professorentochter heiratet Schreinersohn –, hat das genauso seine Tücken wie die Beziehung zweier Menschen aus unterschiedlichen Ländern mit ganz unterschiedlichen Mentalitäten. Je unterschiedlicher der Hintergrund, umso mehr Gespräche und Beziehungsarbeit braucht das Paar.

Partnerschaften eignen sich so gut zum Wachsen, weil sie genau auf all diese Themen ihren Finger legen. Leben wir alleine, so kommen wir um viele Aufarbeitungen herum, da niemand so direkt von unseren Verhaltensweisen betroffen ist. Wenn wir unseren Partner aber nicht als einen wertvollen Impulsgeber für genau diese Aufarbeitung ansehen, sondern als ewigen Trigger und Gegner, dann führt das nicht zu Wachstum und Entlastung, sondern zu Verhärtung und Krampf.

Große Herausforderungen

Das Führen einer normalen Beziehung ist an sich schon ein schwieriger Drahtseilakt. Kommen noch Schicksalsschläge dazu, wird dies zu einer echten Herausforderung. Dann braucht das Paar zusätzliche Kompetenzen, um ein Zusammenleben zu ermöglichen. Geht eine Beziehung kaputt, sie etwa den Tod eines Kindes nicht überwindet, dann ist das besonders traurig, weil die Familie extrem zusammenhalten müsste. Dennoch geschieht es relativ häufig, dass ein Paar so einen Schicksalsschlag nicht übersteht, weil es ziemlich schwierig ist, zusammenzubleiben, wenn man den anderen in seiner Trauer nicht mehr spüren kann. Beide sind gleichermaßen mit der Bewältigung des Schicksalsschlags beschäftigt – und dabei bedürftig. Mein Onkel verriet mir einmal das Geheimrezept seiner guten Ehe: »Wir waren nie zur gleichen Zeit schlecht drauf. Wenn der eine schlecht drauf war, dann hat sich der andere zusammengenommen und war für den Partner da. An einem anderen Tag war dann der andere dran.« Bei Schicksalsschlägen ist das häufig nicht mehr möglich. Beiden geht es gleichermaßen schlecht, wie zwei Ertrinkenden, die sich gegenseitig nicht helfen können, sondern sich sogar noch gegenseitig in die Tiefe ziehen. Wird das nicht erkannt und kompensiert, verliert sich das Paar in seiner Aufarbeitung des Schicksalsschlags. Oder beide verarbeiten das Ganze so unterschiedlich, dass sie sich darüber verlieren.

Betrifft der Schicksalsschlag nur einen der beiden Partner, dann ist es einfacher, für den anderen da zu sein. Aber in einem solchen Fall fehlt es manchmal am Verständnis für den Betroffenen. Dieser hat viele Bedürfnisse, welche der andere entweder irgendwann nicht mehr bereit ist zu erfüllen, oder er verliert darüber das Gefühl für seine eigenen Bedürfnisse. Beides führt zu Unzufriedenheit und zum Stillstand in der Beziehung. Ein gutes Maß zwischen den Bedürfnissen des Betroffenen und denjenigen des Partners zu finden gehört zu den großen Herausforderungen in einer Krise. Darüber hinaus sollte sich das Paar in einer solchen Situation unbedingt professionelle Hilfe und Unterstützung suchen, sei es in einer längerfristigen Therapie oder Selbsthilfegruppe. Auch ein engmaschiges Netz aus Freunden und Verwandten kann dazu beitragen, eine solche Lebenskrise zu überwinden. Das Paar hat dann die Aufgabe, sich über die wirklich wichtigen Themen im Leben zu finden, etwa in Gesprächen über den Tod, über den Sinn des Lebens oder die eigenen Ängste.

Krankheiten, Depressionen und Süchte

Ist ein Partner schwer erkrankt, so richtet sich die ganze Aufmerksamkeit auf dessen Krankheit. Einer braucht besonders viel Aufmerksamkeit und Unterstützung, der andere leidet stark mit und muss zugleich viel leisten. Häufig entwickelt sich daraus ein Ungleichgewicht für das imaginäre Schuldenkonto in der Beziehung. Beide fühlen sich damit nicht wohl, spüren den Verlust des Gleichgewichts und der Augenhöhe, was zu Unzufriedenheit führen kann und dann die Liebe abtötet. Auch führt die Pflege des Kranken häufig zu einer Eltern-Kind-Rolle, die die Sexualität aus der Beziehung nehmen kann.

Burn-out und Depressionen sind in der heutigen Gesellschaft weit verbreitet und bestimmend für viele Beziehungen. Burn-out ist eine schlimme Zeit für denjenigen, den es trifft, da er nicht mehr aktiv am Leben teilnehmen kann und auf Hilfe angewiesen ist. Der Partner wird in dieser Zeit häufig gar nicht mehr wahrgenommen. Denn nur wenn es uns gut geht, können wir eine lebendige Partnerschaft führen. Derjenige, der unter Depressionen leidet, geht vielleicht irgendwann für mehrere Monate in eine Klinik und kommt meist verändert wieder. Er hat dann viel gelernt und wird sein Leben umkrempeln wollen, vielleicht hat er sogar jemand anderen kennengelernt. Natürlich ist diese Zeit auch für den Partner ziemlich schwierig. Zunächst ist es schwer, den anderen in seiner Depression zu erleben, und dann wird er auch noch mit vielen Veränderungen konfrontiert, die nur schwer zu durchschauen und zu verstehen sind. Nichts ist mehr wie früher. Nach dem Klinikaufenthalt spielen Achtsamkeit, Bewusstheit und Gelassenheit eine größere Rolle als Leistung und effizientes Verhalten. Der Partner kommt so schnell nicht hinterher und weiß auch gar nicht, warum er das tun sollte. Er sieht keine Notwendigkeit für eine Veränderung und wünscht sich nur den alten Partner wieder zurück, der dieser einmal war. Die neuen Interessen und Lebenseinstellungen sind eher lästig, und so fühlt sich keiner mehr vom anderen verstanden. Das Paar lebt sich auseinander.

Auch Süchte gehören in diesen Themenkreis. Egal ob es sich um Alkoholismus, Sexsucht, Drogen oder Zwänge handelt, die Beziehung hat ein ernsthaftes und schwer verdauliches Problem. Auch wenn ich immer wieder erlebe, dass die Sucht die Verlagerung eines anderen Problems ist und die Menschen ohne ihre Sucht vielleicht noch größere Themen zu verarbeiten hätten, so gibt es keinen anderen Weg, als sich dem eigentlichen Thema zu stellen. Der Partner versucht den anderen zur Bearbeitung zu bewegen, weil er sich von der Sucht bedroht fühlt. Dadurch spielt die Sucht in seinem Leben auch eine übergeordnete große Rolle. Es entwickelt sich daraus oftmals eine sogenannte Co-Abhängigkeit: Der Partner lebt die Sucht nicht selber, sondern lässt die Sucht vom anderen ausleben. So bleibt er selbst der Gute und nicht Süchtige, ist aber letztlich genauso von der Sucht absorbiert wie der Süchtige selbst. In der Co-Abhängigkeit kann der Partner alle Probleme auf die Sucht schieben und muss sich nicht mit seinen eigenen Themen beschäftigen. Ein Ablenkungsmanöver sozusagen. Ganz praktisch. Aber dieses Leben führt dazu, dass beide ihre wahren Bedürfnisse so sehr herunterregeln müssen, dass sie am Ende ein Leben ohne Bedürfniserfüllung führen. Das entspricht keinem erfüllten Leben. Daher ist es manchmal nötig, sich zu trennen, denn nur dann werden beide durch den Wegfall des stabilisierenden Sucht-Elements auf sich selbst zurückgeworfen und können sich neu finden. Die Trennung lässt den Süchtigen allein zurück und den Co-Abhängigen ohne Lebensinhalt. Das kann sehr hart sein, eine Härte, die sich die Partner wahrscheinlich nicht gerne zumuten und daher zusammenbleiben. Und doch ist sie notwendig für den Weg aus der Sucht. Erst wenn wir am Abgrund stehen, können uns Flügel wachsen.

Narzissmus

Narzissmus ist heute in aller Munde, und auch wir Paartherapeuten haben oft damit zu tun. Der Begriff ist allerdings sehr biegsam und muss auf jeden Fall differenziert betrachtet werden. Wir alle weisen wohl in der heutigen Zeit egozentrierte Seiten auf, was nicht unbedingt nur schlecht sein muss. Denn das ist eine Garantie dafür, dass wir gut für uns sorgen. Doch die Haltung hinter den Handlungen ist entscheidend. Achtet jemand auf sich, damit er dann auch auf andere achten kann, so ist das eine gute Eigenschaft. Achtet jemand auf sich, damit nicht andere ihn glücklich machen müssen, so ist das sogar ein ehrenhafter Zug. Problematisch wird es, wenn jemand anfängt, andere für seine Zwecke zu manipulieren, um immer das zu bekommen, was er will.

Der extreme Narzisst behandelt seine Mitmenschen wie eine Sache, und diese muss so funktionieren, wie er sich das wünscht. Er manipuliert seine Umwelt auf eine Art und Weise, die den fühlenden und liebevollen Menschen vollkommen verwirrt danebenstehen lässt. Dieser beginnt an seinem Selbstwert zu zweifeln und diesen unter Umständen sogar vollkommen zu verlieren. Hochgradig narzisstisch gestörte Menschen beginnen die Beziehung mit dem sogenannten »Lovebombing«. Sie sagen dem Partner Dinge wie:»Du bist der einzige Mensch, der mich glücklich machen kann. Ohne dich wäre mein Leben furchtbar und unerträglich. Du bist das Schönste, Tollste und Wunderbarste, was mir jemals begegnet ist. Ohne dich würde ich durchdrehen und sterben.« Zudem ist der Narzisst oft besonders charmant, humorvoll, intelligent und mitunter auch noch gut aussehend. Lauter Eigenschaften, die er pflegt und bis zur Vollendung ausbaut, da er damit von den Menschen das bekommen kann, was er sich wünscht: Bewunderung und Anerkennung. Er liebt nichts so sehr wie das Gefühl, vom anderen über alle Maßen geliebt zu werden, denn das ist es, was sein Ego stärkt. Der Partner spielt anfangs noch mit und kann in Anbetracht der Überhäufung mit Liebesbezeugungen oft sein Glück gar nicht fassen – und lässt sich mit Haut und Haaren auf diesen wunderbaren Menschen ein. Zweifel an diesem Glück und Gedanken darüber, dass der andere nach so kurzer Zeit es noch gar nicht wissen kann, wie man selbst ist, werden verdrängt.

Denn man will sich diese schönen Gefühle auf keinen Fall selber vermiesen. So passt der Deckel auf den Topf. Der Narzisst erfreut sich seiner hohen Kompetenz, den anderen in sich verliebt zu machen, und der Partner genießt die schönen Gefühle und gemeinsamen Stunden. Das kann einige Jahre so gehen. Doch irgendwann, meistens dann, wenn der Partner emotional durch ein gemeinsames Kind oder finanziell von ihm vollkommen abhängig geworden ist, bringt dem Narzissten die Verliebtheit des Partners für sein Ego nicht mehr viel. Er ist ihm langweilig geworden. Er wird den Spieß nun umdrehen, um seine Macht anders auszuleben. Statt des »Lovebombing« wird er den Partner verwirren, ihm die Schuld für sämtliche Probleme geben und ihn hilflos werden lassen, wo er nur kann.

Ein Mann ist mit der Partnerin für den Freitagabend verabredet. Es war ganz klar abgemacht, dass sie an diesem Abend etwas gemeinsam unternehmen und sie dann bei ihm übernachten würde. Um vier Uhr nachmittags versucht sie ihn zu erreichen, um zu besprechen, wie der geplante Abend aussehen könnte. Er ist nicht erreichbar. Um 17 und um 18 Uhr hat er sich immer noch nicht bei ihr gemeldet. Sie hinterlässt weitere Nachrichten auf seinem Band und beginnt sich Sorgen zu machen. Um 19 und um 20 Uhr das gleiche Spiel. Um 20.30 Uhr geht er endlich ans Telefon. Sie fragt besorgt, was denn los sei und wo er stecken würde. Daraufhin wird er ungeduldig. »Ich war mit einem Freund in der Sauna. Das muss doch mal möglich sein, ohne dass du mir gleich hinterhertelefonierst!« Auf ihren Einwand, sie seien doch fest verabredet gewesen und er hätte ihr doch kurz Bescheid geben können, reagiert er unfreundlich: »Ich verstehe dich einfach nicht! Ich hätte nicht gedacht, dass du so kompliziert und spießig bist. Ich dachte immer, du wärst locker und gut drauf. Aber da habe ich mich wohl mächtig in dir getäuscht.« Als sie ihm sagt, es sei völlig in Ordnung, wenn er in die Sauna gehe, aber dass er ihr doch Bescheid sagen könne, erwidert er:»Weißt du, ich habe echt keine Lust mehr, mit dir über solche Banalitäten zu reden. Das haben wir schon zu oft getan (was nicht stimmt), du musst dich wirklich ändern, sonst bist du nicht mehr attraktiv für mich.«

Der Mann geht überhaupt nicht erst auf das eigentliche Thema ein, nämlich ihre gemeinsame Verabredung für diesen Abend. Er entschuldigt sich auch nicht dafür, dass er ihr nicht früher Bescheid gegeben hat, wo er ist. Stattdessen verwirrt er die Partnerin, indem er ganz weit ausholt, sie der Spießigkeit bezichtigt und auch ihre übrigen Charaktereigenschaften in Zweifel zieht. Dies ist der Moment, in dem die Partnerin die Partnerschaft beenden müsste. Stattdessen kennt die Frau die wunderbaren Seiten des anderen und gibt sich selbst die Schuld, dass sie nicht mehr zum Vorschein kommen. Sie schläft nächtelang schlecht und gibt ihr Wertesystem immer mehr auf. Sie versucht, es ihm in jeder nur erdenklichen Hinsicht recht zu machen. Sie versucht, ihn nicht mehr zu verärgern, sie will alles tun, nur damit sie wieder dieses »Lovebombing« erleben kann.

So beginnt sie sich zu verändern, wird immer unterwürfiger und gefälliger. Nichts hilft, denn der Narzisst hat ja den Spaß an der Verliebtheit der Partnerin verloren. Und nun verliert er auch noch den Respekt vor ihr, weil sie sich so verzweifelt und angepasst verhält. Er wird vielleicht fremdgehen und sie für völlig uncool erachten, wenn sie etwas dagegen einzuwenden hat. Er wird sich an keine Spielregeln mehr halten und sich so benehmen, wie es ihm gerade passt. Dadurch bekommt der Partner mit den hohen narzisstischen Anteilen immer mehr

Macht in dem Spiel, während der andere nur noch verliert. Letzterer wird dadurch so geschwächt, dass er den Absprung nicht mehr schafft. Auch sieht die Umgebung häufig nur die wundervollen Seiten des Narzissten und steht dementsprechend nicht hinter dem geschwächten Partner.

Die Frau in unserem Beispiel wird wohl über kurz oder lang in die Depression rutschen, ihren Partner viel anschreien und beginnen durchzudrehen. Woraufhin der Mann dann ganz ruhig reagieren und ihr klarmachen wird, dass sie dringend Hilfe braucht. Freunde und Verwandte werden informiert und die Frau als psychisch krank abgestempelt. Dann lässt der Mann sie irgendwann fallen und erklärt, dass er nicht mehr könne. Ganz und gar wird er sie aber nicht loslassen. Denn dieses Spiel genießt er auch noch. Partner werden abhängig von Narzissten, weil dieses Zuckerbrot-und-Peitsche-Spiel die eigenen Überlegungen bindet und der Tag so von Gedanken an den Partner geprägt ist. Genau wie bei einer Sucht. Die Partner schaffen es nur mit größter Mühe, aus der Abhängigkeit zu entkommen. Ich habe bisher wenige erlebt, die das wirklich geschafft haben. Und sollte es tatsächlich gelingen, dann bleibt wie bei einem Alkoholiker ein Leben lang die Versuchung groß, doch zurückzukehren. Man wappnet sich sozusagen für eine Rückkehr, indem man sich stark zu machen glaubt, sodass der Narzisst keine Macht mehr über einen gewinnen kann.

Meiner Meinung nach kann man nicht stark genug werden, um mit einem Narzissten zu leben, der ständig Spielregeln ändert und sich an keine Vereinbarungen hält. Irgendwann steckt man wieder drin, und zwar noch tiefer als zuvor. Stärker wird man dadurch nämlich nicht, sondern nur abgestumpfter den eigenen Werten und Überzeugungen gegenüber. Und sind wir in unserer Selbstachtung einmal so weit gesunken, dann trauen wir uns auch nicht mehr zu, alleine zu leben.

Wie sagte doch Oscar Wilde so treffend: »Die Selbstsucht besteht nicht darin, dass man lebt, wie man will, sondern dass man von anderen verlangt, sie sollen leben, wie man will.« Sind Sie mit einem Narzissten zusammen, dann gehen Sie ihm, soweit es irgendwie geht, aus dem Weg.

Fremdgehen

Die Entscheidung, ob wir uns trennen wollen oder nicht, gehört sicherlich zu den schwierigsten im Leben. Kein Wunder also, wenn viele zur Klärung dieser Frage eine Außenbeziehung in die Waagschale werfen. Häufig schafft einer der Partner den Absprung aus der Beziehung erst, wenn es eine Alternative gibt, wodurch die Außenbeziehung zu einem ganz wesentlichen Trennungsfaktor wird. Meiner Erfahrung nach sind bei den meisten Trennungen Dritte involviert, ob dies nun zugegeben wird oder nicht.

Wie die Bereitschaft zum Fremdgehen entsteht

In der Regel beginnt eine Außenbeziehung, wenn jemand unbewusst die Bereitschaft dazu entwickelt hat. Das kann ganz unterschiedliche Gründe haben, etwa die fehlende Intimität zum eigenen Partner.

Intimität ist, so der Psychologe Michael Cöllen, durch fünf Säulen gekennzeichnet:

- durch Sprache (wir reden miteinander, wir haben uns etwas zu sagen und hören einander zu),

- durch Gefühle (die wir durch Sprache und Gesten austauschen),

- durch unsere Körper (sexuelle Handlungen und generelle körperliche Nähe wie Kuscheln und Händchenhalten),

- durch den Sinn der Partnerschaft (das Paar verbindet etwas, beispielsweise Kinder oder eine gemeinsame Vision) und

- durch Zeit (man verbringt genügend davon miteinander).

Diese fünf Intimitätssäulen stehen nebeneinander. Fällt eine der Säulen um, so reißt sie die anderen in einer Art von Domino-Effekt mit sich. Hat ein Paar etwa keine Zeit füreinander, weil beide sehr viel arbeiten und ansonsten nur auf die Kinder fokussiert sind, dann bricht die Zeitsäule langsam weg, und mit ihr bröckeln dann zusehends auch die anderen. Wir reden weniger miteinander, also bricht die Sprache weg, Gefühle haben keinen Platz mehr, und die körperliche Anziehung schwindet. Und schließlich steht man vor der Frage, ob das Ganze überhaupt noch einen Sinn ergibt. Hierzu ein Beispiel, welches dies verdeutlichen soll:

Ein Paar trennt sich nach fünfzehn Jahren. Der Trennungsgrund ist die fehlende Nähe und Sexualität, gepaart mit vielen Streitereien und Konflikten. Das Paar konnte keine Kinder bekommen und hatte irgendwann beschlossen, es über eine künstliche Befruchtung zu versuchen. Nach schwierigen Monaten und mehrmaligen Versuchen hatte das auch geklappt, und das Paar hat das Baby sehr genossen. Die Sexualität zwischen ihnen war allerdings nach der erreichten Schwangerschaft verschwunden. Aus lauter Angst vor den sexuellen Bedürfnissen des jeweils anderen vermieden sie schon kleinste Berührungen, die als Annäherung hätten verstanden werden können. Die Körpersäule existierte nicht mehr.

Wenn Paare trotz Kinderwunsch kein Kind bekommen können, dann passiert häufig etwas ganz Entscheidendes mit der Sexualität: Diese verliert ihren spielerischen Charakter. Sie wird zunehmend mit Druck und Zeitplanung behaftet, sodass häufig der Spaß und die Leichtigkeit dabei verloren gehen. Zudem erfährt das Paar, dass ihre Sexualität nicht »fruchtbar« ist. Das kann unbewusst dazu führen, dass die Sexualität für unwichtig erachtet wird. Paare, die sich daraufhin für eine künstliche Befruchtung entschieden haben, wissen auf der anderen Seite jedoch auch, was sie gemeinsam bis zur ersehnten Geburt des Kindes alles durchgestanden haben. Das hält die Sinnsäule eine lange Zeit aufrecht. Aber ausgehend von der bröckelnden Körpersäule brechen alle anderen Säulen nach und nach weg, und die Bereitschaft für eine neue sexuelle Beziehung wächst. Dem Dritten sind Tor und Tür geöffnet, weil er genau da befriedigt, wo die Defizite in der Beziehung liegen.

Viele weitere Umstände wie eine fehlende Spannung in der Beziehung, das Verlangen nach Bestätigung vom anderen, viele unerfüllte Bedürfnisse und schließlich der Wunsch nach Freiheit begünstigen diese Bereitschaft. Viele gehen auch eine Beziehung ein und sagen nicht wirklich Ja zu Haus und Garten und Kindern und Hund. »Als mir klar wurde, dass es das jetzt ist und ich die nächsten Jahre so leben würde, da musste ich ausbrechen, und das, obwohl meine Frau schwanger war«, sagte mir einmal ein Klient.

Der Dritte ist da. Und nun?

Bei einem von beiden entsteht die Bereitschaft für eine Außenbeziehung. Dieser geht dann von Bord, steigt in sein eigenes Boot und lässt den anderen allein zurück. Das fühlt sich für den verlassenen Partner ungefähr so an wie für ein Kind, dessen

Mutter sich plötzlich für ein anderes Kind entscheidet und sich von ihm abwendet. Es folgen oft schlaflose Nächte, schlimmste Angstzustände, und man kann dem Betrogenen förmlich beim Abnehmen zusehen. Ein wahrer Albtraum. Viele Paartherapeuten wie etwa John Godman halten daher eindringliche Plädoyers gegen das Fremdgehen, die allerdings selten auf fruchtbaren Boden fallen.

Ganz gleich, durch welche Umstände die Bereitschaft für eine Außenbeziehung entsteht: Kommt ein Dritter ins Spiel, wirkt das wie ein Hurrikan, und die Beziehung steht schlagartig auf Messers Schneide.

Natürlich geht jedes Paar auf seine Weise mit so einer Situation um. Ausgehend von den vielen Fallbeispielen in meiner Praxis kann ich allerdings sagen, dass aus einem Fremdgang in aller Regel folgende Szenarien entstehen:

a) Der Fremdgang wird als Weckruf wahrgenommen und damit zu einem wertvollen Helfer für eine Veränderung in der Beziehung.

b) Der Fremdgang entwickelt sich zu einer dauerhaften Belastung für die Beziehung, deren Qualität langsam, aber sicher abnimmt. Die Beziehung wird zwar weitergeführt, aber in einem desolaten Zustand.

c) Der Fremdgang stellt eine Vorbereitung auf den Ausstieg aus der Beziehung dar.

Schauen wir uns diese Szenarien einmal genauer an.

a) Das Paar schafft es, konstruktiv mit der Außenbeziehung umzugehen. Wenn dies gelingt, so deshalb, weil beide ihren Anteil an der neuen Situation sehen. Sie betrachten das Problem als eine Herausforderung, die es zu bewältigen gilt, und wollen es meistern. Es gibt sogar eine kleine Stimme in ihnen, die froh ist über diesen Hurrikan. Froh, dass da etwas eingetreten ist, das die eingefahrene und unbewusst gelebte Phase beendet. Das Paar findet zu seiner Sexualität und Intimität zurück. Kein leichter Weg, aber häufig gegangen und lohnenswert. Lohnend, weil die Realität und das Wissen über den anderen zu mehr Authentizität und Vertrauen führen kann. Ob diese sich allerdings einstellen, hängt von vielen Faktoren ab. Einerseits von der Schwere des Fremdgangs und andererseits von der Disposition der Partner. Schafft der fremdgehende Partner es trotzdem, in liebevollem Kontakt mit seinem Partner zu bleiben und ihn trotz Höhenflug im Blick zu haben und sich des Wertes der Beziehung bewusst zu sein? Und schafft der betrogene Partner einen guten Umgang mit seiner gefühlsmäßigen Achterbahnfahrt? Ein in sich ruhender und gefestigter Partner kann erwachsener und besonnener reagieren als einer mit einer instabilen Kindheit und vielen Verlustängsten.

b) Gelingt es nicht, eine gründlich erneuerte, in jeder Hinsicht reifere Beziehung mit dem alten Partner zu führen, dann kann es zu einer *never ending story* kommen. Vier Möglichkeiten schweben in der Luft.

– Der betrogene Partner wird zum Richter und verlangt vom Fremdgeher eine Dauerentschuldigung. Der Fremdgeher empfindet Reue und wird dauerhaft mit seiner »Schuld« konfrontiert. In der Folge muss er sich über Jahre moralisch gut verhalten, was jede Form von Augenhöhe aus der Beziehung löscht. Das Schuldenkonto ist ungleich, und es kann sehr lange dauern, bis es wieder ausgeglichen ist. Der

Käfig ist aufgestellt, und der Partner ist darin gefangen. Moral wird zu einem wichtigen Bestandteil der Beziehung, was in der Regel zu wenig Freiheit und noch weniger Verbundenheit führt.

– Der betrogene Partner wird ganz klein und bettelt um Liebe. Immer wieder braucht er die Bestätigung, dass der Fremdgeher ihn noch will. Der Fremdgeher behandelt den Betrogenen aber eher schlecht, weil er ihm verdeutlicht, dass man so etwas ja machen musste, weil die Beziehung so miserabel war. Unterschwellig wird dem betrogenen Partner also noch die Schuld gegeben für das, was passiert ist. Auch hier wird einer in der Beziehung zum dauerhaften Verlierer. Es verfestigt sich ein Muster, das keinem guttut. Beide verlieren die Achtung voreinander und den Respekt.

– Es entstehen schmerzhafte und bleibende Erinnerungen, von denen mindestens einer nicht mehr loskommt. Ständig wird das Paar mit den Erinnerungen konfrontiert, und der Betrogene will sich vor erneuten Verletzungen schützen. Er lässt daher präventiv keine Nähe und keine Vertraulichkeit mehr zu. Das Paar lebt dann in einer dauerhaft Nähe verhindernden Wohngemeinschaft zusammen, ohne irgendeine Form von Liebesbeziehung. Die Beziehung schaltet auf Durchhalten und wird zur reinen Farce.

– Das Paar verarbeitet den Fremdgang nicht und trägt das Thema auf anderen Schauplätzen aus. Die berühmte Zahnpastatube kommt zum Einsatz, ständiger Streit und Unmut machen das Paar mürbe und müde.

c) Die Außenbeziehung ist das Ende der Beziehung. Innerhalb kürzester Zeit geht einer der Partner. Auch hier erlebe ich zwei Varianten der inneren Beweggründe.

– Für den Partner mit der Außenbeziehung war die Beziehung im Grunde schon beendet, er hat nur noch nach einem Ausweg gesucht und diesen auch gefunden. Die Aussicht auf eine neue Beziehung hat ihm den Ausstieg erleichtert. Dieser Partner geht in der Regel innerhalb von sechs Monaten. Oder der betrogene Partner geht, weil auch er keine Kraft und keinen Willen mehr hat, an der Beziehung zu arbeiten, und es für ihn passender ist, selbst auszusteigen, bevor es der andere tut. Im Grunde war bei ihm die Bereitschaft zur Beendigung der Beziehung auch schon vorhanden. Nur fehlte es bisher am nötigen Mut zur Veränderung oder an der Gelegenheit zu einer Außenbeziehung.

– Oder es handelt sich um einen Schnellschuss, der sich nach Leben und Leichtigkeit anfühlt. Man kann nicht von wirklich reflektiertem und überlegtem Handeln sprechen. Das fühlt sich dann vielleicht nach zweiter Pubertät und Freiheit an. Wird der Kopf nach einiger Zeit wieder eingeschaltet, dann muss das Expaar sehen, ob es einen Weg zurück geben kann.

Es gibt tatsächlich den Moment, in dem das kleine Boot den Iguazú-Wasserfällen schon so gefährlich nahe gekommen ist, dass der Außenbordmotor es nicht mehr schafft, der reißenden Strömung zu entkommen. Jetzt heißt es, in die Trennungsschmerzbewältigung einzutauchen und die Trennung mit allen Mitteln zu verarbeiten. Wählt einer der Partner den schnellen Ausstieg, dann kommt die Aufarbeitung der Beziehung häufig zu kurz. Vieles bleibt unausgesprochen, und die Schmerzen sind – vor allem für den verlassenen Partner – sehr groß.

Zur Geheimhaltung der Außenbeziehung

Viele Partner, die sich trennen, erzählen dem anderen nicht von der Existenz einer dritten Person. Das hat unterschiedlichste Gründe: Weil sie dem Partner nicht wehtun wollen, aus Angst vor der Eifersucht und Reaktion des Partners, um die Außenbeziehung vor den Reaktionen des Partners oder um die Kinder zu schützen. Unter Umständen aus Unsicherheit, ob die Außenbeziehung überhaupt Bestand hat, oder sie wollen der neuen Beziehung Zeit und Raum geben, damit diese ohne äußere Einflüsse beginnen und wachsen kann.

Einen weiteren Grund möchte ich hier noch besonders hervorheben: Es ist der Wunsch nach einer friedlichen Trennung. Wird allerdings nicht mit offenen Karten gespielt, dann kommt es in der Regel zu folgendem Szenario:

Eine Frau hat sich von ihrem Mann getrennt. Beide sitzen vor mir, und der Mann kann es gar nicht begreifen. Seit einem Jahr sei seine Frau plötzlich ganz anders. Er könne sich das nicht erklären und sei darüber sehr verzweifelt. Er würde seiner Frau ja gerne glauben, dass es da keinen anderen gebe. Aber anders könne er sich ihr Verhalten einfach nicht erklären. Ja, es sei vielleicht nicht die beste Beziehung gewesen, aber eine stabile und solide allemal. Plötzlich habe sich, für ihn ohne erkennbaren Grund, vieles zum Schlechten verändert. Vor allem sei seine Frau immer gereizter und unfreundlicher geworden, und eine wirkliche Auseinandersetzung sei nicht mehr möglich gewesen. Keine Paartherapie habe geholfen.

Die Frau bemüht sich in der Sitzung sehr, Gründe für die Trennung zu finden, aber wirklich kraftvoll sind sie nicht. Diese Frau hat beschlossen, ihre Außenbeziehung geheim zu halten. Die Paartherapie blieb wirkungslos, weil sie das Thema, um das es vorrangig ging, nicht ansprechen konnte. Dem Mann bleibt nichts anderes übrig, als ihr zu glauben, und steht nun staunend vor dem Trennungsprozess. Eine gute Aufarbeitung ist unmöglich, denn die Verwunderung und die Unklarheit verwirren ihn nur. Eine Ablösung wird erschwert.

Will der Fremdgehende die Außenbeziehung nicht offenlegen, muss er den Ausstieg zwangsläufig anders vorbereiten. Also fängt er an, unerfüllte Bedürfnisse zu äußern, die Fehler des anderen mehr und mehr zu kritisieren und sich weniger Mühe zu geben. Der andere merkt das, realisiert auch die fehlende Zuneigung und Nähe und ist sehr verwundert darüber, weil das für ihn so plötzlich kommt. Der betrogene Partner versteht die Welt nicht mehr und bemüht sich, zunächst alles besser und richtiger zu machen. Eine Paarberatung wird begonnen, doch nichts scheint zu helfen. Der fremdgehende Partner muss andere und immer mehr Gründe finden, warum die Beziehung beendet ist.

Das langsame Erlöschen der Beziehung ist eingeleitet. Die Stimmung bekommt eine Temperatur, die einem Kühlschrank ähnelt. Das ist ja auch das, was der fremdgehende Partner unbewusst bezweckt. Er glaubt, dass so auch der betrogene Partner einsehen müsste, dass die Beziehung keinen Sinn mehr hat. Dann könnten beide einvernehmlich in die Trennung einwilligen, Tränen und Rosenkriege würden vermieden. Eine Trennung auf beiderseitigen Wunsch sozusagen.

Leider ist das weit gefehlt und funktioniert so in der Regel nicht. Der betrogene Partner findet keine wirkliche Erklärung, und dann wendet sich das Blatt. Er gelangt immer mehr zu der Überzeugung, grundlos vor die Tür gesetzt zu werden, und fühlt sich behandelt wie ein Stück Dreck. Diese Herabwürdigung schmerzt enorm und nagt am Selbstwertgefühl, was zu den extremsten Reaktionen – sogenannten Überlebensreaktionen – führen kann. Das Unverständnis und die Unerklärlichkeit der Situation machen extrem wütend. Es kommt ihm so vor, als werde er schuldig gesprochen, obwohl er die Schuld weder sehen noch verstehen kann. Er bekommt das Gefühl, doppelt zu leiden. Falsche Hoffnungen bleiben und verlängern den Ablösungsprozess. Die friedliche Trennung rückt in weite Ferne.

Der Belogene wurde gezwungen, seine Intuition zu unterdrücken und seine Gefühle für falsch zu erachten, was zu psychosomatischen Beschwerden führen kann. Hilf- und Machtlosigkeit gehören zu den schlimmsten Gefühlen, die in der Folge vorkommen können. Die Wahrheit über die Außenbeziehung hätte alles aufgeklärt, aber diese Erklärung blieb aus. Und das alles aus falsch verstandenem Schutz. Vielleicht hat ja der verlassene und stärker leidende Partner ein Recht darauf, jetzt im Vordergrund zu stehen und nicht im Ungewissen gelassen zu werden. Denn auch eine spätere Enthüllung würde alles nur noch schlimmer machen, da man es sich gerne erspart hätte, über lange Zeit wie ein Idiot im Dunkeln tappen zu müssen.

Auch wenn der betrogene Partner nicht gemerkt hat, wie schlecht es tatsächlich schon um die Beziehung bestellt war, dann ist es besser, die Außenbeziehung zu offenbaren, denn dann ist es ein Ende mit Schrecken. Spätestens jetzt wacht der schlafende Beziehungspartner auf.

Ein Grund für das Geheimhalten könnte nur dann gegeben sein, wenn die Partnerschaft wirklich schon so am Ende ist, dass auch der betrogene Partner von ihrem Ende weiß und demnach die neue Beziehung nur der letzte kleine Anstoß für deren endgültige Beendigung ist. Dann ist es schon fast egal, ob ein Dritter im Spiel ist oder nicht. In diesem Fall interessiert sich der betrogene Partner im Grunde schon gar nicht mehr dafür, ob es jemand anderen gibt.

Sollte man also eine Außenbeziehung in der Trennungsphase aufdecken oder nicht? Meiner Meinung nach fügt die Wahrheit über eine Außenbeziehung dem Partner brutale Schmerzen zu. Ja, er wird durch schlimme Nächte gehen und gefühlsmäßig »nicht mehr leben wollen«. Aber immerhin wird er auf diese Weise mit seinen tiefsten Gefühlen konfrontiert. Die Ablösung und Trennung wird durch einen ehrlichen Umgang einfacher und leichter. Die Situation wird transparent und dadurch erklärbar. Der Betrogene erfährt durch die Ehrlichkeit noch einen guten Rest Respekt und Würde. Auch die eigenen Anteile, die zur Außenbeziehung geführt haben, können angesehen werden. Die eigenen Anteile, die zur Außenbeziehung des Partners geführt haben, sind oft nachvollziehbar.

Schutz der Außenbeziehung

Wenn eine neue Beziehung im Spiel ist und die Trennung dazu führt, dass die neue Beziehung nun zur festen Partnerschaft werden soll, dann lohnt es sich, hierauf einen kleinen Blick zu werfen. Ist ein Dritter mit im Spiel, so geht das mit einer großen Verliebtheit einher, die sich nach tiefer Seelenverwandtschaft anfühlt (Verliebtheitsphase). Ich vergleiche das gerne mit einer Art Herointrip, der leider alles, was einem zuvor noch wichtig und teuer war, nun grau und schal aussehen lässt. Der Wunsch, ein neues Leben mit dem Objekt der Begierde zu beginnen, wächst, und der Partner, der einem die neue Liebe nicht gönnt, wird als einengend und störend empfunden. Es ist zudem ein schreckliches Dilemma, dass das schönste Gefühl der Welt einem anderen so wehtun muss. Die neue Beziehung wird wichtiger und in der Prioritätsliste ganz nach oben gesetzt. Sie erfährt nun mehr Schutz als die alte Beziehung, die einem zu einem früheren Zeitpunkt das Wichtigste war.

Solange die Außenbeziehung nicht »öffentlich« gemacht wird, so lange fühlt sie sich geschützt an wie im Mutterleib. Erfährt die Umwelt davon, so ist das wie eine Geburt. Ein rauer Wind bläst ihr entgegen. Vor allem die alte Partnerschaft wacht auf, möchte Fragen beantwortet haben und zieht viel Energie ab. So einfach kommt man eben doch nicht los. Auch der Adrenalinspiegel, der die Außenbeziehung geprägt und stabilisiert hat – denn nichts ist sexuell so anregend wie Adrenalin –, sinkt in der offen gelebten Situation. Die Außenbeziehung wird auf eine harte Probe gestellt. Zuvor hatte der fremdgehende Partner den Großteil seiner Bedürfnisse durch seine Familie abgedeckt. Weihnachten, gemeinsame Kindergeburtstage, Sicherheit, Klarheit, Geborgenheit. Die Außenbeziehung musste bisher nur das Bedürfnis nach Spannung, Erregung, Sexualität, tief gehenden Gesprächen oder Leichtigkeit abdecken. Wird sie nun öffentlich gemacht und es kommt zur Trennung, dann muss sie auch für all die anderen Bedürfnisse, die bisher die alte Beziehung befriedigt hatte, herhalten, oder der neue Partner wird unzufrieden, weil er unter Umständen die anderen Bedürfnisbefriedigungen verliert. Eine ziemlich große Herausforderung. Diese Veränderung schaffen viele Außenbeziehungen nicht.

Sie merken vielleicht: Auch der Partner mit der Außenbeziehung hat es nicht ganz leicht. Er muss nicht nur die Entscheidung zur Trennung treffen, sondern muss auch noch die richtige Entscheidung für sich treffen, denn ob die neue Beziehung nun wirklich die passende ist, das kann er nur unter unrealistischen Bedingungen prüfen. Was dann in der Realität daraus wird, kann zu dem Zeitpunkt niemand voraussehen.

Patchwork

Bringt einer der Partner Kinder mit, kommt es zu einer Patchwork-Situation. Eine interessante Erfahrung und viele neue Dinge kommen auf einen zu. Die neue Beziehung muss vielen neuen Herausforderungen begegnen. Die Kinder ziehen nicht alle mit, die Expartner sind schwierig, und die Schwäche, verursacht durch die kräftezehrende Trennung, steckt einem noch in den Knochen. Und so kann zum Beispiel die Frau/ Mutter zwischen den Stühlen sitzen. Auf der einen Seite muss sie aufpassen, dass der Stiefvater nicht ungerecht mit den Kindern umgeht, und gleichzeitig zu ihm halten. Oder der Vater weiß nicht, wie er sich seinen Stiefkindern gegenüber verhalten soll, denn sie haben ihm ja keinen Erziehungsauftrag gegeben. Hat die Patchworkfamilie ihren Anfang in einer Außenbeziehung, die schon Teil der Trennung war, dann kann bereits der ungünstige Beginn zu Problemen führen. Schließlich hat man den neuen Partner beim Fremdgehen kennengelernt und insofern auch selbst einen Anteil am Ende von dessen Beziehung. Eifersucht ist vorprogrammiert, vielleicht sogar auf die ursprüngliche Partnerin.

Das und noch viel mehr muss die neue Beziehung verarbeiten, und dafür braucht sie Zeit. Solange das neue Paar ruhige Wochenenden hat und viel gemeinsame Zeit in Zweisamkeit verbringt, kann es daraus Energie beziehen und ist beschwingt. Nimmt die gemeinsame Zeit langsam ab, etwa weil immer eines der Kinder anwesend ist oder man in der alltäglichen Arbeit versinkt, wird es schon schwieriger, über alles zu sprechen. Im Grunde kennt man sich ja noch gar nicht, lebt aber schon sehr eng zusammen und hat die Bindungsphase in der Regel übersprungen. Missverständnisse sind da vorprogrammiert, wie mir eine Klientin bestätigte. »Wenn mein neuer Partner zu meinen Kindern etwas in einem strengeren Tonfall sagt, spüre ich sofort eine gewisse Entfremdung von ihm.« Also sind die neuen Partner vielen Belastungen ausgesetzt, die noch aus der alten Beziehung stammen. Meiner Erfahrung nach sind diese Außenbeziehungen wie eine Rettung anzusehen, die dem Expartner ermöglichen, etwas zu beenden, was er als unerfüllend empfunden hat.

Wie wir sehen konnten, scheitert jede Beziehung aus ganz unterschiedlichen Gründen. Unser Verhalten und das unseres Partners haben zu dieser Trennung beigetragen. Wir haben beide vielleicht nicht optimal gehandelt und haben Fehler gemacht, aber wir bleiben dabei trotzdem liebenswerte Menschen. Menschen, die jetzt für ihre Handlungen einstehen und die Konsequenzen tragen müssen. Wenn wir vorbehaltlos und ehrlich noch einmal darauf zurückschauen und (an)erkennen, auf welche Weise wir selbst zum Scheitern der Beziehung beigetragen haben, dann stehen die Chancen gut, dass wir diese verarbeiten und loslassen können. Dann ist es möglich, ohne einen eskalierenden Konflikt aus der Beziehung gehen zu können.

4

Wie Konflikte eskalieren

Konflikte sind so alt wie die Menschheit. Sie entstehen immer dann, wenn unterschiedliche Interessen kollidieren. Das kann zwischen zwei Staaten der Fall sein oder eben zwischen Menschen. Der eine will das, die andere jenes. Da heißt es, sich auseinandersetzen und sich zusammenraufen. Konflikte bleiben selten auf die beiden Kontrahenten beschränkt, sondern belasten in aller Regel auch das Umfeld. Konflikte können schnell gelöst werden und einen konstruktiven und verändernden Charakter haben oder aber sich derart verfestigen, dass sie durch jahrelangen Streit zu einer erheblichen Einbuße an Lebensqualität führen. Ob der Konflikt als etwas gesehen wird, das unterschiedliche Meinungen zusammenführen soll, oder zum Kampf wird, macht für alle Beteiligten einen großen Unterschied.

Das Wissen darum, wie Konflikte eskalieren, schafft bereits eine gute Basis, um solche möglicherweise gar nicht erst entstehen zu lassen. Dem österreichischen Konfliktforscher Friedrich Glasl zufolge verläuft die Eskalation von Konflikten in neun Stufen, die sich wiederum in drei Hauptphasen unterteilen lassen:

1. Verhärtung: Es kommt immer öfter zu Spannungen. Die Gründe dafür sind meist unklar, weil sie nicht konstruktiv kommuniziert werden.

2. Polarisation und Debatte: Jeder versucht, den anderen zu überzeugen. Es kommt zum Streit. Doch jeder verharrt auf seiner Position.

3. Taten statt Worte: Mit Druck wird versucht, den eigenen Standpunkt durchzusetzen. Man redet nicht mehr miteinander.

Bis hierhin besteht noch eine gute Chance, den Konflikt auf eine für beide Seiten zufriedenstellende Weise beizulegen, also eine Win-Win-Situation herzustellen.

4. Koalitionen: Man sucht nach Sympathisanten für den eigenen Standpunkt, um den es jedoch längst nicht mehr geht. Man will nur noch gewinnen, damit der andere verliert. Hier werden als Sympathisanten auch schnell mal die Kinder benutzt. Ab dieser Stufe sind die Kinder vom elterlichen Streit noch stärker betroffen als ohnehin schon.

5. Gesichtsverlust: Der andere soll in moralischer Hinsicht vernichtet werden. Der letzte Rest an Vertrauen geht in dieser Phase komplett verloren.

6. Drohstrategien: Nun geht es darum zu zeigen, wer der Stärkere ist. Die Folterwerkzeuge werden vorgezeigt, es wird mit Forderungen und Sanktionen gedroht. So kommt es zu einer Win-Lose-Situation.

Ab hier wird es einem Paar, vor allem wenn schon Anwälte eingeschaltet sind, ohne Hilfe von Dritten, etwa einem Mediator, kaum mehr gelingen, den Konflikt beizulegen. Und ab Stufe 7 bis 9 gibt es nur noch Verlierer (Lose-Lose-Situation).

7. Begrenzte Vernichtung: Der Gegner, nicht mehr als Mensch wahrgenommen, soll gehörig getroffen werden.

8. Zersplitterung: Das gesamte gegnerische Umfeld soll zerstört werden.

9. Gemeinsam in den Abgrund: Auch vor der eigenen Vernichtung wird nicht mehr haltgemacht.

Wie eine solche Eskalation in der Realität vonstattengehen kann, zeigt das folgende Fallbeispiel. Der finale Streit kann sich bei einem Paar, welches schon zahlreiche Konflikte unterdrückt hat, an einer ganz alltäglichen Banalität entzünden.

Stufe 1

Ein Mann und eine Frau streiten immer wieder über die Ordnung bzw. die Unordnung in der Wohnung. Die Frau findet, dass ihr Mann zu wenig beim Aufräumen hilft, und beschwert sich immer wieder.»Kannst du nicht endlich mal die Sachen wegräumen? Immer muss ich das machen. Tu endlich was für unsere Gemeinschaft.« Er stellt sich stur und sagt immer nur, dass er schon genug leiste und sie sich nicht so anstellen solle.

Hier kommt es zum Streit, weil die Frau sagt, was sie stört. Ihre Worte sollten einen Wunsch darstellen, wurden aber vorwurfsvoll formuliert. Ein Dialog über mögliche Lösungen entsteht nicht, da der Mann eine Abwehrhaltung einnimmt und nicht versteht, dass es seiner Frau um eine Veränderung geht. Es wäre wichtig, dass jeder seine Wünsche, Ziele und Möglichkeiten in Ruhe aussprechen kann und vom anderen nicht abgewertet wird. Wichtig und unerlässlich wäre in dieser Situation, die Leistung des anderen zu würdigen und zu akzeptieren, dass es dem anderen nicht gut geht und er deswegen eine Veränderung will.

Stufe 2

Der Mann greift seine Frau an. Sie sei eine Zicke, sie wolle ihn nur gängeln. Sie wolle ihn fertigmachen. Nie würde sie an ihn denken und nicht verstehen, dass er schon genug tun würde. Sie dagegen fühlt sich überhaupt nicht verstanden und mit ihrer Verantwortung für die ganze Familie völlig überfordert. Er tut immer weniger, wird immer nachlässiger, sie wird immer aktiver und schimpft immer mehr. Es kommt zur Polarisierung.

Der Mann müsste auf die Bedürfnisse seiner Frau eingehen, und sie müsste genauer beschreiben, was tatsächlich in ihr vorgeht, damit er ihr Lamento nicht als Angriff, sondern als konstruktiven Wunsch nach Veränderung in der Beziehung wahrnehmen kann. Und die Frau versteht nicht, dass der Mann für das, was er tut, gesehen werden will.

Stufe 3

Die Frau wirft zwei herumliegende Hemden ihres Mannes aus dem Fenster. Er holt die Hemden zurück, wirft sie aufs Bett und raunzt seine Frau an, sie wäre wirklich zu nichts anderem als zum Bügeln zu gebrauchen.

Das Paar redet nicht miteinander, sondern legt es darauf an, den anderen durch Taten zu stören, in der Hoffnung, dass der andere endlich merkt, wie wichtig einem die Angelegenheit ist. Besser wäre allerdings, endlich einen Dialog zu führen, der entweder zu einer Lösung des Problems führt oder zu der Einsicht, dass man zwar unterschiedliche Vorstellungen von (Un-)Ordnung hat, sich aber trotzdem noch lieben kann.

Stufe 4

Er fängt an, den Kindern zu erzählen, wie wenig entspannt ihre Mutter doch sei. Er beschwert sich auch bei seiner eigenen Mutter über die nervende Ehefrau. Die Frau lässt keine Gelegenheit aus, sich bei ihren Freundinnen über ihren schlimmen Mann zu beklagen. Sie stimmt das Horrible-Husband-Klagelied an.

Durch die Reaktionen der anderen, die Zustimmung oder Mitleid signalisieren, können sich beide ablenken und sich bestätigt fühlen. Sie verlieren den Blick füreinander und für die Bedürfnisse des anderen. Jeder denkt nur noch an sich.

Stufe 5

Die Frau und der Mann reden immer schlechter über einander. Sie tituliert ihn als faules Schwein, als verzogenen Pascha, als arroganten Macho; er bezeichnet sie als lieblos und abweisend, als spießige Alte, unattraktives Weibsstück, einengend und unkooperativ.

Der Gesichtsverlust des jeweils anderen ist gewollt, um sich selber in ein besseres Licht zu rücken. Beide sind nicht mehr am Thema, sondern führen einen Streit, der gar nichts mehr mit dem ursächlichen Problem zu tun hat. Streiten ist gut, wenn es danach zu einem konstruktiven Gespräch kommt. Dies hier ist kein Streiten mehr, sondern ein Kampf.

Stufe 6

Die Frau droht mit Trennung, er droht mit Fremdgehen. Sie sagt ihm, sie würde alle seine Sachen zerschneiden, wenn er nicht endlich aufräumen würde. Er sagt ihr, dass er jetzt gar nichts mehr tun werde. Dann solle sie mal sehen, was dann in der Familie los wäre. Außerdem würde sie sowieso nie mehr einen Partner finden. So was wie sie würde ja keiner mit der Kneifzange anfassen.

Drohungen auszusprechen fühlt sich einen Moment lang gut an. Man fühlt sich stark und mächtig. Im Endeffekt schwächen die ausgesprochenen Drohungen allerdings enorm, da man sie häufig nicht wahr macht. Denn wenn man nur droht, ohne Taten folgen zu lassen, verlieren Handlungen an Kraft. Und die momentan gefühlte Stärke ist nicht wirklich da, denn wenn der andere geschwächt ist, kann man selber auch nicht stark sein.

Stufe 7 bis 9

Ab jetzt macht das Paar vor nichts mehr halt. Es werden intime Geschichten an andere weitergegeben, die Scham und Leid auslösen. Es werden Dinge zerstört, die dem anderen wichtig sind. Es werden Anwälte eingeschaltet, die böse Briefe schreiben sollen. Die Kinder werden benutzt und mit Details gefüttert, mit denen sie gar nicht umgehen können. Eltern werden eingeschaltet, dem Chef wird »etwas gesteckt«, intime Briefe werden weitergeleitet usw. usw.

Jetzt gewinnt keiner mehr. Man sieht am anderen nur noch dessen Schwächen und fühlt sich im Recht, denn der andere zwingt einen ja zum Kampf. Der ursprüngliche Konflikt ist längst aus den Augen verloren.

Dabei hätte diese Geschichte auch so ganz anders ausgehen können:

Sie:»Was machen wir nur? Dieses ständige Aufräumen macht mich völlig krank. Ich fühle mich ausgenutzt und habe das Gefühl, dass ich viel mehr im Haushalt mache als du. Und so war das eigentlich nicht gedacht. Was sagst du dazu?«

Er:»Das kann ich zum Teil sogar verstehen, aber mir ist Ordnung einfach nicht so wichtig. Wir haben beim Thema Ordnung unterschiedliche Bedürfnisse und Ansichten. Unterschiede sind doch normal, und gemeinsam finden wir einen Kompromiss und Weg. Ich habe im Job gerade so viel zu tun, dass ich mich schlecht nach deinen Ordnungsansprüchen richten kann. Bitte nimm das nicht persönlich. Was hältst du denn davon, wenn wir uns zweimal im Monat eine Haushaltshilfe leisten?«

Wie Konflikte zum Rosenkrieg werden

Unter einem Rosenkrieg verstehe ich die nervenaufreibende, lang andauernde und in aller Regel auch äußerst teure Auseinandersetzung eines sich trennenden Paares. Zwei Menschen, die sich einmal sehr geliebt haben, kämpfen mit allen Mitteln gegeneinander. Beide kennen sich so gut, dass die Kampfstrategien gezielter gesetzt werden können und treffsicherer sind. Die Treffer sind schmerzhafter als bei anderen Streits, weil es um viel mehr geht als nur um die ursprüngliche Meinungsverschiedenheit. Eine teilweise lange Vergangenheit mit vielen unbearbeiteten Verletzungen wird hochgeholt. Eine solche

Trennung verläuft – vor Gericht und auch außerhalb – tatsächlich auf eine kriegerische Art und Weise und unter dem Einsatz von ziemlich unschönen Kampfmitteln. Dies wird durch die Spannung im Wort zwischen Rose und Krieg verdeutlicht.

Ein Rosenkrieg endet nie positiv. Im schlimmsten Fall nimmt er folgenden Ausgang:

Eine Frau zeigt ihren Mann wegen Steuerhinterziehung an. Er hatte sich getrennt, und sein Verhalten in der Trennung nahm sie als Rechtfertigung, ihm zu schaden. Eins gab das andere, böse Worte und Gerichtstermine waren an der Tagesordnung. Sie wusste von einem Deal, den er an der Steuer vorbei gemacht hatte. Sie zog den letzten Trumpf aus der Tasche und brachte ihn hinter Gitter. Auf die Frage, warum sie das getan habe, antwortete sie mit einem Satz: »Er kannte all meine Schwachstellen.«

Auf gut Deutsch: Der Mann wusste genau, welche Knöpfe er bei seiner Frau drücken musste. Derjenige, der einem einmal am nächsten stand, kennt einen am besten und weiß daher auch ganz genau, was den anderen stört, was ihn belastet oder ihm wehtut. Wenn es zur kämpferischen Trennung kommt, dann werden genau diese Knöpfe immer häufiger und immer heftiger gedrückt. Knöpfe können sein: »Du bist ja wie deine Mutter.« »Ich werde dir die Kinder wegnehmen.« »Du bist eh ein Schwächling und bringst nichts zustande.« »Du solltest dich schämen, so verhält sich kein Mensch, der auch nur ein Fünkchen Menschlichkeit besitzt.« »Du wirst alleine sterben, und nicht einmal deine Kinder werden noch mit dir reden.« »Das, was du hier machst, ist doch alles sinnlos.« »Du hast noch nie etwas gemacht, was irgendjemandem dienlich war.« »Du bist schuld, dass hier alles den Bach runtergeht.«

Der Säbelzahntigereffekt

All dies trifft einen Partner, der gerade kraftlos, unglücklich und instabil ist. Der sich vielleicht selbst viele Vorwürfe macht und Ängste und Sorgen mit sich herumträgt. Wird man in so einer Situation nicht beschützt, sondern zudem noch angegriffen, dann entsteht etwas, was ich den Säbelzahntigereffekt nenne. Durch den gefühlten Angriff werden wir gewissermaßen in die Steinzeit zurückversetzt, und unser Stammhirn wird aktiviert. Unser Unterbewusstsein unterscheidet nicht mehr zwischen verbalem und tätlichem Angriff. Wir kommen sozusagen in unsere Höhle, abgekämpft vom schweren Tag, freuen uns auf unsere Familie, doch stattdessen vernehmen wir dort das gefährliche Fauchen eines Säbelzahntigers. Wir bekommen schreckliche Angst, und unsere ureigensten Instinkte werden aktiviert. Das Stammhirn kann nichts anderes als entweder kämpfen, flüchten oder erstarren. Dementsprechend werden wir wie vor vielen Jahrtausenden reagieren. Und wird der Partner für uns durch seinen Angriff zum Säbelzahntiger, so werden wir selbst ebenfalls wieder zum Tier. Wir schalten gewissermaßen in den Überlebensmodus und knipsen dabei unseren Verstand aus. Vergessen sind mit einem Schlag die Evolution, die Aufklärung und die Emanzipation. Wir fühlen uns existenziell bedroht und reagieren – wie ein in die Enge getriebenes Tier – nur noch instinktiv.

Bei einer derartigen Auseinandersetzung wird es mindestens einen Verlierer geben, in der Regel aber sind es mehrere, nämlich die ganze Familie. Diese Verlierer sind nun gedemütigt, fühlen sich falsch behandelt und missbraucht. Verlierer werden auch nach einem langen Prozess keine Ruhe geben. Gedemütigte Menschen vergessen nie! Sie werden den verlorenen Kampf nicht vergessen und dann nur woanders, mit anderen Mitteln und subtiler weiterkämpfen, um Ausgleich zu schaffen.

Ein Elternpaar streitet achtzehn Monate lang vor Gericht erbittert um eine Umgangsrechtsvereinbarung. Teure Gutachten werden erstellt, Befragungen der Kinder vorgenommen, psychologische Einschätzungen getroffen und ehemalige Therapeuten und Paartherapeuten vernommen. Am Ende werden die Kinder der Mutter zugesprochen, mit dem Argument, dass sich streitende Eltern das Wechselmodell nicht hinbekommen würden. Der Vater muss Unterhalt zahlen und sieht seine Kinder ab jetzt nur noch jedes zweite Wochenende.

Dem Mann wurde das Herz gebrochen. Er verliert nicht nur seine Familie, sondern auch die Kinder. Das wird er der Frau nicht verzeihen und ihr ein Leben lang negativ begegnen. Er wird Probleme machen, wo es nur geht, und ihr Steine in den Weg legen, wo auch immer er solche findet. Die Kinder werden höchstwahrscheinlich Schaden nehmen. Dieser Mann ist zutiefst verletzt und wird auch noch viele Jahre später versuchen, seiner Expartnerin schlimme Dinge anzutun, um ihr zu schaden. Er wird ihr die Autoreifen durchstechen, und keine Familienfeier wird mehr entspannt verlaufen, sei es ein bestandenes Abitur, ein Examen oder die Hochzeit von einem der Kinder. Die Kinder werden zerrissen von der Frage, wo sie denn nun Weihnachten verbringen sollen und welcher Elternteil trauriger sein könnte und wen von beiden sie häufiger oder seltener besucht haben.

Doch nicht nur das Erwachen unserer niederen Instinkte, sondern auch Anwälte tragen oftmals zur Entstehung eines Rosenkrieges bei.

Wenn der erste Gang zum Anwalt führt

Für die Eheschließung gehen wir zum Standesamt. Der Standesbeamte sagt ein paar nette und belehrende Worte, dann unterschreiben wir eine Urkunde, und damit sind wir vor dem Gesetz verheiratet. Der Vertrag ist besiegelt. Für die Scheidung müssen wir vor Gericht. Ein Richter spricht die Scheidung aus. Damit wir überhaupt einen Scheidungstermin bekommen, müssen wir uns zwingend von einem Anwalt vertreten lassen, der die Scheidung einreicht. In unseren Köpfen ist daher gespeichert: Scheidung = Anwalt. Wir sollten also zu einem Anwalt gehen, sobald wir uns trennen wollen. Und dann geht's vor Gericht. Das tun dann beide Parteien, und jede geht zu ihrem eigenen Anwalt. So die gängige Praxis.

Immer wieder werde ich in Vorgesprächen mit der Annahme konfrontiert, dass man doch alles, also die Trennungsfolgen, vor Gericht klären müsse. Der Anwalt und der Richter, so denken die meisten, würden jeden einzelnen Punkt der Trennungsthemen mitverfolgen, begleiten und dann final entscheiden. Eine irrige Annahme, die nichts mit der Realität zu tun hat. Denn die Scheidung kann nichts weiter sein als ein formeller Akt, der darin besteht, dass ein Richter die Scheidung ausspricht. Dazu muss er nichts über die Trennungsgründe und die Folgen der Trennung wissen. Der Richter fragt – mit Ausnahme des Versorgungsausgleichs – auch nicht nach. Hat man alles außergerichtlich geregelt, braucht es auch keine Aktionen vor Gericht.

Der Anwalt hingegen ist darauf programmiert, für seinen Mandanten das Maximale zu erreichen und dies notfalls auch vor Gericht zu erstreiten. Ist der Anwalt also der richtige Ansprechpartner? Kommt darauf an.

Für die meisten Paare ist es die erste Trennung. Sie sind daher unerfahren, in aller Regel auch nicht informiert und darüber hinaus emotional belastet. Sie brauchen eine Beratung hinsichtlich ihrer Rechte. Und in der Regel gehen die Parteien auch zu einem Anwalt, sobald eine Trennung in der Luft liegt. Sie wollen vorbereitet sein, wenn es tatsächlich dazu kommen sollte. Schließlich möchte jeder gerne wissen, was bei einer Trennung auf ihn zukommt: Ob etwa Altersarmut droht, weil der Expartner nicht mehr für den Lebensunterhalt aufkommt. Was mit den Kindern geschieht, was mit dem Haus, was mit der gemeinsamen Firma. Daher ist ein Beratungstermin beim Anwalt sehr wichtig und notwendig. Das Problem jedoch ist, dass dieses Beratungsgespräch eine Richtung nehmen kann, die unter Umständen sehr kontraproduktiv ist, wenn man sich einvernehmlich trennen will.

Ein Paar hat sich vor einem Jahr getrennt, wohnt aber noch gemeinsam in einer Wohnung. Um die drei Kinder kümmert sich vor allem der Mann, da der Beruf der Frau mehr Geld einbringt. Die Streitigkeiten werden jedoch zusehends schlimmer, und die Wohnsituation ist nicht mehr tragbar. Irgendwann verlangt die Frau vom Mann, dass er ausziehen soll. Da der Mann die Wohnung nicht bezahlen könnte, ist sein Auszug ein folgerichtiger Schritt. Er geht zu einem sehr teuren und angesehenen Anwalt und lässt sich beraten. Dieser rät ihm, Anzeige wegen Kindeswohlgefährdung zu erheben. Seine Begründung: Eine Mutter, die den Vater, der sich hauptsächlich um die Kinder kümmert, aus der Wohnung wirft, verletze das Wohl der Kinder. Die Frau liest in dem anwaltlichen Schreiben nur das Wort »Kindeswohlgefährdung« und schaltet auf Kampf.

Eine Mutter hört bestimmt nicht gerne, dass sie das Wohl der Kinder verletze. Sie folgert daraus, dass der Mann sie nicht als Mutter respektiert, sondern der Meinung ist, dass sie den Kindern nicht guttue, diese misshandle und der Mann ihr die Kinder wegnehmen will. Sie kann nicht wahrnehmen, dass es sich bei dem Schreiben des Anwalts lediglich um einen juristischen Schachzug handelt, der dazu dient, den Auszug zu verhindern. Das Wort Kindeswohlgefährdung hat sich ihr längst eingebrannt, und sie kommt so schnell davon nicht wieder los, was dann zu einer Eskalation der Situation führen kann.

Vor mir sitzt ein getrenntes Paar, dessen Anwälte sich bereits einen heftigen Schlagabtausch in Form von Briefen geliefert haben. Der Anwalt des Mannes hatte in einem Schreiben das Sorgerecht für die gemeinsamen Kinder beantragt. Der Mann hatte dies jedoch gar nicht gewollt, war aber von seinem Anwalt dazu überredet worden mit dem Argument, das wäre die gängige Praxis. So schüchtere man die Gegenpartei etwas ein und habe dann Verhandlungsmasse. Das klang in den Ohren des Mannes ganz vernünftig, weshalb er sich ohne genauere Überlegungen darauf einließ. Die Frau hört »Sorgerechtsentzug« und schaltet auf erbitterten Krieg.

Es hat viel Zeit gebraucht, um der Frau klarzumachen, dass ihr Mann nie daran gedacht hatte, ihr das Sorgerecht zu entziehen, sondern dem Schreiben nur aus Unsicherheit und Ergebenheit dem Anwalt gegenüber zugestimmt hatte.

Man stelle sich nur vor, wie der andere Elternteil reagiert, wenn der Expartner ihm plötzlich das Sorgerecht für die gemeinsamen Kinder entziehen will. Er weiß ja nicht – wie oben beschrieben –, dass dies gar nicht unbedingt dem Willen des Expartners entspricht, sondern eine prozessorientierte Maßnahme darstellt, mit der sich der Anwalt einen Trumpf für den Fall aller Fälle sichern will. Der Krieg ist da.

Und noch ein Beispiel zur Veranschaulichung, was der erste Gang zum Anwalt anrichten kann.

Eine Frau sitzt vor dem Anwalt und lässt sich beraten. Dort hört sie zum ersten Mal von der sogenannten Zugewinngemeinschaft und erfährt, dass ihr die Hälfte des während der Ehe angesparten Vermögens zusteht. Der Anwalt bemerkt, dass es jetzt sehr wichtig wäre, in Erfahrung zu bringen, was genau an Vermögen vorhanden sei. Die Frau sagt ihm, dass sie sich bisher nie um die Finanzen gekümmert und daher auch keinen Überblick habe. Sie hätte ihrem Mann diesbezüglich immer voll vertraut, und in finanzieller Hinsicht wäre er immer sehr fair und großzügig gewesen. Der Anwalt rät ihr nun, möglichst schnell in Erfahrung zu bringen, was an Vermögen vorhanden sei, denn ihr Mann könne ihr ja durchaus etwas verheimlichen oder gar beiseiteschaffen. Er habe in seiner Kanzlei in dieser Hinsicht schon alles Mögliche erlebt. Die Frau fragt den Anwalt, wie sie das denn anstellen solle, und der Anwalt rät ihr dazu, vorhandene Aktenordner durchzusehen, die Bank anzurufen und sämtliche Konten einzusehen, nur zur Sicherheit. Die Frau geht nach Hause und durchsucht die Aktenordner und die Bankauszüge. Ihr Mann bemerkt dies.

Der Anwalt hat vermutlich tatsächlich schon viel in seiner Kanzlei erlebt – und: Er *muss* die Frau in seiner Eigenschaft als Anwalt so beraten, d. h., er hat vollkommen richtig gehandelt. Die Frau hat mit ihrem Mann in finanzieller Hinsicht nur gute Erfahrungen gemacht und wollte ihm auch weiterhin vertrauen. Nun aber sind plötzlich Zweifel gesät, die immer größer werden. Der Mann wiederum fühlt sich zutiefst gekränkt, denn er war seiner Frau gegenüber immer ehrlich und großzügig. Dies wollte er auch weiterhin so halten, ganz einfach, weil es seiner Mentalität und seinem Gerechtigkeitsempfinden entsprach. Doch nun ist es damit vorbei. Beide vertrauen sich gegenseitig nicht mehr.

Wenn trennungswillige Paare gleich zum Anwalt gehen, dann geschehen auf beiden Seiten häufig Dinge, die das Vertrauen zueinander schwächen oder Zweifel schüren, die zu einer Verhärtung der Fronten führen. Das hat auch viele psychologische Gründe. Man fühlt sich ja ohnehin schon vom Partner hintergangen und verletzt, hat Ängste vor der Zukunft und spürt auch schon hie und da, dass der Partner nicht mehr an die Familie, sondern nur noch an sich selbst denkt. Kein Wunder also, dass die Worte eines Anwalts auf fruchtbaren Boden fallen. Man hat auch schon viel von Rosenkriegen gehört. Warum sollte mein Partner sich ausgerechnet jetzt einvernehmlich, friedlich und zuvorkommend verhalten? Der Anwalt wird schon recht haben …

So sind beide unsicher und geschwächt, und beim geringsten Anzeichen dafür, dass der andere einen möglicherweise über den Tisch ziehen könnte, ruft man entsetzt seinen eigenen Anwalt an. Der tut seine Pflicht, indem er anfängt, einen juristisch zu beraten – und das in aller Regel ganz entgegen den Interessen der Gegenpartei. Der Anwalt weiß um die zunehmende Missgunst, die nach Trennungen auf beiden Seiten einsetzt. Solche Szenarien kennt er zur Genüge, weil er diese vor Gericht schon oft erlebt hat. Dass er als Anwalt vielleicht seinen Anteil daran hat, muss ihm nicht unbedingt bewusst sein. Er macht schließlich nur kompetent und beflissen seine Arbeit. Ganz abgesehen davon kann er in einem langwierigen Verfahren natürlich auch viel Geld verdienen. Wenn es zum Beispiel um den Streitwert eines Hauses geht. Oder noch besser: um die

Bewertung eines Unternehmens, die immer wieder angezweifelt, neu verhandelt und geändert wird. Aber versuchen Sie einmal, etwa den Fuhrpark eines Gebrauchtwagenhändlers zu bewerten. Das kann viele Prozessjahre in Anspruch nehmen. Am Ende gewinnt keiner, außer vielleicht der Anwalt.

Wir stecken also in einem Dilemma. Wir brauchen Rat, aber keine Stimmungsmache gegen den Partner. Wir brauchen Unterstützung, aber niemanden, der uns einseitig und parteiisch berät.

Ich halte es daher für einen voreiligen, ja geradezu fatalen Schritt, gleich nach erklärter Trennungsabsicht zu einem Anwalt zu gehen, der nicht ausschließlich eine beratende Funktion übernimmt. Einen Anwalt aufzusuchen, was geradezu reflexartig erfolgt, sollte wohlüberlegt sein. Das voreilige Einschalten eines Anwalts erfolgt in aller Regel aus Unsicherheit, Unwissenheit, Naivität und falschem Vertrauen in die Justiz. Es führt mit großer Wahrscheinlichkeit zu den oben beschriebenen Zweifeln und sät vor allem Zwietracht. Wir sollten keinem Automatismus folgen, sondern in Ruhe überlegen, was gerade sinnvoll ist.

Wichtig zu wissen ist vor allem eines: Niemand schreibt uns vor, dass wir die Trennungsfolgen vor Gericht regeln müssen. Dazu besteht keinerlei Notwendigkeit. Wir können alles, wirklich alles selbst und einvernehmlich regeln, sei es mithilfe von (ausschließlich) beratenden Anwälten, Mediatoren oder Institutionen, die Hilfe bei Trennungen anbieten. Dann können wir eine einvernehmliche Trennung ermöglichen und erhobenen Hauptes vor den Scheidungsrichter treten. Das Gericht selbst brauchen wir nur zu einem einzigen Zweck: Es vollzieht den formalen Akt der Scheidung.

Oft resultiert der Wunsch nach einem Anwalt auch aus dem Wunsch nach Ruhe und Unterstützung. Wir wollen die ganze

Sache einfach einem Anwalt übergeben. Das fühlt sich gut an. Er soll sich dann darum kümmern. Doch weit gefehlt! Der Anwalt kann und wird das nicht leisten. Er wird beraten, warnen und wie ein Verbündeter auftreten. Aber er wird Ihnen jeden Schriftsatz vorlegen, bevor er ihn an die Gegenpartei schickt, und jede Antwort vom gegnerischen Anwalt an Sie weiterleiten. Mit den Emotionen, die dabei hochkommen, müssen Sie aber ganz alleine fertigwerden. Die emotionale Last tragen Sie, nur Sie allein. Und die Last wird durch einen Rosenkrieg nur noch schlimmer, viel schlimmer.

Zur Klarstellung: Haben die Parteien schon alles außergerichtlich geklärt, dann braucht es nur einen Anwalt. Diesen Anwalt braucht es aus formellen Gründen, weil nur Rechtsanwälte Anträge beim Familiengericht einreichen dürfen. Da vor Gericht nichts mehr strittig ist, brauchen auch keine Anträge mehr gestellt zu werden, und der eine Anwalt reicht aus.

Gelingt die außergerichtliche Einigung nicht, dann brauchen beide einen Anwalt, denn nun streiten die Parteien vor Gericht. Nun braucht es einige bis viele Gerichtstermine. Und so wird es irgendwann, vielleicht erst nach Jahren, zu einem Urteil kommen. Bis dahin haben die Parteien viel durchleben müssen, vor allem auch die Kinder.

5

Was der Rosenkrieg
mit unseren Kindern macht

Aus jeder sexuellen Verbindung können Kinder entstehen, jede/r kann Mutter oder Vater werden. Fürs Kinderkriegen gibt es keinerlei Beschränkungen, keine Ausbildung, keinen Tauglichkeitsnachweis und keinen Führerschein. Wir verlassen uns dabei in aller Regel auf unsere Intuition, richten uns nach Vorbildern, lesen vielleicht noch Erziehungsratgeber, aber ob wir als Eltern tatsächlich geeignet sind und halbwegs vernünftig Kinder großziehen können, das erweist sich erst im Alltag.

Kinder kommen ungeschützt auf die Welt und vertrauen ihren Eltern blind. Sie brauchen zum Gedeihen eine liebevolle, stabile Umgebung, in der sie sich geborgen fühlen. Sie brauchen eine ausgewogene Ernährung, eine gute Erziehung, den nötigen Rückhalt und vor allem die Wahrnehmung und Erfüllung ihrer Bedürfnisse, um sich selbst ein Bild von der Welt machen und eine sichere Bindung zu ihrer Umwelt aufbauen zu können. Dieser Rahmen ist in einer liebevollen und intakten Partnerschaft der Eltern am ehesten gegeben. Aber auch bei in Frieden lebenden getrennten Eltern können die Kinder durchaus glücklich aufwachsen.

Streit hingegen, ob nun innerhalb einer Partnerschaft oder nach der Trennung, verunsichert das Kind und raubt ihm den stabilen Rahmen. Dann muss es sich selbst darum kümmern und kann sich nicht mehr auf seine eigene Entwicklung konzentrieren, wofür es enorm viel Kraft braucht. Damit aber ist ein Kind hoffnungslos überfordert. Es wird traurig, schwach und fühlt sich alleingelassen. Ganz gleich, wie alt es ist. Je jünger das Kind und je größer die Konflikte, umso weniger kann sich das Kind dagegen wehren. Wie ein Baum, der an einer falschen Stelle gepflanzt wird, kann es nicht gut gedeihen und wachsen, wenn das Umfeld nicht stimmt. Wie der Gärtner für den Baum, so sind wir als Eltern dafür verantwortlich, optimale Bedingungen für unsere Kinder zu schaffen. Das bedeutet nicht, dass alles einfach und leicht gehen muss. Ganz im Gegenteil: Schwierigkeiten und Schmerzen gehören zum Leben dazu und machen uns stark. Doch können Eltern, die dauerhaft streiten, weil sie sich nicht friedlich trennen, den Bogen schnell überspannen.

Wenn das Jugendamt sich einschaltet

Da das Kinderkriegen nicht reglementiert werden kann und soll, versucht man wenigstens, die Kinder zu schützen, wenn sie erst einmal auf der Welt sind. In Deutschland gibt es dafür Institutionen wie das Jugendamt, die ein Auge auf die Bedingungen werfen, in denen die Kinder leben. Wird die Scheidung bei Gericht eingereicht, dann wird das Jugendamt vom Gericht informiert und prüft – meist ohne dass wir es mitbekommen –, ob Handlungsbedarf besteht. Streiten die Eltern vor Gericht, dann wird vermutet, dass die Kinder Schutz brauchen. Das ist dann auch tatsächlich meist der Fall.

Die Jugendämter wollen nun für die Kinder da sein und ihnen helfen, indem sie die Situation einschätzen und dann im Sinne der Kinder handeln. Sie mischen sich zum Wohle der Kinder in die Familie ein und stellen sich unentgeltlich zur Verfügung, um die Eltern in Kindeswohlfragen zu beraten. Sie wollen, dass es den Kindern in der Familie besser geht, und wollen diese, so gut es geht, beschützen. Als Institution, die ausschließlich zum Wohl des Kindes da ist und in erster Linie unterstützend und beratend tätig ist, wird das Jugendamt jedoch selten wahrgenommen. In der Realität ist die Einschaltung des Jugendamtes angstbesetzt und lässt bei den Betroffenen die Alarmglocken schrillen. »Die wollen mir mein Kind wegnehmen«, so der erste reflexartige Gedanke. Doch schaltet sich das Jugendamt ein, so heißt das zunächst einmal nur, dass diese Familie Hilfe braucht. Das Hilfsangebot wird aber meist als Schlag ins Gesicht gewertet und abgewiesen. Allenfalls wird das Jugendamt für die eigene Kriegsführung gegen den bösen anderen Elternteil instrumentalisiert, in der Hoffnung, dann endlich recht zu bekommen. Der Blick auf die eigenen Verhaltensmuster und Verfehlungen ist damit versperrt. Denn wenn sich das Jugendamt eingeschaltet hat, dann fühlen sich Eltern in ihrer Verantwortungslosigkeit den Kindern gegenüber ertappt und versuchen nun krampfhaft, die Schuld dem Partner zuzuschieben. Die Angst davor, dass einem die Kinder weggenommen werden, trägt nicht gerade zur Beruhigung der Situation bei, im Gegenteil. Der Krieg wird ausgeweitet – und die Kinder geraten immer mehr aus dem Blick.

Wie das Ego den Blick auf die Kinder verstellt

Für das Kindeswohl ist entscheidend, dass wir das Kind im Blick haben.

Ein Kind kehrt vom Mutterwochenende zum Vater zurück. Das Kind berichtet, dass da ein Mann bei Mama war. Der hätte die Mama auch geküsst und in die Arme genommen. Der Vater brüllt sofort los. »Wie kann Mama das machen? Das ist ja unglaublich. Das kann ich nicht durchgehen lassen. Ich rufe sie sofort an. Wir hatten vereinbart, dass du dem neuen Mann nicht begegnest.« Nach diesen Worten lässt er das Kind stehen, um die Mutter anzurufen.

Die Mutter hatte ihr Kind nicht im Blick, als sie ihm den neuen Partner zugemutet hat, ohne Absprache mit dem Vater und ohne Vorbereitung. Aber auch der Vater hat sein Kind nicht im Blick. Es wäre besser gewesen, er hätte zuerst das Kind versorgt, mit ihm geredet, wie es ihm geht, ihm zugehört und es ausreden lassen. Die eigenen, zugegebenermaßen schlimmen Gefühle müssen zunächst außen vor bleiben, bis das Kind versorgt und beruhigt ist. Dann erst ist der Vater an der Reihe, kann die Mutter anrufen und sich aufregen.

Ich bin immer wieder überrascht, wie viele Eltern der Meinung sind, ganz im Sinne ihrer Kinder zu handeln, dies aber definitiv nicht tun. Interessanterweise zeigt sich das genau dann, wenn jeder Elternteil »für die Kinder« spricht.

»Die Kinder mögen die Stiefmutter einfach nicht. Sie sind immer total verwirrt und unruhig, wenn sie von ihr zurückkommen. Ich spüre, dass diese Umgebung ihnen mehr schadet als nützt. Das sagen sie mir auch immer wieder so.« So der Kommentar der Mutter. Spricht man dann mit dem Vater, kommen ganz andere Aussagen. »Sie lieben ihre Stiefmutter. Sie sitzen die ganze Zeit auf ihrem Schoß und wollen mit ihr zusammen sein. Sie ist eine echte Bereicherung für die Kinder.«

In diesem Fall glauben beide Eltern, sie wüssten, was den Kindern guttut und was nicht. Sie wüssten, was die Kinder wollen. Letztlich aber haben beide nicht recht, sondern denken nur, es zu wissen, und dabei projizieren sie unbewusst ihr eigenes Wunschdenken auf die Kinder und benutzen diese für ihre eigenen Zwecke. Die Frau sehnt sich danach, die einzig wahre

Mutter zu bleiben, der Mann möchte seine zweite Frau als gute Ersatzmutter platzieren. Dieser Streit kann alle lange in Schach halten.

Die Kinder tatsächlich im Blick zu haben hieße für die Mutter: Hoffentlich können die Kinder die neue Frau wirklich lieb haben, denn dann geht es den Kindern besser, wenn sie beim Vater sind. Die Kinder tatsächlich im Blick zu haben hieße für den Vater: der Mutter der Kinder stets liebevoll zu begegnen und ihr zu sagen, dass sie eine großartige Mutter ist und als solche immer die Nummer eins bleiben wird. Dann können die Kinder beruhigt und getrost die Stiefmutter mögen und müssen keine Angst haben, dass sie dadurch die Mutter verletzen. Mutter bleibt immer Mutter. Da kann niemand etwas daran ändern. Aber auch die neuen Partner brauchen einen guten Platz im Leben der Kinder.

Schuldgefühle

Eines der interessantesten Phänomene ist für mich nach wie vor, dass Kinder die Schuld für die Krisen ihrer Eltern auf sich nehmen. Die Eltern haben es nicht im Griff, und die Kinder fühlen sich schuldig. Sie machen sich auf die Suche nach einer Erklärung für die schlechte Stimmung zu Hause.

Die Eltern sind gut. Davon muss das Kind ausgehen, denn das ist existenziell. Wenn die Eltern aber gut sind, dann können sie nicht gleichzeitig schlecht sein. Dann gibt es für das, was da gerade in der Familie passiert, also für die Trennung und den Rosenkrieg, nur eine einzige Erklärung für das Kind: Ich muss schuld daran sein. Wenn die Eltern so unglücklich sind, dann muss es wohl an mir liegen. Dieser Schuldübernahme kann man begegnen, indem man den Kindern immer wieder versichert, dass sie keine Schuld trifft und dass sie die tollsten Kinder der Welt sind.

Nicht ganz so einfach ist es, wenn das Kind aus Loyalität die Schuld übernimmt. Kinder lieben ihre Eltern so bedingungslos, dass sie bereit sind, die Schuld für die Eltern auf sich zu nehmen. Sie gehen für die Eltern quasi ins »Gefängnis«. Sie wollen auf keinen Fall die Eltern leiden sehen oder zuschauen, wie diese die Konsequenzen aus ihrem Handeln tragen müssen. Da fühlt es sich besser an, die Schuld selber zu tragen.

Notlösungen

All diese Unsicherheiten führen dazu, dass das Kind nach Notlösungen sucht. Es möchte seine Bedürfnisse erfüllt wissen und reklamiert diese nun auf seine ganz eigene Weise. Da es noch nicht rational mit der Situation umgehen kann, geht es intuitiv, emotional und seinem Alter entsprechend an die Sache ran.

Ist das Kind klein, so geschieht das unbewusst. Unterdrückte und subtil aggressive Konflikte zwischen den Eltern werden vielleicht vom Kind hinausgeschrien, d. h. das Kind wird cholerisch, oder es zieht sich zurück, um sich zu schützen. Unsicherheiten im Lebensraum können zu psychosomatischen Problemen führen, etwa zu Neurodermitis, Adipositas oder Morbus Crohn, um nur einige zu nennen. Die Seelenpein äußert sich auf körperliche Weise, und so ein Juckreiz, der ständiges Kratzen erfordert, ist eine willkommene Ablenkung von dem ganzen Mist zu Hause. Viele Krankheiten fordern aber auch Fürsorge ein, wonach ein Kind in jedem Alter ein großes Bedürfnis hat.

Ist das Kind größer, so erweitert es sein Spektrum an Notlösungen, die ihm zumindest kurzfristig Befriedigung verschaffen. Was kurzfristig Heilung verspricht, scheint das beste Mittel der Wahl. Daher sind Alkohol und Drogen hoch im Kurs.

Rational müsste klar sein, dass dies nicht hilft. Aber so denkt das im Aufbau begriffene Gehirn noch nicht. Auch sind Drogen und Alkohol ein wirksamer Gefühlstöter, der die schlechten Gefühle wenigstens zeitweise nicht spüren lässt. Oder Magersucht und Bulimie, die dem Kind eine Aufgabe und Macht geben. Endlich fühlen sie sich mal wieder so, als hätten sie die Kontrolle über etwas, zumindest über ihr Essverhalten. Die Hilflosigkeit, die sie im eigenen Zuhause erleben, können sie auf diese Weise wieder etwas wettmachen. Leider gehen sie auch nicht mehr ungezwungen und frei in ihr eigenes Leben, denn sie wissen ja, dass zu Hause die Hütte brennt.

Jedes Kind hat seine ganz eigenen Strategien, mit Nöten umzugehen. Was es nicht einfach macht, diese immer als solche zu erkennen. Deshalb sollten wir das Kind insbesondere in Krisensituationen ganz genau beobachten und beachten. Denn leider ist es um ein Vielfaches schwieriger, verkorkste Verhaltensweisen wieder zu heilen, als sie gar nicht erst entstehen zu lassen. Daher sollten wir unsere Kinder langsam und sensibel auf die Trennung vorbereiten. Sie brauchen Zeit und viel Geborgenheit, um sich auf die neue Situation einstellen zu können. Wir sollten sie von klein auf immer im Blick haben und mit Würde und Respekt in die Trennung gehen, damit unsere Kinder einmal frei und ungezwungen ihren eigenen Weg gehen können.

Kinder haben sensible Antennen und ein feines Gespür dafür, ob ihre Umgebung in Gefahr ist. Schon Abraham Maslow, der Begründer der humanistischen Psychologie, wusste, dass ein Mensch sich erst um seine Grundbedürfnisse wie Ernährung und Sicherheit kümmern muss, bevor er seine ganzen Potenziale entfalten kann. Und unsere Kinder haben ein Recht darauf, sich voll entfalten zu können. Denn für alles andere sind sie einfach noch zu klein. Fühlt sich der Rahmen also nicht mehr sicher an, so entwickeln sie Probleme. Der Wunsch nach einer geborgenen, sicheren und liebevollen Umgebung wird stark und stärker und absorbiert die ganze Kraft des Kindes für all das, was für seine eigene Entwicklung in den ersten Lebensjahren so wichtig wäre.

Dem Wunsch nach einer heilen Welt begegnet das Kind mit Unvermögen und Hilflosigkeit. Kein schönes Gefühl für das Kind, das sich dieses Gefühlschaos noch gar nicht erklären kann. Da es noch kein rationales Verständnis besitzt und keine dementsprechenden Handlungsmöglichkeiten hat, handelt es rein intuitiv und meist irrational. Und irgendwann sind wir Eltern mit der schwierigen Frage konfrontiert, was uns das Kind sagen will mit seinem Drogenkonsum, seiner Neurodermitis, seinen schlechten Schulnoten, seiner Magersucht, Bulimie oder Depression. Denn es will ganz bestimmt etwas sagen. Wir können es nur nicht unbedingt gleich verstehen oder entziffern.

Störungen im Kleinkindalter

Ganz besonders viel Verantwortung tragen wir für unsere Kinder im Alter von der Geburt bis zum Alter von ungefähr sechs Jahren, wenn sie die familiären Probleme noch ganz unbewusst erleben.

Ein 25-Jähriger fühlt sich ständig schlapp und müde, obwohl ihm rein körperlich nichts fehlt. Bei der Anamnese stellt sich heraus, dass sein Vater die Familie verlassen hat, als er selbst drei Jahre alt war. Davor hatte es viel Streit und Unsicherheit im Leben des kleinen Jungen gegeben. Allerdings hat er seine damaligen Gefühle wie Trauer, Angst und Hilflosigkeit nicht bewusst erlebt, da er von der Mutter und der Großmutter liebevoll aufgezogen und umsorgt worden war. Auf die Frage, was er bei dem Gedanken empfinden würde, dass sein Vater so früh weggegangen war, antwortet er sehr ernsthaft: »Das ist für mich in Ordnung. Ich habe es ja nicht mitbekommen, und meine Mutter hat es auch sehr gut überstanden und wenig gelitten.«

Häufige Müdigkeit und Schlappheit haben oft mit unterdrückten Gefühlen zu tun. Die Seele hat große Trauer in sich, kann sie aber nicht lokalisieren, weil sie aus einer noch unbewussten Kleinkindphase stammt. Alles, was vor dem sechsten Lebensjahr geschieht, ist für uns als Erwachsene nicht mehr zugänglich, denn unser Kopf war ja damals »noch nicht dabei«. Je früher die Störungen erlebt werden, desto belastender sind sie für den Erwachsenen. Denn ausgerechnet an diese früh erlebten Gefühle, die uns so sehr prägen, an die kommen wir später nicht mehr oder nur sehr schwer heran.

Störungen in der Pubertät

Auch Störungen, die das Kind in einer späteren Lebensphase wie der Pubertät erleidet, haben einen starken Einfluss auf die Entwicklung und können lebenslang nachwirken. Kinder dieses Alters haben den Wunsch, ihr Leben in eigene Bahnen zu lenken. Dafür brauchen sie, auch wenn sie so gar nicht den Anschein erwecken, viel Aufmerksamkeit von den Eltern. Diese aber bleibt ihnen versagt, wenn die Eltern in ihre eigenen destruktiven Streitigkeiten verstrickt sind. Da ist dann niemand, der sie ermuntert, unterstützt, ihre Talente fördert und ihnen Anerkennung zollt. Denn Eltern, die nur mit sich und ihrem Rosenkrieg beschäftigt sind, haben keine Zeit und Muße für die Kinder. Ein schlecht gelaunter Vater sieht die Vorzüge seiner

Tochter nicht, und eine frustrierte Mutter lässt dem Sohn keine Anerkennung zukommen. Für den Selbstwert des Kindes ist das alles andere als förderlich.

Oder vielleicht noch gravierender: Die Kinder werden zum emotionalen Ersatz für den Partner und somit in eine Rolle gedrängt, die ihnen nicht zusteht und sie überfordert. Wir können davon ausgehen, dass all diese Probleme das Kind im Erwachsenenalter wieder einholen, und zwar genau dann, wenn es meint, in der eigenen Partnerschaft stünde gerade alles zum Besten. Denn genau dann packen wir in aller Regel unsere Kindheitsthemen aus.

Eine Frau musste in der Pubertät erleben, dass ihr Vater sich eine Geliebte nahm, wodurch die Ehe der Eltern und somit auch die Familie zerbrach. Ihr Vater war zu dieser Zeit so sehr damit beschäftigt, seinen Beruf, die Geliebte und den Rosenkrieg mit der Mutter auf die Reihe zu bekommen, dass er für seine Tochter keine Zeit und keine Kraft mehr hatte. Dabei hätte sie gerade in dieser Phase, in der sie etwas pummelig, unglücklich und ihrem Alter entsprechend verunsichert war, so sehr die Liebe und die Anerkennung ihres Vaters gebraucht. Doch vom Vater war damals nichts zu bekommen. Ihr späterer Partner, dem sehr viel an einer guten Partnerschaft gelegen war, wollte ihr sehr viel geben. Doch ihr war es nicht genug. Sie wollte mehr Bestätigung und Lob, als eine Partnerschaft geben kann. Sie hörte ständig Kritik, wo vielleicht Veränderungswünsche geäußert wurden, und fühlte sich immer ungeliebter und unglücklicher. Das führte dazu, dass der Partner sie mehr und mehr links liegen ließ. Je mehr Bestätigung sie sich von ihrem Partner wünschte, desto weniger bekam sie, sodass die Ehe langsam, aber sicher ihrem Ende entgegenging.

Diese Frau hätte in der Pubertät einen Vater gebraucht, der ihr vermittelt hätte: Ich liebe dich mit all deinen gefühlten Unzulänglichkeiten und genau so, wie du bist. Was sie vom Vater nicht bekommen hatte, das wollte sie später von ihrem Partner: die Vater-Tochter-Liebe. Die aber gab ihr der Partner nicht. Stattdessen behandelte er sie wie eine erwachsene Frau. Sie jedoch mutierte wieder zur Pubertierenden, weil aus dieser Zeit die Not stammte, die ihr nun so sehr zu schaffen machte.

Die Frau muss begreifen, dass sie die Defizite ihrer Jugendjahre nicht mehr nachholen kann. Und sie muss lernen, die konstruktive Kritik ihres Mannes anzuhören, zu reflektieren und gegebenenfalls auch anzunehmen, statt sich in ihrem Selbstwertgefühl verletzt zu fühlen.

So hat jeder von uns seine Themen aus der Kindheit. Aber wie groß und wie schwer das Päckchen ist, das wir als Eltern unseren eigenen Kindern mitgeben, das haben wir schon ein gutes Stück weit in der Hand.

Aus dem Nest gefallen

Eine weitere Reaktion von Kindern und Jugendlichen auf den Rosenkrieg der Eltern kann darin bestehen, dass sie der eigenen Familie gegenüber innerlich kündigen. Auch das ist ein eindeutiges Zeichen für eine Überforderung. Von den Alten, die sich nur noch zoffen, lass ich mir doch nichts mehr sagen, und wo es keine Regeln mehr gibt, da muss ich mich auch an nichts mehr halten. Da kann ich auch Drogen nehmen, saufen und klauen oder sonst wie kriminell werden. Das ist sowieso allen egal. Wenn meine Eltern sich nicht familienerhaltend benehmen, dann brauche ich das auch nicht. Meine Eltern wollen diese Familie nicht, warum sollte ich sie dann wollen …

Das sind Statements, wie man sie von aus dem Nest gefallenen Kindern hört. Loyalität ist ein wichtiges Lebenselixier, und größere Kinder, die Kleinen sind immer loyal, verhalten sich nur loyal gegenüber Menschen, die sie auch respektieren. Ein Rosenkrieg zerstört diese Loyalität, und wir können unsere Kinder als eingebundene, gesunde und starke Menschen verlieren. Schon beim geringsten Anzeichen, dass unsere Kinder zu sozial unverträglichen Menschen mutieren, sollten wir uns die Frage stellen: Was bringen wir als Eltern dem Kind eigentlich bei? Was leben wir ihm vor? Wenn wir, auf die sich unsere Kinder am meisten verlassen haben, uns benehmen wie die Axt im Walde, was soll ein Kind dann davon halten? Wenn wir dem Kind erzählen, dass es sich ordentlich benehmen und nicht brüllen soll, und wir uns selbst nicht daran halten, dann bekommt es Botschaften, die es irritieren. Ich soll dies und jenes machen, aber meine Eltern machen es nicht … Das ist, als würde man Gemüse predigen und sich selbst von Tiefkühlpizza ernähren. Ein geradliniger klarer Weg ins Erwachsenenleben wird auf diese Art verbaut. Denn sich gehenlassende Eltern haben keine Vorbildfunktion mehr.

Was die Abwertung des Partners mit den Kindern macht

Viele Trennungsszenarien führen dazu, dass ein Elternteil den anderen schlechtmacht. »Dein Vater gibt euch zu viele Süßigkeiten, das ist unverantwortlich von ihm.« »Eure Mutter ist viel zu streng mit euch. Das kann nicht gut für eure Entwicklung sein.« »Immer muss ich mit euch die Hausaufgaben machen, weil euer Vater zu faul dazu ist.«

Puh! Nicht gerade subtil wird hier dem Kind vermittelt, dass man selbst ja nur das Beste für es will, während der andere …

Aber Achtung: Das Kind schaut sehr wohl hinter die Kulissen. Es merkt sofort, dass hier nicht sein Wohl im Zentrum steht, sondern die Abwertung des anderen Elternteils. Und das kann Folgen haben. Denn jeder Vorwurf und jede Kritik am anderen lässt das Bild von diesem bröckeln. Ein Kind, egal in welchem Alter, möchte aber tolle und fantastische Eltern haben. Es stammt ja schließlich von diesen ab. Somit ist jede Abwertung eines Elternteils auch eine Abwertung des Teils, den das Kind von diesem in sich trägt. Das geht an die tiefen Selbstwert- und Persönlichkeitsstrukturen. Nicht nur das Vorbild (Elternteil) wird zerlegt, auch die eigene lebenswichtige Ressource, das eigene Ich wird dadurch verletzt. Wer kann ich schon sein, wenn ich von einem Menschen abstamme, der offenbar so schlecht ist ... Was das mit dem Selbstwertgefühl des Kindes macht, muss vermutlich nicht näher erläutert werden.

Zwischen den Stühlen

Eine große Herausforderung für Kinder ist das Gefühl, im Streit- und Trennungsfall Position beziehen zu müssen. In einer intakten Beziehung besprechen sich die Eltern weitgehend, wie die Kindererziehung verlaufen soll. Ob es Süßigkeiten gibt, wie viel Fernsehen erlaubt ist und was man angesichts der Lernschwierigkeiten unternimmt. Das sind Fragen, die auf der Erzieherebene besprochen und dann nach »unten« weitergegeben werden. Nach der Trennung wird das in einer destruktiven Elternbeziehung nicht mehr besprochen, sondern jeder macht so seinen Stiefel. Jetzt wird das Problem nach unten verlagert, und das Kind muss entscheiden, welchen Stil es besser findet. Es wird sich an beide Elternstile gewöhnen und beide leben, je nachdem, bei wem es gerade ist. Unterschiedliche Lebensstile können für das Kind auch eine Bereicherung sein. Es erlebt viel Unterschiedliches, kann wählen und wird stark, wenn man ihm das Sowohl-als-auch anbietet. Muss es sich jedoch für ein Entweder-oder entscheiden, dann bringt man es in einen Konflikt. Es muss sich entscheiden. Es muss werten. Die Eltern warten auf eine Meinung des Kindes und wollen wissen, was es denkt. Im Extremfall sagt das Kind der Mutter, dass es beim Papa schlimm war, weil es merkt, dass es der Mutter dann besser geht. Es traut sich nicht mehr, ehrlich zu sein, sondern achtet vielmehr darauf, was die Eltern hören wollen. So wird die Stiefmutter schlimm gefunden, damit die Mutter nicht so leidet. Und der Aufenthalt bei der Mutter wird mit einer Krankheit belegt, damit der Vater sagen kann:»Bei ihrer Mutter werden die Kinder immer krank!« Es ist leicht zu ermessen, dass diese Kinder Probleme damit haben werden, ihren eigenen Weg im Leben zu finden. Denn sie sind mehr damit beschäftigt, darauf zu schauen, was andere brauchen und wollen. Auch das stellt eine Anstrengung und Überforderung dar, die viele Nebenwirkungen haben wird. Spätere Verlustängste und/oder Bindungsstörungen sind nur einige davon.

Unsere Kinder stammen von uns ab. Sie möchten wissen und fühlen, dass sie von jemand Wunderbarem abstammen. Sie möchten wissen, dass BEIDE Eltern wunderbar sind. Wird ein Elternteil schlechtgeredet, dann fühlt das Kind sich auch schlecht. Solidarität zu nur einem Elternteil mag kurzfristig in Ordnung sein, langfristig ist es eine Katastrophe. Denn alles, was gegen den anderen gesagt wird, beziehen unsere Kinder auch auf sich. Denn mein Vater, meine Mutter bin ja auch ich. Dass es als Kind gar nicht gemeint ist, diesen rationalen Schluss kann ein Kind nicht ziehen. Es wird sich nur verletzt und ungenügend fühlen. Jeder Stich gegen den Ehepartner ist ein Stich in die Seele unserer Kinder.

6

Warum man die Trennung selbst in die Hand nehmen sollte

Das Leid unserer Kinder sollte schon reichen, aber es gibt noch andere Gründe, die uns vom Streiten abhalten sollten. Wenn wir uns nicht einigen, dann werden wir streiten. Streiten heißt, vor Gericht zu streiten und auf ein Urteil zu vertrauen, welches dann Recht sprechen soll. Das, was als Urteil nach einem langwierigen und nervenaufreibenden wie auch teuren Prozess herauskommen würde, ist sehr ungewiss und das Ergebnis in der Regel nicht zufriedenstellend. Die Paare, die vor Gericht mit zwei Anwälten streiten, glauben an ihr Recht und daran, dass es so etwas wie Gerechtigkeit gibt. Doch wie soll man Recht sprechen im Falle eines so komplexen Gebildes wie einer Familie, einer Beziehung? Wo es so viele unterschiedlich gelebte Modelle wie Beziehungen gibt? Die Paragrafen des Familienrechts sind so dehnbar wie ein Bungee-Seil. Ein Vergleich, den ich nicht aus Gründen des Zeitgeists gewählt habe, sondern weil er das Sicherheitsgefühl angesichts einer solchen Rechtsprechung widerspiegelt: Wir wagen den (Ab-)Sprung und dürfen gespannt sein, ob das Recht uns in der Schwebe hält oder ob wir gnadenlos ganz unten aufschlagen. Die Paragrafen des Familienrechts sind so vage formuliert, dass sie in jedem Einzelfall ausgelegt, sprich: interpretiert werden müssen. Vieles liegt daher im Ermessen desjenigen, der die Interpretation vornimmt, also dem Richter. Dieser bezieht für seine Interpretation die Umstände der Parteien mit ein. Da stellt sich schnell die Frage, ob er und seine Gutachter eine Beziehung wirklich erfassen und gerecht entscheiden können. Das Familienrecht, hauptsächlich verankert im Bürgerlichen Gesetzbuch (BGB), bemüht sich redlich, Rechtssicherheit herzustellen. Partner sollen schließlich durch die Gesetze wissen, was bei einer Trennung auf sie zukommt. Gesetze sollen Frieden stiften und Regeln festlegen, an die man sich halten kann. So der Anspruch. Aber gelingt das auch?

Ihr Anwalt, der nun mit Ihnen gegen den anderen vor Gericht zieht, versichert Ihnen, dass Sie dies und jenes erwarten können und damit durchkommen werden. Der gegnerische Anwalt macht aber ihrem Ex genau das Gegenteil glaubhaft. So geht etwa der eine Anwalt von einer lebenslangen Unterhaltsleistung an Sie von 2.000 Euro monatlich aus, der gegnerische Anwalt meint indes, dass der Ex gar nichts wird zahlen müssen. Zwei gute erfahrene Anwälte untermauern den Streit und glauben an etwas, was in der Realität im anhängigen Prozess keiner wissen kann, bevor nicht ein Urteil gesprochen wurde. Dieses Urteil beruht auf Gutachten von Verfahrensbeiständen, Jugendamt und Psychologen, welche nur wenig Zeit investieren konnten. Außerdem spielt die subjektive Sicht und Meinung des Richters eine entscheidende Rolle, wie dieses Beispiel aus einem Streit um das Umgangsrecht der Kinder zeigen soll.

Ein Mann, durch und durch Charmeur und immer guter Dinge, kann sich vor Gericht genial verkaufen. Auch lädt er den Gutachter zum Golfspiel inklusive gutem Essen ein, was grundsätzlich ja an dessen neutraler Haltung nichts ändern muss. Während der Mann also stets offen, freundlich und gelassen auftritt, macht seine Frau einen angestrengten, depressiven Eindruck und wirkt latent unzufrieden und überfordert. Sie merkt des

Öfteren an, wie schwer das Leben doch sei und wie sehr ihr Mann ihr das Leben zur Hölle mache. Anschuldigungen, die in den Ohren Außenstehender nach Frustration und Unausgeglichenheit klingen und dazu führen, dass der Mann bemitleidet wird wegen dieser Frau, die das Glas nicht halb voll sehen kann. Der Richter bemerkt die unterschiedliche Gemütslage der beiden und spricht das Umgangsrecht dem Mann zu. Das bedeutet, dass die Kinder ihren Lebensmittelpunkt beim Vater haben und nur jedes zweite Wochenende zur Mutter können.

Dabei sind die Umstände ganz anders als auf den ersten Blick ersichtlich. Denn der Mann verfügt über zwei Gesichter. Das eine Gesicht ist das charmante, mit dem er alles erreichen kann. Daher ist er auch sehr erfolgreich, extrem beliebt und anderen stets zugewandt. Anderen, wohlgemerkt. Seiner eigenen Familie gegenüber ist er das nicht. Dort zeigt er seine narzisstische Seite. Zu Hause ist er extrem egozentrisch, unzuverlässig, Schuld zuweisend und sogar betrügerisch. Die Frau war früher durchaus lebenslustig, fröhlich und in ihrem Beruf erfolgreich. Sie hatte sich in die charmante Seite ihres Mannes verliebt und war nach und nach emotional und finanziell in seine Abhängigkeit geraten. Ihre Versuche, den Menschen von früher wieder in ihrem Mann zum Vorschein zu bringen, scheitern. Sie fängt an, die Schuld bei sich zu suchen und glaubt ihrem Mann sofort, wenn er ihr die Schuld für sein rüdes Verhalten zuweist. Nächtelang liegt sie wach und grübelt. Ihr Selbstbewusstsein schwindet, und sie wird immer unselbstständiger. Das wenige, was ihr noch bleibt, ist ihre Liebe zu den Kindern. Sie ist eine tolle Mutter. Doch der Vater macht vor den Kindern nicht halt. Er wiegelt sie auf und spielt seine Machtspiele weiter, was bei den ohnehin schon verwirrten Kindern nur zu einer weiteren Verunsicherung führt.

Auch das nächste Beispiel ist durchaus kein Einzelfall.

Eine Frau kümmert sich um die kleinen Kinder, während ihr Mann sehr viel arbeitet. Nach der Scheidung, so hat es das Gericht bestimmt, leben die Kinder zur Hälfte bei ihm, zur anderen Hälfte bei der Mutter, die die Kinder sehr vermisst. Da der Mann nach wie vor sehr viel arbeitet, lässt er die Kinder von einer Haushälterin aufziehen. Gut so?

Das Wohl der Kinder ist ein dehnbarer Begriff. Ist die Haushälterin eine zumutbare Variante und daher in Ordnung, oder sollte ein Vater den Umgang mit den Kindern erst gar nicht bekommen? Im Streitfall entscheidet der Richter. Eine heikle Angelegenheit, die Gutachter, Prozessbegleiter und Richter sicher nicht perfekt entscheiden können. Die Gerichte folgen meist einer Regel: Bis zum Alter von zwölf Jahren ist der Wille der Kinder dem des Wohles untergeordnet. Ab einem Alter von zwölf Jahren entscheidet immer mehr das Wollen der Kinder. Dann fließt der Wunsch der Kinder stark in die richterliche Entscheidung mit ein. Welche Zumutung es für das Kind ist, sich im Streitfall für einen Elternteil und damit gegen den anderen entscheiden zu müssen, steht auf einem ganz anderen Blatt.

Es hat etwas vom Werfen einer Münze. Die Entscheidungen können auch von Gericht zu Gericht unterschiedlich ausfallen. So kann in letzter Instanz das Oberlandesgericht in München anders über eine Sachlage entscheiden als das Oberlandesgericht in Berlin.

Wie schwer sich die Gesetzgebung tut, in Familienangelegenheiten Recht zu sprechen, wird ersichtlich, wenn man einen Blick ins Familienrecht wirft und laufende Reformen verfolgt.

Von der Schuldfrage zum Zerrüttungsprinzip

Am 1. Juli 1977 trat das »Erste Gesetz zur Reform des Ehe- und Familienrechts« in Kraft. Damit wurde das Verschuldensprinzip verworfen und durch das sogenannte Zerrüttungsprinzip ersetzt. Bis zu diesem Zeitpunkt war eine Ehe nur dann geschieden worden, wenn sich einer der beiden Ehepartner eines Vergehens schuldig gemacht hatte und die »tiefe Zerrüttung des ehelichen Verhältnisses« festgestellt wurde. Denn bis dahin war man noch davon ausgegangen, dass eine Ehe ein Leben lang zu halten hatte und daher nur in großen Ausnahmefällen, eben bei schuldhaftem Verhalten, geschieden werden konnte. Derjenige, der damals im Falle einer Scheidung schuldig gesprochen wurde, hatte dann viele Rechte verwirkt, etwa das Recht auf Unterhalt oder sogar das Recht, die Kinder noch häufig und regelmäßig zu sehen.

Das Schuldprinzip aufzuheben, war eine längst überfällige und daher faire Entscheidung, denn wer tatsächlich die Schuld an einer Trennung trug, war für die Gerichte selbst mit gut ausgebildeten Gutachtern nur schwer bis gar nicht feststellbar. Wie sollte das auch gehen? Denn so eindeutig ist das doch gar nicht. Hat etwa derjenige die Schuld am Ende der Beziehung, der »durchdreht«, oder derjenige, der den Partner auf die sanfte Psycho-Tour zum Schreien bringt? Liebesentzug ist ein probates Mittel, um Menschen zu Dingen zu bringen, die sie sich selbst zuvor nie zugetraut hätten. Nicht immer ist derjenige, der fremdgeht, oder derjenige, der den anderen anbrüllt, schuld am Ende der Beziehung. Oft gehen viele Jahre mit zahlreichen Verfehlungen und Problemen in der Beziehung ins Land, bis einer sie auflöst. In solchen Fällen von Schuld zu sprechen, wäre eine Anmaßung. Auch wurde bei Prozessen dieser Art die Privat- und Intimsphäre der Eheleute in aller Regel schwer verletzt.

So musste der Gesetzgeber einsehen, dass das Schuldprinzip nicht praktikabel war. Auch stiegen die Scheidungsraten, und der Ruf nach Gesetzen, die die Scheidung erleichtern sollten, wurde immer lauter. Das Schuldprinzip wurde also abgeschafft und vom Zerrüttungsprinzip abgelöst.

Das Zerrüttungsprinzip bedeutet, dass eine Ehe dann geschieden werden darf, wenn sie mindestens zwölf Monate nicht mehr bestanden hat (§§ 1564/1565ff. BGB). Sie besteht dann nicht mehr, wenn das Paar in der Trennungszeit von »Tisch und Bett« getrennt gelebt hat, ganz unabhängig von irgendeiner Schuld. Diese zwölf Monate werden vom Gesetzgeber sehr ernst genommen und müssen auch dargelegt werden, wenn Uneinigkeit über den Trennungszeitpunkt besteht. Denn nach Art. 6 GG (»Ehe und Familie stehen unter dem besonderen Schutze der staatlichen Ordnung«) dürfen die Familiengesetze die Scheidung auch nicht zu leicht machen.

Die Unterhaltsfrage

Die andere große Reform war 2008, in der das Familienrecht noch einmal grundlegend reformiert wurde. Bis zu dieser Reform war man vom klassischen Ehemodell ausgegangen, in dem sich ein Elternteil ausschließlich um die Kinder kümmerte und der andere Elternteil das Geld verdiente. Daraus resultierte zwangsläufig, dass der Berufstätige dem daheimbleibenden Partner nach der Trennung Unterhalt zahlen musste. Unter Umständen sogar lebenslang. Seit dem 1. Januar 2008 muss jeder für sich selbst sorgen, selbst wenn man in Ermangelung einer Berufsausbildung eine einfache Hilfstätigkeit annehmen müsste. Dabei orientierte man sich an den Ansprüchen der heutigen Zeit, in der die Gleichberechtigung großgeschrieben wird und es weitaus mehr Partnerschaften gibt, in denen beide berufstätig sind. Keiner der Partner kann sich seither mehr darauf verlassen, dass der andere im Scheidungsfall automatisch Unterhalt zahlen muss. Es wird nach § 1569 BGB (»Nach der Scheidung obliegt es jedem Ehegatten, selbst für seinen Unterhalt zu sorgen. Ist er dazu außerstande, hat er gegen den anderen Ehegatten einen Anspruch auf Unterhalt nur nach den folgenden Vorschriften.«) erwartet, dass jede Seite alles in ihrer Macht Stehende tut, um für den eigenen Unterhalt aufzukommen.

Es gibt Ausnahmen von dieser Regel, wie etwa das Zugeständnis eines Unterhalts wegen der Betreuung eines Kindes (§ 1570 BGB) oder Unterhalt wegen Alters (§ 1571 BGB), wegen Krankheit und Gebrechen (§ 1572 BGB) oder auch wegen Erwerbslosigkeit und Aufstockungsunterhalt (§ 1573 BGB). Sind noch Kinder zu versorgen, dann bleibt es zwar bei der reduzierten Unterhaltszahlung für den Ehegatten, aber dieser wird über einen erhöhten Kindesunterhalt teilweise nach der Düsseldorfer Tabelle ausgeglichen. Angesichts dieser Gesetzeslage müssen daher beide Elternteile schauen, dass sie im Berufsleben bleiben, denn eine Scheidung, rein statistisch gesehen, liegt ja nun mal durchaus im Bereich des Möglichen.

Es ist wohl eine zeitgemäße Reform, weil beide für sich verantwortlich bleiben. Dennoch kann sie sich am Ende oft als ungerecht oder als nicht tragbar erweisen. Denn all diese Vorschriften haben keine konkreten Ansprüche zum Inhalt, sondern müssen ausgelegt und an die Beziehung angepasst werden. Dabei spielt zum Beispiel die Ehedauer eine Rolle, aber was ist eine »lange Ehedauer«? Und es wurden hinsichtlich der zu betreuenden Kinder bewusst keine Altersgrenzen festgelegt, um den Umständen jedes Einzelfalls gerecht werden zu können. So lautet etwa § 1570 BGB, Abs. 1: »Ein geschiedener Ehegatte kann von dem anderen wegen der Pflege oder Erziehung eines gemeinschaftlichen Kindes für mindestens drei Jahre nach der Geburt Unterhalt verlangen. Die Dauer des Unterhaltsanspruchs verlängert sich, solange und soweit dies der Billigkeit entspricht. Dabei sind die Belange des Kindes und die bestehenden Möglichkeiten der Kinderbetreuung zu berücksichtigen.« Eine Kann-Bestimmung also. Und was muss man sich unter einer »Billigkeit« vorstellen? Es braucht nicht viel Fantasie, um zu ermessen, wie butterweich und schwammig diese Vorgaben sind. Ob demnach eine Frau, die wegen einer Heirat in jungen Jahren und der Geburt mehrerer Kinder keine Berufsausbildung hat, nach der Scheidung Unterhalt bekommt, liegt also im Ermessen der Richter. Dabei spielen auch die Umstände in der Ehe eine nicht unerhebliche Rolle.

Um zu entscheiden, wer wem wie viel Unterhalt zahlen muss, muss man sich jedoch die Beziehung tatsächlich genau anschauen. Deshalb kann man auch heute noch sein Unterhaltsrecht verwirken, etwa wenn dem Richter glaubhaft gemacht werden kann, dass der Unterhaltsberechtigte schuldhaft die Ehe gefährdet hat. Schon eine feste, neue Partnerschaft kann zu Einbußen im Unterhaltsanspruch führen. Doch wer will das letztlich beurteilen? Weder der Anwalt noch das Gericht haben die Zeit und die Möglichkeit, sich so in das jeweils gelebte Beziehungsmodell hineinzuversetzen, dass sie eine faire Lösung erarbeiten können. Daher kann weder der Anwalt noch der Richter wissen, was im Einzelfall tatsächlich gerecht ist.

Eine Frau trinkt viel Alkohol und wird von ihrem Mann durch eine Entziehungskur nach der anderen, durch eine Depression nach der anderen begleitet und unterstützt. Er hat für sie gesorgt, sich um sie gekümmert, er hat das ganze Geld verdient. Jetzt hat sie eine Affäre. Er will die Scheidung, und sie fordert nun lebenslang Geld von ihm, weil sie angeblich nicht mehr arbeitsfähig ist.

Für eine richterliche Entscheidung dieses Falles kommen viele Paragrafen in Betracht. Das ist zum einen § 1571, Abs. 1 BGB: »Dem geschiedenen Ehegatten obliegt es, eine angemessene Erwerbstätigkeit auszuüben.« Aber was ist im Falle dieser schwer vom Alkohol Geschädigten unter einer »angemessenen Erwerbstätigkeit« zu verstehen? Der andere Paragraf, der hier Anwendung findet, ist §1572 BGB: »Ein geschiedener Ehegatte kann von dem anderen Unterhalt verlangen, solange und soweit von ihm vom Zeitpunkt der Scheidung an wegen Krankheit oder anderer Gebrechen oder Schwäche seiner körperlichen oder geistigen Kräfte eine Erwerbstätigkeit nicht erwartet werden kann.« Das kleine Wörtchen »kann«, das in diesem Paragrafen gleich zweimal auftaucht, führt vor Augen, wie dehnbar und vielfältig auslegbar dieser Gesetzestext ist. Die Frage ist nun: Wird der Richter die Frau als krank einstufen und damit die Arbeitsunfähigkeit in den Vordergrund schieben? Oder wird er ihr Vorsätzlichkeit bescheinigen, weil sie sich keine Mühe gegeben habe, sich von der Krankheit zu befreien? Soll der Mann also weiterhin bezahlen, weil die Frau arbeitsunfähig ist, obwohl er schon so viel geleistet hat? Was ist gerecht?

Eine Frau und ein Mann starten beide als Ärzte in die Ehe. Sie haben die gleiche Ausbildung und monatlich das gleiche Einkommen. Sie heiraten und bekommen Kinder. Daraufhin bleibt sie zu Hause bei den Kindern, während er sich eine gut gehende Frauenarztpraxis aufbaut. Nach zwanzig Jahren trennt sich das Paar. Sie hat kein Einkommen, er die Praxis.

Sie bekommt sicherlich Unterhalt, aber wie viel? Das kann zwischen 300 und 4000 Euro schwanken. Rechtssicherheit besteht nicht. Wie sieht es hingegen aus, wenn der Mann darauf bestanden hat, dass seine Frau trotz der Kinder weiterhin berufstätig bleibt und sie diesbezüglich in jeder Hinsicht (u. a. mit Kinder- und Haushaltshilfe) unterstützt hat? Wenn es deswegen immer wieder zum Streit kam, dies sogar der Trennungsgrund war, weil er nicht wollte, dass sie von ihm abhängig war? Wenn also die Frau sich gegen den ausdrücklichen Willen ihres Mannes dafür entschieden hat, nicht mehr zu arbeiten: Sieht der Fall dann anders aus? Wird das auch den Richter beeinflussen? Was kommt jetzt beim Prozess heraus?

Familienrecht und Richter bemühen sich aufrichtig, im Trennungsfall faire Lösungen zu finden. Wie bereits beschrieben, kann die Justiz den komplexen familiären Bedingungen, Bedürfnissen und Umständen allerdings unmöglich gerecht werden. Denn Gerichte haben letztlich keinen Einblick beispielsweise in die Täuschungsmanöver der beteiligten Parteien. Da ist von Alkohol- und Drogenmissbrauch die Rede, von Depressionen und Narzissmus, von Unzuverlässigkeit und Lügen. Wie soll sich ein Gericht noch zurechtfinden? Es kann nur unfaire Entscheidungen treffen. »Auf hoher See und vor Gericht ist der Mensch allein in Gottes Hand«, sagt der Volksmund.

Ganz gleich, ob es um das Umgangsrecht, das Unterhaltsrecht oder um den Zugewinnausgleich geht: Im Zweifelsfall – der angesichts der dehnbaren Paragrafen ja meistens gegeben ist – führt dies zu langwierigen Prozessen, zu vielen Konflikten und zu mageren Ergebnissen.

Und: Einer bleibt immer als Verlierer zurück. Der eine erringt einen Sieg, und das ist wohl ein schönes Gefühl. Aber dieses Gefühl kann nur von kurzer Dauer sein, denn jeder Sieg hat einen Verlierer im Schlepptau. Das ist im Sport kein Problem, wo zwei gleich starke Gegner freiwillig zum Wettkampf antreten. Aber kann man den Verlierer aus dem engsten privaten Umfeld tatsächlich ausblenden und vergessen? Auf Dauer sicherlich nicht. Was immer unterschätzt wird: Zu Hause können wir uns immer nur so glücklich fühlen wie das schwächste Glied in der Kette. Eine Familie kann nicht froh und munter sein, wenn es einem Elternteil oder einem Kind nicht gut geht. Ist einer schwach, unterlegen, unglücklich oder depressiv, dann können die anderen nicht danebensitzen, zuschauen und fröhlich sein.

Daher ist man immer gut beraten, darauf zu schauen, dass es allen gut geht, auch nach der Trennung. Auf Kosten anderer glücklich zu sein, ist ein kurzsichtiges Unterfangen. Wenn der Sieg sich also kurzfristig gut anfühlt, dann aber keiner in der Familie mehr mit uns spricht oder unser Partner so verwundet ist, dass er krank wird, ist das ein Sieg um einen hohen Preis, an dem wir sicherlich nicht lange unsere Freude haben werden. Nach Rechtsprechung fühlt sich das jedenfalls nicht an. Und die Seele wird Narben davon zurückbehalten, die nicht immer gut verheilen.

Recht ≠ gerecht

Nicht nur wegen der oben dargelegten Unsicherheiten im Rechtssystem sollte man sich einen Prozess tunlichst ersparen. Auch bei einer eindeutigen Gesetzeslage ist es ratsam, zweimal darüber nachzudenken, ob man tatsächlich auf seinem Recht bestehen will. Denn selbst eine eindeutige Gesetzeslage, bei einer Trennung ohne Trauschein oder einer Trennung mit Ehevertrag, kann zu ungerechten Ergebnissen führen. Deutlich wird dies unter anderem beim Zugewinnausgleich.

Die meisten Paare leben im Güterstand der Zugewinngemeinschaft, da dies gesetzlich vorgegeben ist, solange die Partner keinen Ehevertrag geschlossen haben (§1372 BGB: »Wird der Güterstand auf andere Weise als durch den Tod eines Ehegatten beendet, so wird der Zugewinn nach den Vorschriften des §§ 1373 bis 1390 BGB ausgeglichen.«). Zugewinngemeinschaft heißt, dass alles, was während der Zeit der Ehe erwirtschaftet wurde, im Falle der Scheidung geteilt wird.

Das klingt ganz einfach und klar. Doch ausgerechnet diese Gesetzeslage führt in der Realität zu vielfältigen Ungerechtigkeiten, die ich dauernd in meiner Praxis erlebe.

Ein Mann bringt Immobilien mit in die Ehe. Er lebt von deren Ertrag und geht statt einer Arbeit seinen vielen Hobbys nach. Mangels Pflege der Immobilien erfahren diese keine Wertsteigerung und sind am Ende noch genauso viel wert wie zu Beginn der Ehe. Die Frau hat indessen während der Ehe sehr viel gearbeitet und ein Vermögen angehäuft.

Sie muss teilen, er darf alles für sich behalten. So das Gesetz.

Hier noch ein anderes Beispiel:

Eine Frau möchte sich selbstständig machen und dafür nur noch halbtags fest angestellt arbeiten. Ihre Partnerin unterstützt sie in dem Wunsch und verspricht ihr, für sie aufzukommen und ihr mit 60.000 Euro zur Seite zu stehen. Daraufhin traut die Frau sich und beginnt ihre Selbstständigkeit. Beide trennen sich bald darauf, und ihre Partnerin möchte von ihrem Versprechen nichts mehr wissen.

Der Frau steht im Falle einer Scheidung in der Regel nichts zu, es sei denn, sie kann einen juristisch relevanten Sachverhalt vortragen, den sie aber in der Regel nicht beweisen kann. Sie hat ihren Job aufgegeben und kann sich jetzt nur schwer selbst versorgen. Gerecht?

Das ist auch im folgenden Beispiel die Frage:

Ein Mann und seine Frau haben gleichermaßen viel gearbeitet und sich die Betreuung der Kinder fifty-fifty geteilt. Zudem hat sich der Mann abends, nachdem die Kinder im Bett waren, noch eine kleine Firma aufgebaut, die sich gut entwickelt. Die Frau möchte nach der Trennung die Hälfte dieser Firma haben. Er findet, dass er diese zusätzlich zu seinen ehelichen Pflichten aufgebaut hat und diese nur ihm gehört. Das Recht spricht ihr die Hälfte zu. Gerecht?

Im rechtlichen Sinne recht bekommen heißt noch lange nicht, dass das gerecht sein muss. Ungerechte Ergebnisse führen dazu, dass einer sich verraten und gedemütigt fühlt. Ist damit etwas gewonnen? Sicher nicht, denn gedemütigte Menschen finden in der Regel keinen Frieden und streben nach Ausgleich. Die Trennung fühlt sich ohnehin schon schlimm und unfair an, muss da jetzt noch Ungerechtigkeit dazukommen? Auch müssen wir bedenken, dass derjenige, der sich am Recht und nicht an der Gerechtigkeit orientiert, sein Gewissen schwer herausfordert, denn er weiß ja um die Ungerechtigkeit. Daher sollte man bei einer friedlichen Trennung auf faire Auseinandersetzungen dringen und nicht auf sein Recht pochen. Aber dazu später, wenn es in Kapitel 9 um die Gewissensfrage geht.

7

Warum Menschen dennoch in den Rosenkrieg ziehen

Wie wir gesehen haben, bewirkt der Rosenkrieg nichts Gutes für uns und die Seele unserer Kinder. Zudem führt ein Gerichtsprozess in der Regel nicht zu den erwünschten Ergebnissen. Finanziell ist der Rosenkrieg eine Katastrophe, und er kostet uns wertvolle Lebenszeit. Und: Wir machen selbst unsere Vergangenheit schlecht und vergessen, dass es auch gute Zeiten und schöne Momente mit dem Menschen gegeben hat, den wir einmal geliebt haben. Wird diese Zeit nur noch von Negativem überlagert, dann tun wir uns selber keinen Gefallen, weil sie einen Teil unserer Vergangenheit in ein schiefes, weil düsteres Licht rückt. Und trotzdem führen wir einen Rosenkrieg. Aber was genau versprechen wir uns davon? Im Folgenden will ich Ihr Augenmerk auf die Beweggründe lenken, die zum Rosenkrieg verleiten. Denn nur wenn wir diese einmal näher anschauen, dann verstehen wir auch, warum wir uns und unserem Expartner so etwas antun.

Die Gefühle haben uns

Die Trennung kann schnell zu Überforderungsgefühlen führen. Die Überforderung wirkt wie ein Auslöser für ganz viele unterschiedliche Gefühle, die uns wiederum überfordern. Die Gefühle haben uns fest im Griff! Nicht sehr angenehm, seinen

Gefühlen ausgeliefert zu sein. Das löst Ängste aus und fühlt sich nach Panik an. Unser Verstand setzt aus. Kein schöner Zustand. Daher tun wir alles, um dies zu vermeiden. Hierfür entwickeln wir eine Strategie, und die heißt: Nebenkriegsschauplatz, also Kampf und Gericht.

Dem anderen die Schuld zuschieben

Wenn wir uns nicht gütlich einigen, dann bleibt uns nur der Streit. Streit bedeutet zu schimpfen, sich zu ärgern, taktisch vorzugehen, also zu agieren. Das fühlt sich unbewusst meist besser an, als machtlos, hilflos und traurig zu sein. Im Streit vor Gericht können wir unserer Wut und unserem Hass auf den Partner so richtig Ausdruck verleihen: Wir schreiben böse Briefe und freuen uns unbewusst, wenn wir den anderen ärgern können. Und wir selbst können uns über die Gemeinheiten des anderen ärgern und uns als Opfer wahrnehmen, das sich ja schließlich wehren muss. Unser Hass und unsere Wut fühlen sich unbewusst lebendig an, vor allem dann, wenn wir – mit welchen Manövern auch immer – tätig werden. Solange wir wüten und hassen, können wir andere Gefühle wie Trauer, Hilflosigkeit und Schmerz verdrängen. Und ganz wichtig: Solange der andere der Schuldige ist, haben wir gefühlt ja selbst keine Schuld an dem Ganzen.

Ein Mann erzählt mir von seinem Seitensprung, mit dem er seine Frau tief getroffen hat. Die Frau ist am Boden zerstört, fühlt sich schwach und hilflos und weiß nicht, wie sie mit dieser Kränkung fertig werden soll. Nun beginnt der Mann mir zu erzählen, warum er fremdgegangen ist. »Sie hat sich überhaupt nicht um mich gekümmert, normale Gespräche sind mit ihr einfach nicht möglich, und sie ist so unattraktiv geworden, dass ich sie gar nicht mehr gerne anschaue. Mit ihr ist alles so langweilig.« Ich unterbreche die Tirade des Mannes, in der er seine Frau fortwährend schlechtmacht. Wie kann er jetzt, nachdem er der Frau an seiner Seite schon diesen Schmerz zugefügt hat, auch noch derart auf ihr herumhacken? Reicht es nicht schon? Anscheinend nicht.

Den Mann plagen, vielleicht nur unbewusst, schwere Gewissensbisse. Er spürt, dass er mit seinen Schuldgefühlen besser klarkommt, wenn er seine Frau für sein Verhalten verantwortlich machen kann. Sie hat es ja nicht besser verdient. Auch der Rosenkrieg ermöglicht geradezu derartige Schuldzuweisungen, die uns von der eigenen Schuld lossprechen sollen. Dadurch eröffnen wir nur einen Nebenkriegsschauplatz für unsere Schmerzen, Ängste und Verfehlungen. Wir denken, dass wir im Prozess diese Ängste auf den anderen abwälzen können und dass das heilsam für uns ist. Aber irgendwann werden wir uns vielleicht doch alledem stellen müssen. Nur wenn wir dahin gehen, wo es wirklich wehtut, und Verständnis für uns selbst und den anderen entwickeln, erfahren wir die dauerhafte Heilung der Wunden, nach der wir uns sehnen. Und genau diesen wichtigen Schritt verhindert der Rosenkrieg vor Gericht.

An alten Mustern festhalten

Wir neigen dazu, in Konfliktsituationen wieder in alte – meist kindliche – Verhaltensweisen zurückzufallen, selbst wenn uns diese im Erwachsenenalter nicht mehr dienlich sind. Haben wir als Kind gelernt, dass wir mit cholerischem Schreien die Eltern manipulieren können, dann werden wir im Erwachsenenalter unbewusst immer noch denken, dass uns cholerisches Verhalten helfen kann, und weiterhin herumschreien. Haben wir uns als Kind aus Angst vor Schlägen in eine eigene Welt geflüchtet, dann werden wir das im Erwachsenenalter wohl wieder tun, wenn wir Angst haben. Viel besser wäre es allerdings, ruhig und besonnen mit dem anderen zu reden, anstatt cholerisch oder angstvoll zu reagieren. Diese Reaktionen aus der Kindheit haben uns aber damals geholfen und sind daher als unterstützend abgespeichert. Wenn wir dann im Erwachsenenalter merken, dass sie nicht mehr nützlich sind, dann strengen wir uns eben noch mehr an und machen mehr vom Gleichen. Jetzt wollen wir wirklich damit durchkommen. Haben wir damals gelernt, dass wir gegenüber den Eltern oder Klassenkameraden siegreich waren, dann machen wir so weiter. Da der Partner diese Reaktionen aber sehr gut kennt, weil er schon während der Beziehung erfolglos dagegen rebelliert hat, weiß er genau, welche Knöpfe er drücken muss, um die Situation noch mehr eskalieren zu lassen. Denn damit bekommt er zumindest Aufmerksamkeit. So zieht ein destruktives Muster das andere nach sich, was außer zur Eskalation zu nichts anderem führt.

Dieses Verhalten hat einen ganz einfachen Grund: Wir wollen uns selber bestätigen in dem, was wir ein Leben lang versucht haben. Und jetzt endlich wollen wir damit erreichen, was wir uns wünschen. In der Beziehung haben wir es trotz aller Bemühungen nicht geschafft, unseren Willen mit unserer Herangehensweise durchzusetzen. Aber jetzt wollen wir es endlich schaffen. Wir tun also, was wir immer schon getan haben, nur jetzt noch viel vehementer. Denn wir wollen uns partout nicht eingestehen, dass die Art und Weise, auf die wir in der Beziehung für unsere Rechte gekämpft haben, nicht zielführend war. Deshalb sind wir auch nicht mehr bereit, umzudenken und anders zu handeln. Wir suchen nach einer Selbstbestätigung, damit wir nicht darüber nachdenken müssen, was wir vielleicht in der Beziehung schon hätten anders machen müssen. Sich einzugestehen, dass man sich vielleicht falsch verhalten hat, fällt so schwer, dass man lieber weitermacht wie bisher.

Stärke demonstrieren

Die zu Ende gehende Beziehung hat viel Kraft und Selbstvertrauen geraubt. Der Rosenkrieg mithilfe eines Anwalts fühlt sich wieder mächtiger an. Der Komplize tut einem gut. Dieses Mal will man gewinnen und nicht mehr, wie in der Beziehung, verlieren. Auch kann man sich mit einem Schlag von den Abhängigkeiten aus der Beziehung lösen, die der andere unserer Ansicht nach nur noch schamlos ausgenutzt hat. Jetzt endlich möchte man sich wieder unabhängig und damit frei vom Partner fühlen. Der Rosenkrieg bietet die Möglichkeit, die eigene Stärke zu demonstrieren und es dem anderen so richtig zu zeigen. Es fühlt sich nach Augenhöhe an, wenn mit allen Mitteln gekämpft wird. Und diese Augenhöhe fühlt sich stark an. Der Rosenkrieg schießt dabei über das Ziel hinaus, gibt aber den Beteiligten das Gefühl, unabhängig vom anderen zu sein. Und der Kampf mit allen Mitteln verleiht einem zeitweise sogar das Gefühl, endlich wieder ganz für sich selbst einzustehen.

Leider wird dabei übersehen, dass einen die langfristigen Auswirkungen des Kampfes im Endeffekt nur schwächen. Das kurzfristig empfundene Gefühl von Autonomie und Stärke verschwindet schneller wieder, als uns lieb ist. Denn echte Stärke, Souveränität und Autonomie erlangen wir nur durch einen inneren Reifeprozess, indem wir uns mit uns selbst und unserer eigenen Verantwortung konstruktiv auseinandersetzen, nicht aber durch einen Rosenkrieg.

Endlich recht bekommen wollen

In wohl jeder Beziehung, die zu Ende geht, hat zumindest einer das Gefühl, zu kurz gekommen zu sein. Wichtige Bedürfnisse blieben unerfüllt, und dementsprechend negativ fällt die Bilanz am Ende aus. Haben wir vom anderen zu wenig Anerkennung, Zuneigung und Wärme, zu wenig Unterstützung, zu wenig Nähe, Intimität und Sexualität bekommen, war die Beziehung von Mangel geprägt. Dieses Mangelgefühl halten wir eine Zeit lang aus, aber irgendwann wird die Beziehung beendet. Allerdings nicht, ohne wenigstens jetzt noch etwas zurückzubekommen: Jetzt endlich wollen wir uns das holen, was uns nach unserer Meinung schon seit vielen Jahren zugestanden hätte. Wir versteifen uns auf den unbedingten Wunsch nach Wiedergutmachung und der (nie erfolgten) Anerkennung unserer Leistungen in der Beziehung. Jetzt wollen wir, dass der andere für unsere vielen Leistungen bezahlt, und zwar in harter Währung. Wir wollen nicht abgespeist werden und wieder als Verlierer dastehen, der immer investiert und nichts zurückbekommen hat. Nun soll Gerechtigkeit walten.

Ein Mann hat wegen einer Frau sein Leben in Amerika aufgegeben und ist zu ihr nach Deutschland gezogen. Dort allerdings ist er nie so recht angekommen und auch nie heimisch geworden. Als es zur Trennung kommt, verlangt er von ihr sehr viel Geld und möglichst viel Umgangszeit mit den Kindern. Da seine Expartnerin ihm dies nicht freiwillig einräumt, kommt es zu einem langwierigen Streit vor Gericht.

Dieser Mann hat sehr viel in die Beziehung investiert und ist der Meinung, dass seine Expartnerin dies nicht im selben Maß getan hat. Jetzt soll sie ihm die Anerkennung zollen für seinen damaligen Umzug, der nur ihr zuliebe stattfand, und zwar in Form von Geld und Kinderbetreuungszeiten. Denn sonst müsste er diesen Lebensabschnitt ja als einen einzigen Misserfolg verbuchen. Durch den Streit vor Gericht braucht er sich nicht einzugestehen, dass es damals seine eigene und freie Entscheidung war, sein Leben in der Heimat gänzlich aufzugeben. Er möchte nach dem Prozess wenigstens ein bisschen das Gefühl haben, dass auch er recht bekommen kann, der Expartnerin die Verliererposition zugewiesen wird und er damit rehabilitiert ist. Ob ihm diese Genugtuung nach dem Rosenkrieg tatsächlich vergönnt sein wird, das ist fraglich. Besser wäre es, sich seiner Eigenverantwortung im Leben bewusst zu werden und die Sache als Fehlinvestition zu verbuchen. Ähnlich einer Geschäftsidee, die keine Zukunft mehr hat. Dieser würde man ja auch kein Geld mehr hinterherwerfen.

Die Trennung besiegeln

Wie wir später noch sehen werden, ist es gar nicht so einfach, eine Trennung wirklich zu akzeptieren. Oft will einer der Partner den Trennungswunsch des anderen einfach nicht wahrhaben und interpretiert dessen Bemühungen darum als »gar nicht so gemeint« oder als »wir kommen bestimmt wieder zusammen«. Auch der andere wird immer wieder Zweifel an seiner Trennungsabsicht hegen. So entsteht ein indifferentes und zwiespältiges Hin und Her, das irgendwann nicht mehr zu ertragen ist. Und in manchen Fällen greift man dann zum äußersten Mittel, dem Rosenkrieg, um diesen ambivalenten Zustand zu beenden und den endgültigen Bruch der Beziehung zu besiegeln. Demjenigen, der die Trennung einfach nicht wahrhaben will, wird nun unmissverständlich klar, dass die Beziehung zu Ende ist und auch nie wiederaufgenommen wird. Der andere

Partner befreit sich seinerseits ein für alle Mal aus seiner Ambivalenz, und die Angst, dass doch noch einmal Nähe aufkommen könnte, verblasst nach der ganzen Schlammschlacht ziemlich schnell – und das auf beiden Seiten. Der letzte Rest an Emotionen für den anderen wird abgetötet. Auch beißt man den Partner förmlich von sich weg und erleichtert ihm dadurch die Trennung. Vielleicht ein ganz empathischer Akt, aber zu welchem Preis?

Manchmal ist es an der Zeit zu kämpfen

Wenn der Expartner nun einmal nicht anders an die Sache herangeht, als unverschämte Forderungen zu stellen, um seine Wut und Enttäuschung zum Ausdruck zu bringen, dann bleibt uns wohl oder übel nichts anderes übrig, als uns zu verteidigen. Dann müssen wir für uns einstehen, dann bleibt uns nichts anderes übrig, als den Weg der rechtlichen Möglichkeiten zu gehen. Wir werden Teil eines Rosenkrieges, den wir nicht wollen. Wir sind vielleicht wirklich Opfer eines Kampfes, den der andere kämpfen will. Das ist sehr unschön, doch wir müssen da jetzt durch, Augen zu und durch. Dieser Kampf muss nun gekämpft werden, und wir müssen versuchen, ihm etwas abzugewinnen.

Während des Kampfes entdecken wir vielleicht den kleinen Revoluzzer in uns und lernen, uns nicht alles gefallen zu lassen, für uns selber einzustehen und uns zu behaupten. Das kann eine Lehre sein, die uns dann für den Rest unseres Lebens weiterhilft. Aber selbst als gefühltes Opfer eines Rosenkrieges sollten wir darauf achten, dass wir nicht mit ungerechten Waffen kämpfen. Denn wir wollen uns auch hinterher noch im Spiegel anschauen können.

Die Gründe, einen Rosenkrieg zu führen, sind vielfältig und in der Regel unterbewusst, denn keiner würde von sich behaupten, dass er Freude daran hat. Wenn wir uns dessen bewusst sind, dann können wir auf die Suche nach dem Grund für den Kampf unseres Partners gehen. Vielleicht können wir die Not erkennen und diese respektieren und annehmen. Er kann vielleicht gerade nicht anders. Genauso wichtig ist es, uns selber anzunehmen in unseren eigenen Bedürfnissen. Dann können wir uns Hilfe suchen und die Trennung verarbeiten. Das hätte den guten Nebeneffekt, dass wir alle auf den Nebenkriegsschauplatz verzichten könnten.

8

Die Zeit der Trennung

Die emotionale Verarbeitung einer Trennung entspricht in ihren Grundzügen der Trauerarbeit. Denn wir verlieren – ähnlich wie bei einem Todesfall – einen Menschen, der lange an unserer Seite war. Ja, mehr noch: Manchmal droht uns der Verlust einer ganzen Familie samt unserer gewohnten Umgebung. Trauerphasen müssen durchlebt werden, wenn ein neues Leben gelingen soll. Verweigern wir uns diesem Prozess, dann können wir auch nicht annehmen und akzeptieren, was gerade passiert, und gehen eher in eine destruktive Verarbeitung.

Die Phasen einer Trennung

Wenn wir jedoch eine friedliche Trennung anstreben, dann besteht ein entscheidender Schritt darin, sich einmal klarzumachen, welche Phasen Menschen in Trennungssituationen in aller Regel durchlaufen. Denn dann können wir so manche seltsame Reaktion von unserem Expartner besser verstehen und einordnen. Das gilt auch für unser eigenes Verhalten in dieser schwierigen Zeit und wird uns dabei helfen, andere Wege einzuschlagen.

Phase 1: Nicht wahrhaben wollen

Auch wenn die Trennung von beiden Seiten ausgiebig kommuniziert und ausgesprochen wurde, heißt das noch lange nicht, dass diese als definitive Entscheidung wahrgenommen wird. Der Schock darüber ist vielleicht so groß und die anstehenden Veränderungen sind so gewaltig, dass Körper und Geist erst einmal in den Schongang gehen und das Problem zwar sehen, es aber noch nicht wirklich ins Bewusstsein vordringen lassen. Dieses Nicht-wahrhaben-Wollen ist ein natürlicher Schutzreflex bei uns Menschen, der es uns ermöglicht, die Dinge dann zu verarbeiten, wenn wir die Zeit und die Kraft dazu haben. Er bewahrt uns davor, von der Realität überrollt zu werden, und befähigt uns, trotz eines Tiefschlags noch handeln und überleben zu können. Dauert dieser Zustand ein paar Wochen lang an, so ist das in Ordnung und hilft uns, wie die Ruhe vor dem Sturm unsere Kräfte zu sammeln. Danach können wir dann in die nächsten Phasen übergehen und uns der Trennung stellen. Manche bleiben jedoch in dieser ersten Phase lange stecken, was zu massiven Problemen führt. Wenn wir die Realität nicht annehmen, dann können wir kein bewusstes Leben führen, sondern stattdessen nur noch ein Leben neben der Spur. Besonders schwer fällt uns der Ausstieg aus dieser Phase, wenn der Expartner – bewusst oder unbewusst – uns in diesem Zustand des Nicht-wahrhaben-Wollens noch bestärkt, indem er uns in dem Glauben lässt, es könne alles wieder gut werden.

Ein Mann verlässt seine Frau und zieht zu einer anderen. Mit dieser lebt er nun zusammen, und allen Beteiligten ist klar, dass er jetzt tatsächlich ein anderes und neues Leben führt. Doch die Exfrau glaubt hartnäckig daran, dass ihr Mann sei-

nen Fehler bald einsehen und zu ihr zurückkommen wird. Diese Haltung unterstützt der Mann durch wöchentliche Teebesuche, bei denen er der Exfrau gegenüber immer wieder beiläufig andeutet, dass mit ihr im Grunde genommen alles besser und schöner gewesen sei.

Die Frau kann so nicht in die Realisierung der Trennung gehen. Sie erzählt ihren Freundinnen, dass sie die bedingungslose Liebe praktiziert und ihrem Mann nichts übel nimmt. Er sei eigentlich zu bemitleiden, weil ihm das neue Leben nicht guttun würde und er nur zu schwach wäre, um seinen Fehler einzugestehen. Er sei ein sehr lieber Mann und brauche ihren Schutz und ihre Liebe. Es gäbe für ihn nichts Schöneres, als ein paarmal im Monat zu ihr zu kommen. Bei ihr und mit ihr könne er auftanken und würde die schöne Zeit mit ihr genießen. Er habe nur noch nicht erkannt, dass es ihm bei der neuen Frau gar nicht gut gehen würde. Aber das wäre auch in Ordnung, so könne er seine eigenen Erfahrungen machen.

Dieser Mann macht es der Frau sehr schwer, die Trennung zu realisieren. Und auch sie zimmert sich eine Welt zurecht, in der sie die Werte ihres Expartners zu ihren Gunsten auslegt. Statt ihr eigenes Leben zu leben, bleibt sie in einer Scheinwelt gefangen, die von ihrem Expartner dominiert wird. Sie selbst bleibt über kurz oder lang wohl auf der Strecke.

Phase 2: Depression

Warum so viele in dieser ersten Phase des Nicht-wahrhaben-Wollens stecken bleiben, hat einen einfachen Grund, denn die nächste Phase, die da kommt, kann uns in eine Depression ziehen. Zu realisieren, dass es vorbei ist, das ist in aller Regel nur sehr schwer zu verkraften. Die Welt steht kopf, kein Stein ist mehr auf dem anderen, und die Zukunft sieht einfach nur noch düster aus. Der Sinn für das Positive geht verloren, ebenso wie der Sinn, den unser Leben bis dahin hatte. In dieser Phase ist einem alles egal. Man würde Haus und Hof verschenken. Ein grauenvoller Zustand. Trotzdem eine notwendige Phase, die man leider durchlaufen muss, um die Trauer und den Verlust konstruktiv zu überwinden. Bildlich gesprochen besteht der Sinn der Depression darin, auf den Grund des dunklen Sees zu kommen, um sich von dort aus wieder nach oben abstoßen zu können. Der *deep dip* ist eine Prüfung, die wir schaffen müssen, um aus unserem Innersten die Kraft für ein neues Leben zu entwickeln. Wer springt, springt erst einmal ins Unbekannte, und das macht Angst. Außerdem merken wir nun, was wir verloren haben, und dafür brauchen wir Kraft. Die Seele muss Hochleistung vollbringen und schafft daher nur noch das Nötigste. Die Depression ist ein Zustand des Energiemangels, der durch die geschwächte Psyche hervorgerufen wird. Jetzt laufen wir auf Sparflamme, doch dadurch kann sich alles neu ausrichten. Keine Ablenkung, keine Nebenkriegsschauplätze, nur die nackte Kraft- und Saftlosigkeit macht sich breit. Auch finden wir vielleicht erst ganz am Boden den Mut, die Dinge zu tun, die wir immer schon wollten, und dadurch alles neu auszurichten.

Die Depression bewahrt uns aber auch vor uns selbst. Wer weiß schon, ob wir ohne Depression nicht uns selbst etwas antun würden, auf Autos einschlagen oder die Geliebte des Expartners erschlagen? Derartige Aggressionen suchen sich häufig einen anderen Kanal, eben die Depression. Diese Zeit sollten wir nutzen, um uns einmal zu schütteln und neu zu orientieren. In dieser Phase braucht es Freunde und Familie, die einen unterstützen. Wir sollten uns unbedingt Hilfe holen. Je besser jemand in ein liebevolles Umfeld eingebettet ist, umso schneller wird er diese Phase überstehen. Viele Menschen sagen im Nachhinein, wie wichtig die Depression für sie letztlich war.

Phase 3: Wut und Trauer

Die Depression geht in der Regel schon bald in die kraftvolleren Gefühle wie Wut und Trauer über. Dies sind die Gefühle, die zu jedem Heilungsprozess dazugehören und unbedingt zugelassen werden sollten. Sie gehören zu den wichtigsten Selbstheilungskräften, die wir haben.

Es ist ein enormer Unterschied, ob ein Mensch nach einem Schockerlebnis seinen Gefühlen freien Lauf lassen kann oder diese unterdrückt. Einem Zeugen eines schweren Unfalls, der weinend zusammenbricht, sollte unmittelbar die Chance gegeben werden, so heftig und lange zu weinen und zu schreien wie nötig. Kann er diesen Gefühlen durch medikamentöse Ruhigstellung keinen Ausdruck geben, wird er sehr viel länger mit der Bewältigung des Traumas zu tun haben. Gefühle wie Wut und Trauer gehören zum Trennungsprozess dazu, sie sind essenziell. Unterdrücken wir sie, dann kann uns dies richtiggehend krank machen und psychosomatische Symptome hervorrufen. Wollen wir verhindern, dass solch schmerzhafte Gefühle sich seelisch oder körperlich manifestieren, brauchen wir ein Ventil. Und das kann zum Beispiel Weinen, Schreien und heftiges Aufstampfen sein, wie es Kinder ganz natürlich tun, die wütend oder traurig sind. Gerade in einer Trennungssituation werden wir naturgemäß mit tiefen und schmerzhaften Gefühlen konfrontiert.

Eine Frau und ein Mann sitzen vor mir. Er sagt etwas über die von ihm gewünschte Trennung, und sie beginnt zu weinen. Sie weint und weint. Ich lasse sie weinen. Das Weinen wird stärker, geht in starkes Schluchzen über. Der Mann sitzt regungslos dabei. Wir halten die Situation gemeinsam aus. Nach ungefähr zehn Minuten wird das Weinen leiser und verebbt schließlich ganz. Die Frau schaut auf und sagt: »Jetzt können wir anfangen.«

Die Frau hat ihrem Mann gegenüber ihre Trauer gezeigt. Er hat sie gesehen, miterlebt und ausgehalten. Das war ein heilsamer Moment. Danach haben beide sehr gut gemeinsam an möglichen Lösungen gearbeitet und sind zu überraschend positiven und stimmigen Ergebnissen gekommen. Hier haben sich die Selbstheilungskräfte von Gefühlen par excellence gezeigt. Im Moment des Weinens konnte etwas heilen.

Auch die Wut gehört zu den heilsamen Gefühlen. Wer seine Wut konstruktiv rauslassen kann, wird sich danach leichter fühlen. Nach einer Trennung wütend zu sein ist etwas ganz Normales und hat genau wie die Trauer und all die anderen Gefühle seinen Sinn. Wir werden kraftvoller. Das Problem ist nur, dass viele Menschen nicht gelernt haben, ihre Wut konstruktiv auszuleben. Die Wut wird zerstörerisch gelebt. Etwa indem der Partner fertiggemacht wird oder man sich selbst etwas antut. Personengewalt und Selbstgewalt sind sehr destruktive Ausformungen der Wut und daher nicht heilsam. Nur Wut, die sich nicht gegen einen anderen oder gegen sich selber richtet, führt zu einer positiven Kräftigung. Man kann zum Beispiel jederzeit sagen: »Ich bin so wütend. Mir reicht es wirklich. Alles kotzt mich an. Und jetzt gehe ich los und mache etwas, was ich schon immer machen wollte. Ihr könnt mich alle mal.« Diese Wut kann dann in weiterbringende Bahnen gelenkt werden.

Die Trennung ist eine schlimme Zeit, und je nach Schwere der Verletzung und des Verlustes kann die Heilung lange dauern. Schafft man es nicht, diese einzelnen Phasen bewusst zu durchleben, dann machen sich womöglich Hader und Hass breit, äußerst destruktive Gefühle, alles wird abgelehnt und negiert. Die Vergangenheit wird vergiftet, und ein Opfergefühl entsteht. Vor allem beginnt eine schlechte Sicht auf uns selber, dass wir zu blöd waren usw. Doch Hader und Hass können vermieden werden, wenn man zum einen die Gefühle von Trauer und konstruktiver Wut zulässt und zum anderen, indem man die Welt nimmt, wie sie nun einmal ist: manchmal ungerecht, manchmal schwierig, manchmal grausam und ganz oft wunderschön.

Phase 4: Annehmen und verzeihen

Lassen wir die Gefühle zu, durchleben wir sie aktiv und bekämpfen sie nicht mit Alkohol und anderen Ablenkungsmanövern, dann merken wir, dass sich irgendwann etwas in uns beruhigt. Etwas Neues kann entstehen, wir beginnen, die Welt mit anderen Augen zu sehen, und gelangen wieder zu der Einsicht, dass nicht alles in unserem Leben nur grauenhaft und schlecht ist. Es gibt wieder zusehends schöne Momente, und wir sind ganz erstaunt, wenn wir feststellen, dass wir vielleicht sogar fröhlicher und glücklicher sind als noch zu Beziehungszeiten. Es könnte uns auffallen, dass die Beziehung uns gar nicht gutgetan hat und sie in einem Zustand des Mangels war. Vielleicht haben wir so viel an die Beziehungsthemen gedacht, dass wir uns auf andere Sachen gar nicht mehr konzentrieren konnten und im Grunde froh waren, wenn der Partner aus dem Haus war.

Unsere Sichtweise verändert sich, macht uns liebevoller und versetzt uns wieder in einen Zustand, der es uns ermöglicht, die neuen Gegebenheiten anzunehmen. Wenn es mir gut geht und mein Partner einen Termin vergessen hat, dann kann ich sehen, dass kein böser Wille dahintersteckt, sondern er einfach zu sehr mit eigenen Problemen beschäftigt ist. Wenn ich mich dagegen nicht wohlfühle und unzufrieden bin, weil ich es nicht geschafft habe, auf mich aufzupassen, dann werde ich ihn streng zurechtweisen. Es liegt an mir und meiner Konstitution, wie ich der Welt um mich herum begegne. Ich trage schließlich die Verantwortung für meine Gefühlslage. Etwas annehmen und verzeihen können wir nur, wenn wir im Einklang mit uns selbst sind. Um diesen Zustand zu erreichen, müssen wir an uns arbeiten. Bereit sein, unsere Glaubenssätze und Sichtweisen auf den Prüfstand zu stellen und der Welt dergestalt zu begegnen, dass wir alles daransetzen, um an ihr zu wachsen und weiterzukommen.

In diese Zeit sollte idealerweise auch eine konstruktive Aufarbeitung der Beziehung fallen. Wenn es möglich ist, sogar gemeinsam mit dem Expartner. Dann kann mithilfe einer Beratung oder Therapie vieles noch einmal angesehen und befriedet werden. Wäre es nicht wunderbar, wenn sich beide in die Augen sehen könnten und sagen: »Wir haben uns geliebt. Wir gingen davon aus, dass wir dieses Leben bis ans Ende zusammen gehen würden. Das hatten wir beide wirklich vor. Wir haben es versucht. Wir waren mutig und haben unser Bestes gegeben. Leider hat es nicht funktioniert. Dafür sind nur wir beide verantwortlich, unsere Dispositionen, unsere verschiedenen Eigenarten, vielleicht auch unsere Unfähigkeiten. Aber wir wollten es schaffen. Jetzt gehen wir getrennte Wege, und das ist in Ordnung. Wir sind dankbar für die gemeinsame Zeit und wünschen uns jetzt alles erdenklich Gute für unsere getrennten Leben.«

Ein solcher Abschluss schafft Frieden, und der Weg ist wirklich frei für den nächsten Schritt.

Phase 5: Auf zu neuen Ufern

Wir verlassen nun endgültig den alten Ast und schwingen uns auf einen neuen. Wir sind durch die Phasen zu reiferen Persönlichkeiten geworden, sind nun stärker und autonomer und haben ein gutes Selbstwertgefühl erlangt. Vielleicht vergleichbar mit dem Zustand nach einer schweren, überwundenen Krankheit, wenn der Körper wieder zu seiner früheren Kraft findet. So schnell haut uns nun nichts mehr um. Wir haben Klarheit darüber gewonnen, wer zu uns hält, wer uns guttut und wer nicht. Wir wissen genauer, wer wir sind und was wir tatsächlich vom Leben wollen. Wir spüren uns und die anderen besser und leben mehr nach unseren Bedürfnissen und Gefühlen. Keiner macht uns so schnell mehr etwas vor, und die wiedergewonnene Stärke zieht immer mehr Stärke nach sich. Wenn wir sagen können, dass auch diese schwere Zeit ihr Gutes hatte und wir diese nicht missen wollen, dann haben wir es geschafft. Dann entwickeln wir eine Liebe zu uns selbst und zu unserem neuen Leben. Die Herausforderung haben wir gemeistert. Wir können stolz auf uns sein, unglaublich stolz.

Interessanterweise erlebt jedes Paar die Trennungsphasen zeitversetzt. Wird ein Partner überraschend verlassen, so können wir in der Regel davon ausgehen, dass der Verlassende die ersten drei Phasen schon schmerzhaft während der Beziehungszeit durchlebt hat. Trifft er dann die Entscheidung zu gehen, ist er in der Regel schon durch damit und wirkt eher kühl und abgebrüht. Der Verlassene muss diese Phasen nun zeitversetzt durchleben und fühlt sich damit alleingelassen. Leiden und die Trennung verarbeiten müssen aber beide, nur eben zu unterschiedlichen Zeiten. Es gibt aber auch Menschen, die die Trennungsphasen scheinbar unberührt und locker durchlaufen. Ich

gehe davon aus, dass sie die Schmerzen und Gefühle beiseite-
schieben. Vielleicht sind sie abgelenkt durch eine Außenbeziehung. Das bedeutet dann nicht, dass sie die Trennung wirklich
verarbeiten und die beschriebenen wichtigen Prozesse durchlaufen. Die Gefahr, dass in der nächsten Beziehung alte Wunden wieder aufreißen und dieselben Fehler gemacht werden,
ist dann groß. Oder die angestauten Emotionen entladen sich
erneut auf den berühmten Nebenkriegsschauplätzen, was keiner versteht und worunter alle leiden. Sollte die neue Beziehung
auch zerbrechen, entladen sich die nicht verarbeiteten Gefühle
in doppeltem Maße.

Zusammenfassung

Ziel dieses Kapitels war es, vor Augen zu führen, in welchem
emotionalen Ausnahmezustand man sich während der gesamten Trennungsphase befindet. Wenn wir die einzelnen
Gemütszustände kennen, die wir im Verlauf einer Trennung
durchleben, können wir uns und unsere Expartner viel besser
verstehen. Wir können eine Depression beim Expartner ertragen, ohne das Gefühl zu haben, helfen zu müssen. Wir können
auf die Wut unseres Gegenübers gelassener reagieren, weil wir
wissen, dass sie notwendiger Bestandteil im Heilungsprozess
ist. Lassen wir also zu, dass der andere seinen Emotionen Luft
macht, und stehen wir dabei und lassen es geschehen – ohne es
persönlich zu nehmen. Wir verstehen, dass der andere das jetzt
braucht. Und würdigen wir ihn für seinen Schmerz und seine
Ängste und seine Wut. Dadurch, dass wir ihm den Raum dafür
bieten, fühlt der andere sich endlich gesehen und wichtig genommen. Öffnen wir also die Arme für die Emotionen des anderen. Sie dürfen sein. Das bringt wieder Klarheit in die eigene
Gefühlswelt und ermöglicht so eine schnellere Verarbeitung

des Schmerzes. Nehmen wir nicht alles so ernst und wichtig. Sondern buchen wir es auf ein Konto der Verarbeitung und Heilung für beide Seiten. Dadurch schaukelt sich die Situation nicht unnötig hoch, sondern bleibt beruhigt.

Die vier Phasen der Trennung, die ich in den vergangenen Kapiteln beschrieben habe – Nicht wahrhaben wollen, Depression, Trauer und Wut, Annehmen und verzeihen –, haben alle ihre Berechtigung und ihren tiefen Sinn. Vielleicht hilft Ihnen das Verständnis dieser berechtigten Gefühle und Prozesse, um den »Wegweisern« zu folgen, die ich auf Basis einer langjährigen Praxiserfahrung im nächsten Kapitel für Sie aufgestellt habe.

Mit ihrer Hilfe kann eine Trennung auf friedliche Weise gelingen.

9

14 Wegweiser
zur friedlichen Trennung

Ziel dieses Kapitels ist es, Sie mit Möglichkeiten vertraut zu machen, die Ihnen helfen können, einen friedlichen und achtsamen Weg durch die Trennung zu gehen. Dabei ist mir natürlich klar, dass dies nicht unbedingt einfach ist, denn wir kommen durch die emotionale Ausnahmesituation in eine Notlage und sind damit schmerzhaften Gefühlen ausgeliefert. Jetzt darauf zu schauen, was wir für Ziele haben und was wir erreichen wollen, ist fast unmöglich. Schließlich sind wir nur Menschen und können nicht so leicht vom Gefühlsmodus in den Verstandesmodus umschalten. Dennoch bin ich davon überzeugt, dass wir jederzeit die Möglichkeit haben, unsere friedlich gestimmten Seiten zu aktivieren und uns klarzumachen, dass ein abwehrendes Verhalten uns nicht die nötigen und herbeigesehnten Ergebnisse liefern wird. Wenn wir die Auswirkungen unseres Handelns bedenken, dann erreichen wir viel eher das Gewollte. Sich die Folgen vor Augen zu führen kann helfen, im Konflikt besonnener und rationaler zu werden. Ich denke, dass die Möglichkeiten der friedlichen Trennung einleuchten werden, da man auf diese Weise sinnlose Streitereien vermeiden und in konstruktive Gespräche umwandeln kann. Das geht nicht nur durch Kommunikationsregeln, denn diese allein reichen nicht aus. Es geht vielmehr um den Einblick in die Vorgänge, die gerade um uns herum passieren.

1. Die Trennungsschmerzen akzeptieren

Frieden mit der Trennung zu schließen ist jedoch gar nicht so einfach und kann seine Zeit dauern. Wir brauchen Erklärungen und Akzeptanz dessen, was passiert. Denn alles, was wir nicht annehmen und akzeptieren können, bekämpfen wir. Unser Gegner in diesem Kampf wäre dann naheliegenderweise der Expartner. Dieser Kampf kann nur zur Eskalation und nicht zum Frieden führen. Vor allem müssen wir uns dem Trennungsschmerz stellen, sonst gehen wir in die Nichtakzeptanz der Trennung.

Ein Paar kommt mehrere Male zu mir, um herauszufinden, ob es noch zusammenbleiben soll oder nicht. Es ist viel vorgefallen, und beiden ist klur, dass sie sich das wohl nicht verzeihen können. Sie spüren beide, dass die Beziehung schon seit vielen Jahren vorbei ist. Doch jedes Mal, wenn einer die Trennung ausspricht, rudert der andere zurück und umgekehrt. Sie spüren, dass das gemeinsame Ja zur Trennung den Trennungsschmerz einläuten würde. Daher vermeiden sie dies schon seit vielen Jahren.

Die Beziehung aufrechtzuerhalten ist eine Möglichkeit, die Trennungsschmerzen zu verhindern. Da wir uns alle gerne vor Schmerzen schützen, gehen wir in der Regel den Weg, der uns kurzfristig die Schmerzen erspart. Langfristig ist dies aber als Wegweiser nur bedingt gut für uns. Also frage ich das Paar, ob es nicht an der Zeit wäre, sich den Schmerzen zu stellen. Sie überlegen kurz und wissen, dass sie es tun müssen. Stellen sie sich jetzt ihren Gefühlen, dann können sie Frieden mit der Trennungsentscheidung machen und in eine friedliche Trennung gehen.

Eine Frau spürt über Jahre, wie sie immer unglücklicher in ihrer Beziehung wird. Sie verliert stetig die Kraft, ihr Leben nach ihren Wünschen zu gestalten. Sie hört von allen Freunden und Verwandten, dass sie sich trennen sollte, und vom Verstand her ist es ihr auch völlig klar. Doch bei jedem Trennungsgedanken bekommt sie Schmerzen, und der Schweiß steht ihr auf der Stirn. Sie fühlt, dass sie sich nicht trennen will, denn alles in ihr rebelliert dagegen. Das wertet sie als verbliebene Liebe und damit als Hinweis, alles so zu lassen, wie es ist. Sie steckt in einer Ambivalenz fest und kommt über Jahre keinen Schritt weiter.

Es ist richtig und wichtig, unseren Gefühlen, auch den sogenannten Bauchgefühlen, einen großen Stellenwert einzuräumen und gut auf sie zu hören. Aber sobald sie Wege blockieren und damit Veränderungen verhindern, die uns vom Verstand her als eindeutig positiv einleuchten, dann gehören die Gefühle überprüft und in der Folge auch vom Verstand überstimmt. Gefühle können getrübt sein von früheren Erfahrungen und uns daher fehlleiten. Die Frau in unserem Beispiel hat vielleicht eine lieblose Kindheit gehabt und nie das Gefühl kennengelernt, im familiären Kontext glücklich und stark zu sein. Sie hätte damals eine Änderung der familiären Situation als existenziell erlebt, weil sie noch klein und daher abhängig von ihren Eltern war. Trotz lieblosen Verhaltens hätte sie sich von den Eltern nicht trennen können. Die Situation von damals wird reinszeniert, die damaligen Gefühle wiederbelebt. Und nun vermitteln ihr diese aus der Kindheit gesteuerten Gefühle erneut, dass sie aus einer lieblosen Beziehung nicht ausbrechen kann. Eine Trennung von dem Menschen, der einem nicht guttut, wird als existenziell empfunden, so als würde man sich von seinen Eltern trennen müssen. Wir sollten genau hinschauen, wenn Gefühle verhindern, dass wir etwas für richtig und hilfreich Erkanntes umsetzen. Wenn der Verstand demnach etwas möchte, was eindeutig gut für uns wäre, zum Beispiel Sport treiben, weniger fernsehen, mehr Lust am Leben, und uns signalisiert, ein für uns schlechtes Umfeld zu verlassen, dann sollten wir den Mut aufbringen und unser Gefühl überstimmen, das uns hierbei blockiert. Dann müssen wir zwar durch die schlimmen Gefühle durch, aber das schaffen wir. Denn ein Leben, das nur auf Schmerzvermeidung reduziert wird, ist sehr viel weniger lebenswert.

Schon oft ist mir folgende Geschichte in meiner Praxis vorgekommen:

Ein Mann trennt sich von seiner Frau, weil er sich unsterblich in eine andere verliebt hat. Beide blicken auf eine Beziehung von zwanzig Jahren zurück, und die Trauer bei der Frau ist sehr, sehr groß. Sie geht durch eine schlimme Zeit. Ich begleite sie alle paar Wochen in dieser Zeit und bin begeistert, wie sie sich langsam, aber sicher von dem Schock und ihrem Tief erholt. Sie sieht wieder Licht und fasst Mut. Sie genießt ihre Autonomie und merkt erst jetzt, wie wenig sie davon in der Beziehungszeit hatte. Die Freiheit tut ihr so gut, und sie geht eine neue Partnerschaft ein. Ein paar Monate später ruft der Mann mich an und ist ganz verzweifelt. Seine neue Beziehung, für die er seine Frau verlassen hatte, ist beendet. Er habe einen großen Fehler gemacht, indem er einem blöden Impuls nachgegangen sei und sich vom Zauber des Neuen habe verleiten lassen. Er hätte seine damalige Frau nie verlassen dürfen. Er möchte sie zurückhaben. Doch der Frau geht es gut. Durch die Trennungszeit ist sie stark geworden. Der Mann erleidet eine tiefe Depression.

Wir wissen nicht, für wen was gut ist. Manchmal sieht es zunächst so aus, als sei der Verlassene der Verlierer. Dabei ist der Gehende nur deshalb der Gewinner, weil er sich durch die neue Beziehung ablenken konnte. Irgendwann wird auch der gefühlte Gewinner die Trennung spüren, und das ist nicht weniger schlimm, nur zeitversetzt. Daher sollten wir auf das vertrauen, was geschieht. Gehen wir mutig den Weg, den das Leben uns jetzt vorgibt. Schwimmen wir mit, und wir werden sehen, es wird uns gut damit gehen.

Und bedenken wir bitte jederzeit, dass nicht der Verlassene unbedingt der Verlierer sein muss. Derjenige ist der »Gewinner« einer Trennung, der sie bewusst und mutig verarbeitet und voller Vertrauen den neuen Weg geht.

2. »Ich«- statt »Du«-Botschaften senden

Es verwundert wohl kaum, dass die Kommunikation, die schon zu Beziehungszeiten gestört war, nun erst recht unter keinem guten Stern steht. Für konstruktive Gespräche braucht es einen kühlen Kopf, einen klaren Blick auf die Dinge und die Fähigkeit, ein wenig von sich selbst abzurücken. All diese Parameter werden von starken Emotionen verhindert, und wie der Eiter bei einer Wunde, die lange entzündet war, müssen die Emotionen jetzt endlich raus. Ohne Rücksicht auf Verluste machen sie sich Luft. Der Selbsterhaltungstrieb setzt ein, zugleich aber schwindet die Fähigkeit, sich in den anderen hineinzuversetzen und dessen Bedürfnisse wahrzunehmen. Dabei wünscht sich der andere genau das. Und wenn er es nicht bekommt, dann wird er wütend und fängt an, mit anhaltenden Drohungen und »Du«-Botschaften um sich zu werfen.

Diese »Du«-Botschaften aktivieren den bereits beschriebenen Säbelzahntigereffekt und bringen uns in die Defensive, was den Kampf beginnen lässt. Statt der ständigen »Du«-Botschaften sollten wir mehr zu »Ich«-Botschaften übergehen. Wir sollten uns verdeutlichen, dass unser Expartner ab jetzt seine eigenen Interessen vertritt, die in der Regel unseren entgegenstehen. Wenn wir dies nicht gelten lassen, sondern bekämpfen, entsteht keine konstruktive Auseinandersetzung, sondern ein Gegeneinander. Um zu einer Lösung zu kommen, sollten wir den anderen für seine Sichtweisen und Meinungen nicht verurteilen, sondern wertschätzen. Er darf nun anders denken. Sobald die Haltung entsteht, dass der andere nicht »falsch« ist, sondern nur anderer Meinung, kann man in Ruhe seine eigenen Botschaften in einer Ich-Form senden. Anstelle von »Du bist eine schlechte Mutter und machst mit den Kindern alles falsch« könnte beispielsweise kommen: »Ich mache mir Gedanken darüber, wie das jetzt mit den Kindern weitergehen soll, denn ich empfinde es als schwierig, wenn sie jetzt mal bei dir und mal bei mir sind. Unsere Erziehungsstile sind so unterschiedlich. Deshalb würde ich gerne mit dir darüber reden, wie wir das in Zukunft halten wollen. Bist du damit einverstanden?« Die »gewaltfreie Kommunikation« von Marshall Rosenberg hat hier sehr hilfreiche Ansätze gefunden, um »Ich«-Botschaften zu lernen. Wie wir aber gesehen haben, nehmen wir uns das vielleicht sogar vor, schaffen es aber gerade nicht, wenn es darauf ankommt.

Wenn wir aber bereit sind zu üben, dann wird das immer besser gelingen. Und unterstützen tut uns dabei der Umstand, dass wir langsam, aber sicher den hochemotionalen Kontext mit unserem Expartner verlassen.

3. Keine Kritik mehr üben

Äußern Sie keine Kritik mehr am anderen. Kritik möchte keiner mehr von seinem ehemaligen Partner hören. Das bringt einfach nichts. Kritik üben gehörte doch schon zu Beziehungszeiten zu den ganz schwierigen Themen. Wie soll sie dann im Moment der Trennung gelingen? Kritik ist immer schwer auszuhalten, in der kräftezehrenden Trennungssituation erst recht. Äußern Sie vielmehr Wünsche und machen Sie konstruktive Vorschläge, wie es besser gehen kann. Und wenn Sie selbst kritisiert werden, dann sagen Sie ruhig: »Ich möchte nicht mehr kritisiert werden.«

4. Sich fragen, worum es eigentlich geht

Fragen Sie sich ganz unabhängig vom anderen, worum es Ihnen selbst tatsächlich geht. Denn ein vordergründiger Streit um tausend Euro, bei dem es eigentlich um etwas ganz anderes geht, hat noch niemandem etwas gebracht. In der hochemotionalen Trennungssituation sachlich und beim eigentlichen Thema zu bleiben ist allerdings schwieriger als jemals zuvor.

Eine Frau möchte nach vollzogener Trennung auf keinen Fall aus der gemeinsamen Wohnung ausziehen. Wenn er nicht freiwillig ausziehe, so droht sie ihm, würde sie ihn rausekeln, ihm Essensreste ins Bett werfen, ihn nachts mit Weckergeklingel terrorisieren und die Schlösser austauschen lassen. Der Mann wehrt sich dagegen, weil er diese Art von Druck nicht akzeptieren kann, und ist nun schon aus Prinzip nicht bereit, nachzugeben. Die Frau hingegen besteht auf ihrem Recht, ohne triftige Argumente liefern zu können.

Würde die Frau darüber nachdenken, warum ihr der Auszug des Mannes so wichtig ist, dann würde ihr vielleicht wieder einfallen, dass ihre Mutter dreißig Jahre zuvor von ihrem Vater samt den Kindern aus dem Haus gejagt wurde und die Mutter danach lange nicht mehr auf die Beine kam. Als kleines Mädchen hatte sie das ganze Leid der Mutter ertragen müssen, die ihr immer wieder zu verstehen gab, dass all ihr Elend von diesem Rauswurf verursacht worden sei. Oder sie würde sich daran erinnern, dass ihre eigenen Eltern sie vor die Tür setzten, als sie sechzehn Jahre alt war, weil sie die pubertierende Tochter nicht mehr ertragen konnten. Oder sie würde sich darauf besinnen, dass sie viele Jahre zuvor einer Freundin beigestanden hatte, die von ihrem betrunkenen und gewalttätigen Mann aus der Wohnung geekelt worden war und lange Zeit ein Nomadenleben bei diversen Freunden führen musste. Oder …

Ereignisse wie diese können sehr traumatisch und eine Erklärung dafür sein, warum das Thema, wer aus der Wohnung ausziehen soll, sich so dramatisch hochschaukelt. Der Mann empfindet die Reaktion der Frau als vollkommen irrational. Geht man der Sache aber auf den Grund, dann kann man ihr Verhalten gut verstehen. Wenn die Frau dem Mann von ihrem Trauma erzählen würde, würde er Verständnis für ihre Blockade zeigen, sie würden sich darüber unterhalten und versuchen, die Sache so zu klären, dass die Frau nicht in ein tiefes Loch fallen wird.

Es war die Frau, die am Ende auszog, weil sie spürte, dass sie sich auf diese Weise von den damaligen Ereignissen frei machen und so ihre Verletzungen von damals heilen konnte. Das hat sie von ihrem Trauma befreit, während der Mann ihr aus vollem Herzen anbieten konnte, in der Wohnung zu bleiben, nachdem er verstanden hatte, was eigentlich hinter ihrer Sturheit steckte.

5. Verantwortung für eigene Bedürfnisse übernehmen

Das Thema Bedürfnisse und deren Erfüllung nimmt in meiner Praxis den Hauptanteil an den geführten Gesprächen ein. Das liegt vermutlich daran, dass unser ganzes Leben von der Erfüllung unserer Bedürfnisse bestimmt ist: dem Bedürfnis nach der heißen Dusche, der Tasse Kaffee, der Anerkennung im Job, einem Kuss, einer Umarmung oder einem guten Essen. Bedürfnisse spielen eine so große Rolle in unserem Leben, dass wir unbedingt selbst die Verantwortung für deren Erfüllung übernehmen sollten. Wenn uns nach Sporttreiben ist, wir dies aber nicht tun, dann tragen wir selbst die Verantwortung dafür und nicht das Wetter oder der Zeitmangel. Wenn wir andere für die Erfüllung von Bedürfnissen brauchen, dann liegt es an uns, eine zielführende Strategie anzuwenden. Wenn wir also das Bedürfnis haben, in den Arm genommen zu werden, aber kein Deo benutzen oder den Partner den ganzen Tag beschimpfen, dann tragen wir auch in diesem Fall die Verantwortung dafür, wenn uns dieses Bedürfnis nicht erfüllt wird. Viele Menschen übernehmen aber gerade nicht die Verantwortung für ihre Bedürfnisse, sondern suchen, einem natürlichen Reflex folgend, nach einem anderen Verantwortlichen. Es findet sich häufig auch ein Schuldiger, der Auslöser für unsere negativen Gefühle ist. In der Regel ist das der Expartner.

In der Trennungssituation werden die Bedürfnisse zahlreicher. Wir wollen respektvoll behandelt und nicht mehr verletzt werden, endlich zur Ruhe kommen, Entschuldigungen hören, einen Neuanfang machen und die Vergangenheit in einem guten Licht dastehen lassen, als Eltern gut funktionieren, die Kinder schützen, mit ihnen in eine gute Zukunft gehen und dem Expartner vielleicht sogar in einer soliden Freundschaft verbunden bleiben. Wir haben aber auch das Bedürfnis nach einer gerechten Abfindung, nach finanzieller Sicherheit, wir wollen die Kinder häufig sehen und ein schönes Dach über dem Kopf haben. Die beste Strategie, ein eigenes Bedürfnis erfüllt zu bekommen, besteht immer noch darin, einen Wunsch zu äußern. Wer sich vom anderen etwas wünscht, bekommt ein Ja oder ein Nein zur Antwort. Beides ist in Ordnung und muss akzeptiert werden. Wird das Nein bekämpft und nicht geduldet, dann ging es vermutlich gar nicht um einen Wunsch, sondern um eine Erwartung oder einen Befehl. Wünsche zu äußern ist aber gar nicht so einfach. Lieber schimpfen wir stattdessen eine Runde.

Eine Frau sagt zu ihrem Exmann: »*Nie sprichst du die wichtigen Dinge mit mir ab. Alles muss ich dir aus der Nase ziehen. Wie soll das nur weitergehen? Wir müssen bestimmte Dinge gemeinsam regeln, du aber machst ständig Alleingänge. Ich habe kein Vertrauen mehr zu dir und bin stinksauer auf dich.*«

Diese Frau schimpft nur. Keine gute Strategie. Der Mann wird sich in die Enge getrieben fühlen und bestimmt keine Änderungen vornehmen. Ganz im Gegenteil, er wird sich in zunehmendem Maße fragen, warum er etwas im Sinne seiner Expartnerin tun soll, wenn diese ihn nur beschimpft. Und er wird den letzten Rest an Respekt vor seiner Expartnerin verlieren.

Ihr Gefühl: Ich bin unwichtig, fühle mich übergangen und nicht ernst genommen.

Ihr Bedürfnis: Ich möchte wichtig, respektiert und akzeptiert sein.

Ihr Wunsch: Bitte rede mit mir. Bitte respektiere mich und übergehe mich nicht.

Anstatt wie oben zu schimpfen, könnte die Frau beispielsweise Folgendes sagen: »Ich habe gemerkt, dass du dies und jenes nicht mit mir abgesprochen hast. Meinst du, wir könnten das in Zukunft anders machen? Ich würde mir wünschen, von dir informiert zu werden. Was sagst du dazu? Wäre das für dich möglich, und wenn nicht, was bräuchtest du dafür?« Ist das eigene Bedürfnis erkannt und der Wunsch geäußert, haben wir eine klare Botschaft an unser Gegenüber gesendet.

Wichtig ist dabei, zu erkennen und zu akzeptieren, dass auch der andere Bedürfnisse hat, die es zu befriedigen gilt. Die Bedürfnisse, die zwei Menschen im Falle einer Trennung haben, stehen sich häufig diametral entgegen, sodass Kompromisse gefunden werden müssen, um diese auf beiden Seiten zu erfüllen. Wenn wir uns mit unseren Bedürfnissen gehört und dann auch verstanden fühlen, erst dann sind wir bereit, über die Bedürfnisse des anderen nachzudenken, und erst dann können Lösungen gefunden werden. Die ungehörten Bedürfnisse verhindern eine sachliche und konstruktive Auseinandersetzung.

6. Einfach mal zuhören

Allerdings trifft selbst eine wohlfeil formulierte Botschaft beim Empfänger unter Umständen auf einen hochemotionalen Kontext: Der Wunsch hört sich für diesen nach einem Befehl an oder nach Kritik und löst wieder einmal alte, negative Gefühle aus, sprich Emotionen, die jedes vernünftige Gespräch verhindern. Das Zauberwort heißt: einfach mal richtig zuhören. Der Empfänger hat die Aufgabe, das Gesagte so neutral und so sachlich wie möglich anzuhören. Das gelingt nur dann, wenn man sich selbst mitsamt seinen eigenen Emotionen einmal völlig zurücknimmt. Wenn jemand eine Botschaft sendet, dann geht es in diesem Moment ausschließlich um das, was der andere sagt, und nicht darum, was man selbst möchte oder empfindet.

Ein Paar war vor vielen Jahren berufsbedingt von München nach Berlin gezogen. Der Umzug hatte gegen den ausdrücklichen Wunsch der Frau stattgefunden. Sie hatte sich damals jedoch dazu überreden lassen, weil das Jobangebot des Mannes überzeugend war und sie finanziell als Familie mit zwei Kindern darauf angewiesen waren. Sie haderte lange mit dem Umzug und fühlte sich auch viele Jahre später immer noch nicht wohl in Berlin. Aber sie bemühte sich tapfer, so gut es eben ging. Eines Tages bat sie ihren Partner in einer Nachbarschaftsangelegenheit um Rat. Eine Nachbarin hatte einen Streit angezettelt, und die Frau wusste einfach nicht, wie sie damit umgehen sollte. Der Mann explodiert: »Willst du mir schon wieder sagen, dass du sauer bist, weil wir vor zehn Jahren nach Berlin gezogen sind? Du ahnst nicht, wie mich das nervt. Ich will nicht mehr. Das kann ich nicht mehr. Mach deinen Mist alleine.« *Die Frau fühlt sich völlig alleingelassen. Sie kann mit keinem Problem mehr zu ihrem Mann kommen, weil dieser sofort die Schublade des nicht bewältigten Umzugs aufmacht und dadurch für sie nicht mehr erreichbar ist.*

Der Mann sieht im Problem seiner Partnerin nur seine eigene Genervtheit. Er zieht das Thema sofort an sich, indem er nun seine Befindlichkeit in den Vordergrund stellt. Damit lässt er seine Partnerin alleine zurück. Das geschieht vielleicht schon seit vielen Jahren, sodass die Umzugsproblematik vermutlich mehr durch sein Genervtsein als durch ihr Hadern immer noch ein hochsensibles Thema ist. Er sollte versuchen, seiner Partnerin aktiv zuzuhören, und sie dann bei ihren Problemen unterstützen. Denn nur wenn er ihr zuhört, ohne seine eigene Befindlichkeit in den Vordergrund zu rücken, kann er tatsächlich für sie da sein. Dann wird die Frau sich bald nicht mehr so allein fühlen und Berlin in einem anderen Licht sehen.

Aktiv zuhören bedeutet, das Bedürfnis und den Wunsch des Gegenübers herauszuhören, zu verstehen, was der andere braucht und möchte. Zum aktiven Zuhören gehört es, nachzufragen und zu bestätigen, dass man etwas verstanden hat. Ich muss nicht einverstanden sein mit dem, was mein Gegenüber sagt, aber ich sollte es verstanden haben. Vorher brauche ich nicht weiterzureden. Wenn ich merke, dass ich vorschnell reagiere, dann gehe ich lieber erst einmal aus der Situation heraus und versuche es später noch einmal, wenn ich meine Emotionen im Griff habe. Ansonsten gehen die Verletzungen weiter und tiefer und bringen keinem etwas. Die Probleme bleiben ungelöst, weil der andere weder die Zeit noch das Verständnis für seine Situation erhält. So können die Probleme nicht bearbeitet werden.

Auch wenn der Partner oder Expartner nur schimpft, kann ich als guter Zuhörer das Bedürfnis und damit den Wunsch heraushören. Oder ich muss nachfragen: »Mit welcher Absicht sagst du dies gerade? Was möchtest du erreichen? Ich möchte gerne darauf eingehen, verstehe aber nicht ganz, was du dir von mir wünschst.« Nach Absicht und Gründen zu fragen ist eine gute und effektive Möglichkeit, den anderen zum Nachdenken und zum Kommunizieren seiner Bedürfnisse zu bewegen, die hinter seinen Worten stecken. Worte, die aus dem ganz eigenen Kontext des anderen und aus dessen für uns vielleicht fremden Welt kommen.

7. Sein Gewissen prüfen

Unser Gewissen spielt als mitlaufende Instanz in unserem Leben eine übergeordnete Rolle. Wir spüren und wissen ganz genau, was für uns gut und richtig ist und nach welchen Wertvorstellungen wir leben wollen. Einen Menschen fertigzumachen oder kleinzukriegen gehört sicher nicht zu den Dingen, auf die wir später stolz sein werden. Wahre Größe beweisen wir, wenn wir großmütig, nachsichtig, weitsichtig und weise handeln.

Ein Paar war verheiratet und lebte ohne Ehevertrag und damit im Güterstand der Zugewinngemeinschaft. Jeder gründete eine kleine Firma. Sie vereinbarten mündlich, dass jedem seine Firma alleine gehören solle und sie sich gegenseitig unterstützen, aber dass der Erfolg oder Misserfolg jeweils vom Firmengründer zu verantworten sei. Einige Jahre später ließen sie sich scheiden. Die Firma des Mannes war mehr wert als die der Frau, und die Frau verlangte nun vom Mann – entgegen der früheren Absprache – die Hälfte des Zugewinns, welcher ihr auch rechtlich zustand. Fraglich war nur die Höhe, und dafür brauchte es eine Bewertung beider Firmen. Die Parteien stritten bitterlich über drei Jahre lang. Am Ende wurde die Höhe des Zugewinns mit DM 300.000 festgesetzt und dann vom Mann zusätzlich zu den ganzen Gerichtskosten bezahlt. Einige Jahre später waren die Anstrengungen des Streits immer noch zu spüren. Beide erholten sich lange nicht von diesem Albtraum. Fünf Jahre später bekam der Mann einen Anruf von der Frau, in dem sie ihm mitteilte, dass sie ihm das damals erstrittene Geld zurückzahlen würde. Ihr Gewissen würde keine Ruhe finden.

Die Frau wollte damals ihr Recht durchsetzen. Die Verabredung war eine andere gewesen, was ihr auch sehr bewusst war. Aber sie wollte aus Wut und Verzweiflung nicht auf das ihr rechtlich zustehende Geld verzichten. Natürlich ist das gesetzlich verankerte Recht eine Komponente, die man nicht außer Acht lassen kann. Man muss sich sehr genau überlegen, ob und wann man auf seine Rechte verzichten sollte. Es ist nicht einfach, der Zwickmühle zwischen Recht und Gerechtigkeit zu entgehen. Stelle ich mich diesem Konflikt nicht, so kann es sein, dass ich mich – aufs Leben gesehen – falsch entscheide. In diesem Fallbeispiel hat die Frau sich zunächst für das Recht entschieden und einen hohen Preis bezahlt. Später wurde ihr klar, dass das Gewissen auch eine wichtige Rolle in diesem Prozess spielt. Denn sie weiß, dass sie Schuld auf sich geladen hat. Sie hat sich nicht an ihre Verabredung gehalten und dadurch viel zerstört. Ihren Frieden konnte sie erst finden, als sie ihrem Exmann Jahre später das erstrittene Geld zurückzahlte.

Die Trennung stellt eine unglaubliche Herausforderung für unsere Seele dar. Sie löst Gefühle in uns aus, die wir vielleicht so noch gar nicht kannten. Sie tut an Stellen weh, an denen wir es nie erwartet hätten. Wir bekommen keine Luft mehr, verfallen in depressive Zustände, spüren einen Stein im Bauch und fühlen Panik, Angst und Schwäche. Jetzt heißt es, intensive Seelenarbeit zu leisten. Das kann man zwar mit Pillen, Antidepressiva, Aufputschmitteln, Drogen oder Alkohol versuchen. Nur meldet dann die Seele dem Körper, dass sie nicht gehört wird, und beklagt sich bitterlich. Sie möchte nicht in Alkohol ertränkt oder anderweitig benebelt und betäubt werden. Die Seele will gehört und geheilt werden. Und eines kann ich Ihnen versichern: Der Rosenkrieg heilt Ihre Seele nicht.

8. Warum die Schuldfrage nichts bringt

Die Suche nach dem Schuldigen oder die Scham über die eigene Schuld sind in der Trennungsfrage sehr zentral, führen aber in der Regel nicht weiter. Wer nach einem Schuldigen sucht oder sich selbst schuldig spricht, der arbeitet nichts auf, sondern bleibt im Problem haften und benutzt die Schuldfrage als willkommenen Nebenkriegsschauplatz. Denn eines steht absolut fest: Die Schuldfrage ist ein Buch mit sieben Siegeln und kann nicht objektiv beantwortet werden. Nicht ohne Grund ist das Schuldprinzip im Familienrecht abgeschafft worden. Die Frage nach Henne oder Ei ist unglaublich schwer zu entscheiden. Haben nicht beide für sich genommen recht? Und wenn beide sich im Recht wähnen, welchen Sinn hat dann die Feststellung der Schuld?

Wie relativ und unterschiedlich unsere Wahrnehmung und unsere Empfindungen sein können, zeigt ein einfaches Experiment: Wir bitten eine Frau, ihre Hand in einen Eimer mit 1 °C kaltem Wasser zu tauchen, und einen Mann, seine Hand in einen Eimer mit 40 °C warmem Wasser zu halten. Danach bitten wir beide, diese Hand in einen dritten Eimer mit 20 °C warmem Wasser zu legen. Die Frau wird sagen, oh, das Wasser ist ja schön warm. Der Mann wird erwidern, das Wasser sei eher kalt. Die beiden können sich nun herrlich streiten. Erst wenn sie auf die Idee kommen, sich über das Wasser in ihren Herkunftseimern zu unterhalten, werden sie auf eine Lösung stoßen. Vorher können sie sich zwar verstehen, der eine findet das Wasser warm, der andere findet das Wasser kalt, aber sie werden mit der jeweiligen Äußerung des anderen deshalb noch lange nicht einverstanden sein.

Einigung entsteht erst, wenn ich akzeptiere, dass der andere es anders sehen *muss*, weil er woanders herkommt. Der Blick auf die Welt ist immer unterschiedlich und zuweilen auch sehr kompliziert, und so können wir tatsächlich nicht von uns selbst auf den anderen schließen. »Gottes Zoo ist groß«, hat mir einmal ein Klient gesagt. Dieser Satz hatte ihm sehr dabei geholfen, die Unterschiede in dieser Welt und bei den Menschen zu akzeptieren. In diesem Zoo passen nicht alle gut zusammen. Weil unsere Beziehung gescheitert ist, sind wir nicht zwangsläufig als Menschen gescheitert. Ganz im Gegenteil. Wir haben den Mut, uns der Veränderung und unseren neuen Bedürfnissen zu stellen. Und die Welt hat sich so weiterentwickelt, dass man sich auch trennen darf und kann. Noch vor weniger als hundert Jahren konnten die Frauen sich gar nicht trennen, ohne von der Gesellschaft ausgeschlossen zu werden. Wenn die Frauen heute ihren Frieden damit immer noch nicht finden, dann war die Emanzipationsarbeit unserer Vorfahren vergeblich.

Eine Frau hat sich ihrem Partner von Anfang an untergeordnet. Sie hat dauerhaft Verständnis für seine Wünsche gezeigt und ihn seine Dinge machen lassen. Wenn er einmal Zeit und Lust hatte, stand sie zur Verfügung und forderte fast nichts von ihm. Sie machte ihm keine Vorwürfe, sondern ließ ihn gewähren. Er hat alles dankend angenommen, und die Beziehung war von wenig Streit und viel Harmonie geprägt. Nach fünf Jahren Beziehung belügt er sie und verlässt sie für eine andere Frau. Sie haben zwei kleine Kinder, und der Streit ist vorprogrammiert.

Auch diese Frau hat stark mit dem Thema Schuld zu kämpfen. Er ist schuldig, weil er sie so sang- und klanglos verlassen hat, und sie fühlt sich vielleicht schuldig, weil sie keine Stoppschilder gesetzt und nicht auf ihre Bedürfnisse geachtet hat. Aus Harmoniebedürfnis und falsch verstandener bedingungsloser Liebe hat sie nicht gemerkt, wie es wirklich um ihre Beziehung stand. Bei ihr hatte sich vielleicht eine Portion Bequemlichkeit eingeschlichen, denn so konnte auch sie sich ganz gemütlich einrichten. Auch hat sie sich vielleicht nicht getraut und/oder einfach nicht gelernt, konstruktiv in einen Konflikt zu gehen und diesen auszutragen. Aber auch der Mann hat die Beziehung wohl einfach nur so mitgenommen, ohne in sie zu investieren, und die Frau so lange gehalten, bis ihm eine andere über den Weg lief. Die Gedanken der Frau kreisen und kreisen um die Beziehung, und sie kann einfach keine Lösung finden und loslassen. Unverständnis, Anklage und Schuldgefühle plagen sie tagein, tagaus. Sie kann erst dann wirklich verzeihen und ihren Frieden finden, wenn ihr klar wird, dass sie jeden Tag eine Entscheidung getroffen hat. Sie hat sich immer wieder für den leichteren Weg entschieden, und das im vollen Bewusstsein. Niemand hat sie zu etwas gezwungen oder überredet. Sie trägt nun die Konsequenzen für ihr Handeln. Das hat nichts mit Schuld, sondern ausschließlich mit Ursache und Wirkungen zu tun. Wir alle kennen die Tendenz, nicht bewusst hinzusehen und zu hoffen, dass sich alles irgendwie regeln wird. Wir alle kennen die Angst vor einer Auseinandersetzung und dem Konflikt. Wir alle wissen, wie weh es tun kann, Dinge zu hören, die wir nicht hören wollen. Also sprechen wir das lieber erst gar nicht an. Das ist normal und zutiefst menschlich. Aber eben auch nicht ohne Folgen. Beide haben sich vor der Beziehungsarbeit gedrückt, beide haben gehofft, dass es gut gehen wird, und beide waren nicht in der Lage, die Beziehung in die neue, die Realitätsphase zu bringen. Sie haben sich nicht die Mühe gemacht, sich kennenzulernen. Dafür zahlt man letzten Endes viel Lehrgeld, vor allem auch die Kinder. Wir müssen lernen, diese Folgen mit Würde und erhobenen Hauptes zu tragen. Wir sollten daraus lernen und uns nicht dem Hader hingeben.

Viele Partner geben demjenigen die Schuld an der Trennung, der den finalen Schlussstrich gesetzt und damit die Einheit der Familie beendet hat. Ab jetzt gibt es nur noch die Familie mit zwei Hälften. Vielen meiner Klienten ist das nicht klar. Sie sind der Meinung, dass trotz fehlender Paarbeziehung das Familienleben unbeirrt weiterlaufen kann. Die Vorstellung von einer gemeinsamen WG fühlt sich ausreichend lebenswert an im Vergleich zu einer Beendigung der harmonischen Familienbeziehung. Im Wissen um das Ende der Familie in ihrer ursprünglichen Form bleiben viele Paare zusammen und sind lange Zeit bereit, eine Paarbeziehung weiterzuführen, die de facto nur noch auf dem Papier besteht. Sie sind bereit, zumindest bis die Kinder aus dem Haus sind, das alles mitzutragen.

Kommt dann aber ein Dritter hinzu oder einer hält es einfach nicht mehr aus, dann kommt es doch zur echten Trennung. Es passiert dann irgendwann das, was unweigerlich passieren muss: Einer der Partner löst diese WG auf und beendet damit das Familienleben unter einem Dach – und dieser wird schuldig gesprochen. »Du zerstörst unsere Familie« muss derjenige sich dann sagen lassen. Es erfordert lange Gespräche, um die Einsicht zu vermitteln, dass nicht derjenige, der die Familie auflöst, der Schuldige ist, sondern die kaputte Paarbeziehung der Grund dafür war. Und diese haben in der Regel beide zu verantworten. Dies gilt auch dann, wenn einer von beiden das Modell der sogenannten offenen Beziehung propagiert. Ist der andere nicht ganz mit im Boot und rudert nur halbherzig mit, dann bleibt dieses irgendwann in der Uferböschung hängen, und einer steigt aus. Was dann sehr schmerzhaft für denjenigen ist, der eigentlich dachte, dass alles in Ordnung wäre und er mit seinem Modell durchkommen würde. Für die falsche Harmonie zahlt man einen hohen Preis.

Tatsächlich kann ich Ihnen an dieser Stelle aber auch Hoffnung machen. Wenn Sie beide Ihren Frieden mit der Trennung gemacht haben, dann können Sie problemlos gemeinsame Familientage einführen, Elternabende zusammen besuchen und sich bei den Übergaben der Kinder aufgeschlossen miteinander unterhalten. Es gibt immer noch ein Miteinander und oft sogar eine

Freundschaft. Der Mann hilft der Frau beim Schrankaufbauen, und die Frau unterstützt den Mann weiterhin bei der Steuererklärung. Dann fühlt es sich immer noch wie eine kleine Familie an, in der man sich gegenseitig unterstützt und bereichert.

9. Verzeihen

Auch wenn die Schuldfrage nichts bringt, so geht die Trennung mit Schuldgefühlen einher, und diese rufen nach Vergebung. Erst wenn ich verziehen habe, kann ich frei sein.

Eine Frau ist während der Schwangerschaft von ihrem Mann geschlagen worden und hat das Kind durch eine Fehlgeburt verloren. Sie trennt sich von dem Mann und hat eine schlimme Trennungs- und Trauerphase vor sich. Das Schicksal und die Schuld des Mannes machen sie ganz verrückt. Sie kommt in die Klinik und hadert mit ihrem Schicksal. Der Mann ist verurteilt worden und sitzt im Gefängnis, was ihr aber auch nichts nützt. Irgendwie hängt sie immer noch an diesem Mann.

Diese Frau kann erst dann zur Ruhe kommen, wenn sie sich mit dem Geschehenen aussöhnt. Sie darf und muss das, was der Mann getan hat, nach wie vor aufs Schärfste verurteilen. Aber sie braucht die Fähigkeit, die Dinge im Leben anzunehmen, die nun einmal geschehen sind. Sie kann vielleicht auch insofern einen Sinn in der Tat finden, als ein Kind von diesem Mann womöglich (vor allem auch für das Kind) eine schwere Lebensaufgabe gewesen wäre.

So schwer das auch sein mag: Nicht zuletzt um unseres eigenen inneren Friedens willen sollten wir lernen, uns und dem anderen zu verzeihen. Es ist wunderschön, wenn ich als Therapeutin erleben darf, dass Expartner sich gegenseitig verzeihen.

Nur wenige Paare schaffen diesen Schritt, ohne vorher an sich gearbeitet zu haben, denn zunächst muss man sich selber verzeihen können. Hierfür braucht es die Einsicht, dass alles im Leben einen Sinn hat, wir dafür eine Verantwortung tragen und auch das in unser Leben gezogen haben, was gerade passiert. Sind wir nicht Mitgestalter unseres Lebens? Sind nicht Fehler etwas Gutes, denn sie zeigen, dass wir leben und lernen? Es wird Zeit, mit sich nicht so streng ins Gericht zu gehen und liebevoll auf sich und eigene Fehler zu sehen. Wenn wir nicht liebevoll mit uns umgehen, wer soll es dann tun? Wieso erwarten wir etwas von anderen, was wir selber nicht tun? Wir sagen uns häufig schlimme Dinge wie:»Ich bin so hässlich. Ich bin so dumm.« Wir wünschen uns aber nichts sehnlicher, als dass uns jemand das Gegenteil sagen möge. Andere sollen, aber nicht einmal wir können es. Tun wir uns doch bitte erst mal selber gut, und dann sehen wir weiter. Und die Vermutung liegt nahe, dass es dann auch andere tun werden.

Und wenn wir uns selbst verzeihen, dann können wir auch dem anderen verzeihen. Dann öffnet sich der Blick für die Schwierigkeiten in diesem Leben. Für die Unzulänglichkeiten und Schwächen der Menschen und eben auch von uns und unserem Partner. Wenn wir weder Vorsatz noch Böswilligkeit unterstellen, sondern Not und Hilflosigkeit als Motiv sehen können, dann werden wir weicher und mitfühlender, auch bei dem Partner, der uns vielleicht viele schlimme Gefühle beschert hat.

10. Nomaden müssen weiterziehen

Auch darf man sich immer wieder klarmachen, dass ein Leben in einer – unserem Empfinden nach – falschen Umgebung niemandem etwas bringt. Wenn das Wasser an unserer Lagerstätte versiegt, dann sollten wir wie Nomaden weiterziehen. Dann ist es Zeit, dass wir uns aus einer Umgebung, die uns nicht mehr guttut und in der wir nicht mehr wachsen können, lösen.

Zwei Frauen arbeiteten beide für dieselbe politische Partei und verliebten sich ineinander. Jahre später konnte eine der Frauen mit den Zielen der Partei nichts mehr anfangen und trat aus. Sie fand einen neuen Job in einer Stiftung, die sich um Menschenrechte kümmerte, und konnte sich mit der Politik der Partnerin nicht mehr identifizieren. Die Beziehung litt stark unter dieser Veränderung und ging auseinander.

Diese Frau hat sich dafür entschieden, etwas aufzugeben, für das sie einmal sehr gebrannt hatte, und weiterzuziehen. Sie schaut nun in eine neue Richtung, und der Blick zurück tut ihr nicht gut. Sie hat ihrem Leben eine neue Wendung gegeben. Das geht einher mit neuen Menschen, neuen Denkmustern, neuen Zielen und Glaubenssätzen. Sie braucht nun auch ein neues Privatleben, das besser zu ihrer Entwicklung passt. Sie lässt ihre Vergangenheit mit einem weinenden Auge zurück. Ein mutiger Entschluss, der sich aber richtig anfühlt.

Eine Frau war emotional und finanziell von ihrem Partner vollkommen abhängig. Ein Leben auf eigenen Beinen traute sie sich nicht mehr zu. So blieb sie aus Angst, völlig mittellos dazustehen, bei diesem Mann, obwohl er sie schlug und kein einziges ihrer Bedürfnisse erfüllte. Doch eines Morgens wachte sie auf und verspürte den absoluten Wunsch nach einem freien Leben. Egal ob in Armut, egal ob unter der Brücke, Hauptsache frei. Ohne sich noch einmal umzudrehen und ohne irgendetwas mitzunehmen, verließ sie die gemeinsame Wohnung.

Der Frau war klar, dass eine Auseinandersetzung über Geld und Unterhalt mit diesem Mann zu keinem guten Ende führen würde, und versuchte es daher erst gar nicht. Stattdessen bat sie Freunde um Unterstützung und erlebte eine große Überraschung. »Endlich verlässt du diesen Menschen«, sagten sie zu ihr und nahmen sie fürs Erste bei sich auf. Wieder einmal bewahrheitete sich ein Spruch, den ich sehr schätze: »Hilf dir selbst, so hilft dir Gott.« In der Regel kann man sich auf sich selber und die Unterstützung von außen verlassen. Und wer in Not ist, wird auch Hilfe finden. Vielleicht muss man nur lernen, darum zu bitten und sich selbst zu vertrauen.

11. Loslassen

Die Trennung erfordert demnach die Fähigkeit loszulassen. Solange wir im Rosenkrieg sind, können wir nicht loslassen. Eine haarige Angelegenheit, die viele an einer vielleicht notwendigen Trennung hindert.

Das Loslassen ist eine Fähigkeit, die wir im Grunde genommen unser ganzes Leben lang üben müssen. Wir müssen uns von unserer Jugend verabschieden, von Wohnorten, von unseren Eltern, von einem Haustier, von verlorenen Gegenständen, von der Gesundheit und irgendwann vom Leben als solchem, wenn wir sterben. Das Loslassenlernen zahlt sich aus, denn wenn wir es gelernt haben, macht es uns nicht mehr so große Angst und erleichtert das Leben ungemein.

Üben wir also loszulassen, und eine Trennung ist – so makaber das in Ihrer momentanen Situation auch klingen mag – ein unglaublich lehrreiches Übungsfeld. Versuchen Sie sich vorzustellen, dass Sie im Hier und Jetzt leben. Dass Sie gerade in diesem Moment dieses Buch lesen, dabei ein- und ausatmen und einen Tee trinken. Loslassen kann gelingen, wenn wir den

Mut haben, nur an den jetzigen Moment zu denken und zu verinnerlichen, dass jeder Moment einem vorherigen Moment gefolgt ist und weiter folgen wird. Betrachten wir das Leben als einen langen Fluss, in dem wir treiben. Das Treiben wird uns an viele Orte bringen, uns unterschiedliche Gefühle erleben lassen und uns um viele Erfahrungen bereichern. Haben wir aber nicht den Mut, uns treiben zu lassen, sondern halten uns mit aller Kraft irgendwo am Ufer fest, so verpassen wir wohl nicht nur das Leben, sondern müssen zusehen, wie viele Veränderungen an uns vorbeischwimmen. Wenn wir ängstlich am Ufer verharren, rauscht der Fluss des Lebens an uns vorbei. Schwimmen Sie mit, vertrauen Sie auf die Veränderungen und lassen Sie los. Sie haben schon oft losgelassen, vielleicht hilft es Ihnen, die Situationen aufzuschreiben, in denen Sie schon einmal losgelassen haben. Dann werden Sie merken, dass es sich gelohnt hat. Dann können wir die Zeit der Beziehung als etwas Abgeschlossenes sehen und uns fühlen wie im Kino. Der Film ist zu Ende, der Abspann läuft, und wir sitzen versunken im Sessel und schauen auf die vielen Namen und Danksagungen. Dann stehen wir auf und gehen nach Hause. Wir denken noch lange über den Film nach, aber wir wissen, er ist zu Ende und unser Leben geht weiter.

Der narrative therapeutische Ansatz kann hier Hilfe anbieten. Wenn wir das Positive aus der Zeit in den Vordergrund schieben und uns dann auch noch erlauben, aus der Zeit etwas zu lernen, dann fühlt sich die Trennung schon viel leichter an. Es gibt keine Garantie für das Gelingen einer Partnerschaft. Etwas, was nicht auf Dauer funktioniert, muss deshalb nicht schlecht sein. Wir können akzeptieren, dass das Leben vergänglich ist und dass es vieles gibt, in das wir investieren, was aber dann im Endeffekt doch nicht funktioniert. Dann können wir anfangen, die Trennung zu akzeptieren.

12. Sagen, was los ist

Einer der größten Schuldvorwürfe lautet, der Gehende habe nicht genügend für den Erhalt der Beziehung getan. »Du hast nicht für uns gekämpft. Du hast alles einfach so hingeschmissen. Das ist so schlimm. Wieso wirfst du bei der ersten Krise alles hin? Wir hätten es doch versuchen und dann vielleicht sogar gemeinsam die Trennung aussprechen können.«

In der Tat kann der Partner diesen Vorwurf nur sehr schwer aus der Welt räumen und muss mit dieser Schuldzuweisung und dem Schmerz des anderen leben. Dabei hat es sich der Gehende in der Regel nicht leicht gemacht, auch wenn das von außen vielleicht so aussehen mag. Viele machen die Trennungsgedanken ganz alleine mit sich aus. Es beginnt mit dem diffusen Gefühl, unglücklich zu sein. Versuche, dies zu ändern, scheitern, da die Partner die Fähigkeit zur Veränderung verloren haben. Dann wird die Unzufriedenheit unter den Teppich gekehrt und nicht mehr angesehen. Leider folgt dann eins aufs andere, und es schleichen sich viele Dinge ein, die zu einem Leben führen, das die eigenen Bedürfnisse nicht mehr ausreichend berücksichtigt.

Ein Mann ist ständig unpünktlich, worunter die Frau zunehmend leidet. Da eine Lösung dieses hochexplosiven Themas nicht in Sicht ist, muss sie dieses Problem unterdrücken. Die Unpünktlichkeit führt zu dem dauerhaften Gefühl, nicht geachtet und respektiert zu werden. Hinzu kommt noch die Scham anderen gegenüber, die von dem Zuspätkommen betroffen sind. Auch nimmt der Stress immer mehr zu, weil das Zuspätkommen dauerhafte Eile zur Folge hat. Es gibt immer weniger ruhige Momente und zu wenig Geborgenheit. Auch dagegen kann die Frau nichts mehr sagen, da der Mann völlig

allergisch auf diese Thematik reagiert. Die Frau trennt sich
aus Sicht des Mannes völlig unerwartet.

Die Frau kann versichern, dass die Trennung nicht unerwartet
kam. Sie hätte sich schon lange über so vieles geärgert. Immer
wieder habe sie versucht, das Problem anzusprechen, sei aber
damit nicht durchgedrungen. Es hätte vielleicht nach außen
hin Ruhe geherrscht, aber nach innen sei die Beziehung von ihr
ständig und immerzu infrage gestellt worden. Nur hat der Partner dies leider nicht mitbekommen, da das Vertrauen darauf,
das Thema gemeinsam gut zu klären, nicht da war. Paare ver-
stummen, wenn sie ein Thema oder Themen nicht mehr besprechen können. Aus der Welt sind sie dann ja gerade nicht.

Den Vorwurf, der Partner hätte einen völlig unvorbereitet
und unerwartet mit der Trennung konfrontiert, höre ich sehr
häufig in meiner Praxis. Daher gebe ich einen Tipp:
Trauen Sie sich und Ihrem Partner mehr zu!
Sie werden sehen, dass Ihr Partner viel besser mit Ihren
Trennungsgedanken umgehen kann, wenn Sie ihm Ihre Zweifel
so früh wie möglich mitteilen.

Eine Frau eröffnet ihrem Partner, dass sie immer öfter Tren-
nungsgedanken habe. Dass sie andere Männer attraktiv fände
und die Ablösung begonnen habe. Daraufhin ist der Mann
völlig aufgelöst. Sie bittet darum, in Ruhe über alles sprechen
zu dürfen. Er schläft eine Nacht darüber und ist zu einer Auf-
arbeitung bereit. Der Mann verändert sein Verhalten nun ex-
trem. Er weiß um die Wichtigkeit und hat den Schuss gehört.
Endlich ist er bereit, mit seiner Partnerin mehr Zeit zu verbrin-
gen und sich mehr mit ihr zu beschäftigen. Er ist zugewandt
und bemüht sich merklich um seine Partnerin. Plötzlich ist er
offen dafür, an sich zu arbeiten.

Man sollte sich als Paar viel Zeit für die Trennung nehmen. Damals hat man sich ja auch nicht ad hoc für den anderen entschieden. Vom ersten Gedanken an die Trennung bis zum tatsächlichen Vollzug können wir uns ruhig so viel Zeit nehmen wie für die Bindungsphase, also gerne mal ein bis zwei Jahre. So wird die Ablösung gemeinsam gelebt, und alles wird friedlicher laufen. Vielleicht kommt es sogar zu einer Erneuerung der Beziehung, weil die erlangte Autonomie der Partner sie füreinander wieder interessanter macht. Und/oder weil sich beide jetzt so viel Mühe geben, dass man endlich wieder den Partner hat, den man sich immer gewünscht hat. Dem anderen Zeit zu lassen und sie sich selbst zu nehmen, das bedeutet, den anderen in den Trennungsprozess mit einzubeziehen und so auf Augenhöhe mit ihm zu bleiben.

13. Verantwortung
für sich selbst übernehmen

Nach der Trennung steigen wir endgültig in unser eigenes Boot und müssen nun die Verantwortung für unser Leben alleine in die Hand nehmen. Auch steht der ehemalige Partner nicht mehr als Freund und Ratgeber zur Verfügung. Wenn wir anrufen, dann geht er schon gar nicht mehr ans Telefon oder ruft erst nach Tagen zurück. Wir spielen für ihn keine wichtige Rolle mehr, was einmal ganz anders war und gar nicht so einfach auszuhalten ist. Aber nicht nur das. In der Regel müssen wir zur Kenntnis nehmen, dass es auch ganz angenehm war, die eigenen Themen auf den Partner abwälzen zu können.

Ein Mann lebt seit vielen Jahren mit einem Alkoholiker zusammen. Der Alkohol dominiert die Beziehung, und es geht ständig um den nächsten Entzug oder um Entschuldigungen für ausfälliges Verhalten. Der Mann hat mit seinen Kumpels immer ein Gesprächsthema: seinen Partner. Er wird von allen bemitleidet und kann jede seiner Launen und Befindlichkeiten seinem Partner überstülpen. Horrible Husband! Als er endlich den Mut findet, sich zu trennen, und nun alleine lebt, stellt er fest, dass er eine depressive Seite hat und häufig schlechter Laune ist. Er findet sich selbst ganz furchtbar und kommt da nicht mehr raus. Insgeheim wünscht er sich seinen Partner zurück, denn da konnte er jedes seiner Themen einfach auf den anderen und den Alkohol schieben.

Wir nehmen uns selber mit all unseren Themen nach der Trennung mit. Wir lassen leider keine ungelösten Dinge zurück. Schade, aber wahr. Wir lassen zwar die Auslöser für unsere Themen und die schlechte Laune des anderen hinter uns sowie auch die Gefühle des Eingeengtseins und der unerfüllten Bedürfnisse. Auch Dauerstreitigkeiten und destruktive Muster bleiben zurück, aber uns selbst nehmen wir mit. Der Partner steht jetzt als Projektionsfläche nicht mehr zur Verfügung. Etwas Positives für sich aus der Beziehung mitzunehmen heißt, jetzt die volle Verantwortung für sich und die eigenen Gefühle zu übernehmen. Die Arbeit am eigenen Ich geht nach der Trennung unvermindert weiter, denn vieles ging in Kompromissen und Bedürfnissen des Partners unter.

Hierzu noch ein kleines Beispiel aus meinem Leben. Die Tante meines Mannes, die wir alle sehr mochten, rief mich eines Tages an. Ich weiß noch genau, wo ich damals stand, als sie mir von ihrem Lungenkrebs erzählte und davon, dass sie nur noch maximal fünf Monate zu leben hätte. Mir sackten die Beine weg, und ich stammelte so etwas wie: »Das tut mir so leid.« Da unterbrach sie mich und sagte: »Ich habe mein Leben lang geraucht. Ich wusste jeden Tag, dass dies schlecht für mich ist und zu Lungenkrebs führen kann. Jetzt werde ich mich nicht beschweren und erhobenen Hauptes dem Tod entgegensehen. Und ich möchte keinerlei Mitleid von euch. Die Konsequenzen meines Handelns trage ich ganz allein.« Und so war es dann auch. Sie starb, ohne zu jammern oder mit ihrem Schicksal zu hadern. Eine großartige Leistung.

Ich möchte zu bedenken geben, dass die eigene Befindlichkeit sich eins zu eins auf den Trennungsprozess auswirkt. Wenn wir unzufrieden sind, dann schauen wir nicht nur anders auf unsere Umwelt, sondern sind auch viel genervter von dem, was auf uns zukommt. Eine Trennung kostet sehr viel Kraft. Diese Kraftanstrengung wirkt sich auch stark auf unser Immunsystem aus. Mit einem geschwächten Körper finden wir viel schwieriger zu unserer Stärke zurück. Daher gehört es dazu, dass wir uns ausreichend mit Vitalstoffen versorgen, damit unser gesunder Körper uns zu einem gesunden Geist verhelfen kann. Wenn wenigstens der Körper stark ist, kann er viel von der Psyche abpuffern und somit zum Frieden beitragen.

14. Grenzen setzen

Häufig erhalte ich einen Anruf folgender Art:

Eine Frau berichtet mir, dass sie von ihrem Expartner nicht in Ruhe gelassen wird. Ständig würde er etwas wollen. Immerzu über die Ungerechtigkeiten reden. Sich über die Höhe der Zahlungen beschweren. Die Freunde und Kinder beeinflussen und ihr die Worte im Mund herumdrehen. Sie könne nicht mehr. Würde schlecht schlafen, traue sich selber nichts mehr zu und hätte psychosomatische Beschwerden.

Kommt einer nicht vom anderen los und sucht auf die eine oder andere Art und Weise immer noch den Kontakt und die Konfrontation, emuss gehandelt werden. Der Mann in unserem Beispiel sollte verstehen, dass der Kontakt keinem etwas bringt. Seine Expartnerin steht nicht mehr zur Verfügung. In der Regel will er das aber nicht und bleibt im destruktiven Verhältnis haften. Das Expaar braucht dringend Ruhe und Kontaktsperre, sonst kann die notwendige Ablösung nicht einsetzen. Keine leichte Aufgabe, wenn sie immer wieder in Themen mit hineingezogen wird, zu denen sie sich äußern und verteidigen muss. Die Frau sollte verstehen, dass die sachlichen Themen sehr schnell bearbeitet werden müssen, und dies am besten mithilfe einer Mediation. Sind die sachlichen Themen geklärt, dann heißt es, Distanz zu wahren und sich aus der Energie des anderen herauszuhalten. Wenn es Angriffe gibt, diese möglichst abprallen zu lassen, wenn es Lügen gibt, diese irgendwie zu ignorieren. Die Dinge, die der Expartner tut, so einzuordnen, als täte es ein entfernter Bekannter. So merkt der Partner schnell, dass seine Handlungen keine Gegenreaktionen mehr hervorrufen, und wird bald loslassen können. Die Grenzen helfen somit beiden.

Wie sage ich es dem Partner?

Wir scheuen uns meist vor dem entscheidenden Gespräch, in dem der Trennungswunsch ausgesprochen werden soll. Wir wollen Konflikte möglichst vermeiden und dem anderen so wenig Schmerz wie möglich zufügen. Auch wissen wir, wie viel Veränderung auf uns zukommen wird und dass ein Stein ins Rollen kommt, der viel Ungewissheit mit sich bringt und uns damit Angst macht. Es ist in jedem Fall sinnvoll, das Gespräch so früh wie möglich zu führen und sich vor diesem Gedanken zu machen. Denn wie der andere vom Trennungswunsch erfährt, hat einen entscheidenden Einfluss darauf, wie er damit umgehen wird.

Eine Frau verliebt sich in einen anderen Mann. Ganz unvermittelt und ohne jegliche Vorwarnung sagt sie ihrem Partner, dass sie ihn nicht mehr lieben würde, ihn im Grunde nie geliebt habe und sich daher von ihm trennen wird.

Diese Art und Weise der Trennung kann beim anderen zu Arbeitsunfähigkeit und sogar zu langen Klinikaufenthalten führen. Ihm wurden soeben seine letzten Jahre als große Illusion vor die Füße geworfen. Und wenn er darauf unkooperativ und aggressiv reagiert, so ist das nachvollziehbar. Er braucht diese aggressive Kraft, um nicht unterzugehen. Die Worte sollten daher in einer solchen Situation mit Bedacht, liebevoll und wertschätzend gewählt werden. Was immer in Ihrer Beziehung schiefgelaufen sein mag, bleiben Sie in diesem Gespräch ganz bei sich, bei Ihren eigenen Gefühlen und bei Ihrer eigenen Sicht. Und benennen Sie Ihre eigene Unfähigkeit, die Probleme in den Griff bekommen zu haben. Die Empfindung, dass der Partner zwar ein wundervoller Mensch ist, aber einfach nicht mehr zu einem passt, darf geäußert werden. Auch sollten Außenbeziehungen zur Sprache gebracht werden, denn diese kommen früher oder später sowieso ans Licht. Ehrlichkeit sollte in der Trennungszeit großgeschrieben werden, weil sich der Expartner dadurch noch gewürdigt und respektiert weiß.

Es kommt immer wieder vor, dass der Trennungswillige meint, mit der Aussprache wäre dann alles gesagt. Leider nein. Denn diese löst in aller Regel eine Dynamik aus, die sich kaum vorhersagen lässt. Beide Partner erleben sich selbst und den anderen nun ganz anders als bisher. Möglicherweise werden Abwehrmechanismen und Kampfstrategien aktiviert, die man noch nie zuvor zum Einsatz bringen musste. Wir sollten in jedem Fall Verständnis dafür haben, dass derjenige, der vom Trennungsprozess überrascht wird, sich erst einmal finden muss. Ob er verständnisvoll reagieren wird oder eine Kampfansage macht, ob er die Schuldfrage stellen will oder um Gnade bittet oder wütend um sich schlägt, ist zum Teil charakterbedingt, zum Teil ein Handlungsspektrum, das oftmals – aus purer Verzweiflung oder Hilflosigkeit – der Reihe nach ausprobiert wird. In dem Versuch, noch etwas zu retten, was wohl nicht mehr zu retten ist. Dies sollte klar sein, und dementsprechend sollten die anfänglichen Reaktionen auch nicht auf die Goldwaage gelegt werden.

Eine Frau eröffnet ihrem Mann, dass sie sich trennen möchte. Er überhäuft sie daraufhin mit Vorwürfen, dass sie immer schon einen schlechten Charakter gehabt und er nun vollends den Respekt vor ihr verloren habe. Er wäre entsetzt darüber, wie Menschen das anderen antun könnten, und sie habe es nicht mehr verdient, als ehrenhafter Mensch bezeichnet zu werden. Sie sei vielmehr eine Enttäuschung für den Schöpfer. Die Frau hat mit dieser Reaktion nicht gerechnet und ist völlig verstört. Plötzlich hegt sie große Selbstzweifel.

Der Mann weiß genau, wie er die Frau schwächen kann, und wird dies während der Trennungszeit auch tun. Die Trennung wird für die Frau dadurch ungeheuer schwer und schmerzhaft. Das schlechte Gewissen und die ihr angelastete Schuld rauben ihr sämtliche Kräfte. Doch auch dem Mann, der auf diese Weise seinen eigenen Schmerz verhindern will, wird dies nicht guttun.

Wir sehen also: Die Reaktion des Partners auf die ausgesprochene Trennung führt nun beim trennungswilligen Partner wiederum zu einer Reaktion und damit zu einer Dynamik, die die gesamte Trennungszeit begleiten kann. Daher ist es überaus sinnvoll, sich so weit wie möglich über die Trennungsmotive im Klaren zu sein und dazu zu stehen. Auch sollten wir uns frühzeitig Gedanken darüber machen, wie wir bei dieser Aussprache auftreten und auf welche Weise wir die Trennungsabsicht kundtun.

Im oben erwähnten Fall wäre es besser, wenn die Frau zu sich stehen und dem Mann ganz klar sagen könnte, dass sie das anders sieht. Dass sie sich trennen darf und wird und damit nichts Schlechtes oder Gewissenloses verbunden ist. Dass sie ein liebenswerter und wunderbarer Mensch ist, nur dieses eine Leben habe und nun ein neues Leben wolle. Könnte sie sich hinsichtlich seiner Schuldvorwürfe taub stellen, würde der Mann zunächst vielleicht sauer und gekränkt reagieren, müsste dann aber seine Reaktionen ändern und anfangen, konstruktiv über die Trennung zu sprechen, um vielleicht noch etwas zu retten. Klarheit sorgt dafür, dass man dem anderen die Möglichkeit nimmt, mit einem Schlitten zu fahren und das gesamte Reaktionsregister auszureizen. Mit einer klaren Haltung werden entscheidende Weichen gestellt, die den weiteren Verlauf der Trennung bestimmen. Wenn einer klare Richtlinien vorgibt, so muss der andere wohl oder übel mitziehen. Klarheit verhindert ein Hin und Her und ist immer gut, selbst wenn sie vom anderen als »eiskalt« wahrgenommen wird.

Nachdem die Trennung ausgesprochen wurde, ist es schwer, die Gefühle des anderen nicht nur auszuhalten, sondern auch darauf einzugehen. Sie gehen ja nun getrennte Wege und können nicht mehr der Tröster und Freund des Expartners sein. Wir möchten gerne im Schmerz helfen, sind aber die Verursacher von diesem. Beides passt nicht zusammen. Sehr oft höre ich die Worte:»Du darfst dich ja von mir trennen, aber wie du das machst, das ist echt gemein.« Auch wenn diese Aussage auf einen Nebenkriegsschauplatz hinweist, sollte man darauf vorbereitet sein und sein Einfühlungsvermögen und den Respekt vor dem Partner jederzeit im Blick behalten. Daher müssen wir einen Weg finden, den Expartner nicht einfach stehen zu lassen, und dabei genauso wenig wieder eine Nähe aufzubauen, die Hoffnungen weckt und der Situation nicht angemessen wäre. Verständnis für die Trauer und die Wut des anderen zu empfinden und zu zeigen und dabei achtsam, ehrlich, sensibel und klar zu bleiben, ist die einzige Möglichkeit, die uns in dieser schwierigen Situation bleibt.

Wie sagen wir es den Kindern?

Der Gedanke, es den Kindern sagen zu müssen, treibt den Eltern regelmäßig die Tränen in die Augen. Dieser Moment ist sehr gefürchtet, weil man genau das niemals wollte. Viele Beziehungen mutieren zu reinen Elternbeziehungen, die Paarebene wird darüber vergessen. Das Elternsein ist so erfüllend, dass das Paarsein als nachrangig gesehen wird. Besonders diesen Paaren fällt es schwer, den Kindern das zu nehmen, worauf man all die Jahre gesetzt hatte: die intakte Familie.

Ein Paar hatte sich stark auf die Kinder konzentriert und seit Jahren keine Zeit mehr miteinander verbracht. Die Frau erfährt durch einen Zufall, dass ihr Mann eine Geliebte hat. Völlig geschockt stellt sie ihren Mann zur Rede, der sofort alles zugibt und auch seinen Trennungswunsch ausspricht. Die Frau fängt daraufhin an zu schimpfen, zu schreien und zu weinen.

Die siebenjährige Tochter kommt ins Zimmer und erlebt die Mutter völlig aufgelöst. Die Mutter schreit der Tochter entgegen, dass der Vater sich trennen und eine andere Mutter für sie haben wolle. Er habe alles kaputt gemacht und die Familie zerstört. Dann stürmt sie aus dem Zimmer.

Wenn ich von Freunden höre, dass die Kinder durch die Trennung leiden, dann weiß ich, dass diese in der Regel nicht an der Trennung, sondern wegen des tobenden Streits und wegen des unachtsamen Verhaltens der Eltern leiden. Sie können Streitsituationen noch nicht einschätzen, und die Frau aus dem genannten Fallbeispiel wird später Schwierigkeiten haben, dem Kind gegenüber die ganze Sache ins rechte Licht zu rücken.

Kinder sollten so wenig wie möglich mit unausgereiften Dingen konfrontiert werden. Sind unsere Kinder in der Nähe, dann müssen wir sie im Blick haben und achtgeben, was wir sagen, denn spätere Erklärungen und Entschuldigungen helfen nicht weiter. Daher müssen wir uns gut überlegen, wie und wann wir es den Kindern sagen. Kinder merken und spüren sehr viel, da sie im Allgemeinen eine feine Antenne für Missstimmigkeiten haben. Da sie sich diese aber nicht erklären können und dadurch sehr verunsichert werden, spricht wohl nichts dagegen, auch mal anzudeuten, dass man sich nicht mehr so gut versteht, aber sehr daran arbeitet. Und auch das eine oder andere Mal von getrennten Eltern zu erzählen, die trotzdem sehr glückliche Kinder haben.

Kinder brauchen in der Trennungszeit unbedingt das Gefühl von Geborgenheit, Klarheit und ganz viel Liebe. Dieses Gefühl bekommen sie, wenn die Eltern die Situation im Griff haben und den Kindern dies auch vermitteln. Daher rate ich Eltern grundsätzlich, die Kinder erst dann zu informieren, wenn sie sich über den späteren Umgang geeinigt haben. Dies gilt insbesondere für Kinder unter zwölf Jahren. Dann haben die Kinder zumindest Klarheit darüber, wie ihre Zukunft aussehen wird: Wer auszieht, ob Wechselmodell oder nicht und ob sie in ihrer alten Umgebung bleiben können oder sich auf einen Umzug einstellen müssen. Wenn sich die Eltern darüber einigen, stärkt dies das Vertrauen der Kinder. Wenn Eltern eine klare Führung übernehmen, fügen sich Kinder viel schneller in das Unvermeidliche.

Ab dem Alter von zwölf Jahren kann man die Kinder auch schon früher an das Thema heranführen und sie etwas vorbereiten. Auch kann man ihnen sogar ein Mitspracherecht einräumen. Das soll aber nicht dazu führen, nun ratlos vor dem Kind zu sitzen und ihm das Gefühl der Entscheidungsbefugnis zu vermitteln. Viel besser ist es, wenn sich die Eltern auch hier im Vorfeld darüber geeinigt haben, was das Beste für das Kind sein wird. Danach können sie dem Kind die Möglichkeit geben, sich dazu zu äußern. Sind die Wünsche des Kindes ganz konträr, kann man eine Probezeit vereinbaren und sich sechs Monate später noch einmal gemeinsam beraten. Schaffen es die Eltern nicht, eine klare Regelung zu vereinbaren, dann sollten sie schnellstmöglich Hilfe in Anspruch nehmen. Hilfe von einem Mediator, dem Jugendamt, der Caritas oder von Pro Familia. Eltern können immer eine Lösung finden, wenn sie es schaffen, tatsächlich im Sinne der Kinder zu denken. Das bedeutet, dass die Eltern ehrlich hinterfragen müssen, welche Motive sie für ihre Entscheidungen haben. Sind diese tatsächlich das Beste für die Kinder, oder denken sie vielleicht doch eher vor allem an sich selbst?

Ist die zukünftige Wohnsituation der Kinder geregelt und auch die Frage, wer sie wann betreuen wird, dann kann man mit den Kindern über die Trennung reden. Sollten die Eltern jedoch eine Entscheidung vor Gericht in Erwägung ziehen, dann sei an dieser Stelle noch einmal daran erinnert, dass es in diesem Falle immer einen Verlierer geben wird, worunter die Kinder am meisten leiden und Schaden nehmen werden. Wenn wir es unseren Kindern sagen wollen, dann ist es meiner Erfahrung nach am besten, wenn die Eltern beide zu Hause sind und man entweder gemeinsam oder getrennt den Kindern von der Entscheidung erzählt. Sind Geschwister nicht auf dem gleichen Entwicklungsstand, so sollte ein Elternteil es dem einen Kind sagen und zeitgleich der andere dem anderen Kind. So kann man auch die Wortwahl dem Alter der Kinder anpassen. Wichtig ist, dass man als Eltern gemeinsam eine klare Haltung den Kindern gegenüber einnimmt.

Ebenso wichtig ist es, den Kindern zu verstehen zu geben, dass die Trennung ausschließlich eine Sache zwischen Mama und Papa ist, und ihnen versichert, dass sie keinerlei Schuld daran haben. Ihnen in dieser Situation zu sagen, dass man sie noch genauso lieb hat und froh ist, dass der Streit nun endlich aufhört, wirkt sehr beruhigend. Geht alles friedlich vonstatten, können sich Kinder der Situation schnell anpassen, damit zurechtkommen und hoffentlich sogar daran wachsen und stark werden. Dass Eltern in der Trennungssituation Stärke zeigen und Führung übernehmen, ist auch deshalb ratsam, weil man sich ungern jemandem anvertraut, der die Situation nicht im Griff hat. Dann kommt die Familie zusammen und wartet ab, ob Fragen von den Kindern kommen. Es empfiehlt sich also, den restlichen Tag zusammenzubleiben, um diese in Ruhe zu klären.

Die Reaktionen der Kinder fallen ganz unterschiedlich aus: Es gibt Kinder, die ganz viel reden wollen, andere gehen spielen und kümmern sich erst mal gar nicht weiter darum.

Irgendwann wollen die Kinder in der Regel eine Erklärung dafür, warum die Eltern sich trennen. Das ist gar nicht so einfach, da die Kinder, auch wenn sie schon in der Pubertät sind, die Paarebene nicht verstehen können. Hier gilt grundsätzlich die Devise, ihnen nur das Nötigste aus der Paarebene mitzuteilen. Diese klare Abgrenzung ist man ihnen schuldig, denn sonst tendieren sie leicht zum Therapeuten der Eltern zu werden und ihr eigenes Leben hintanzustellen. Ich rate den Paaren in der Regel, den Kindern die Trennung an einem Beispiel aus ihrem Umfeld zu erklären. Sie haben einen besten Freund, aber dann haben sie irgendwann vielleicht einen anderen besten Freund. So wie Freundschaften kommen und gehen, kann auch die Liebe kommen und gehen. Dass die Liebe geht, ist sehr traurig, und da darf auch einmal richtig geweint werden. Aber es ist nicht das Ende, sondern auch ein Anfang! Beide Eltern bleiben für die Kinder da, und beide Eltern sind großartige Menschen und glücklich und dankbar, dass aus der gemeinsamen Zeit diese wunderbaren Kinder entstanden sind.

Sind bereits Dritte im Spiel, muss sehr sensibel abgewogen werden, ob die Kinder davon schon erfahren sollen. In der Regel rate ich zu einem schrittweisen Vorgehen. Zunächst soll den Kindern die Möglichkeit gegeben werden, die Trennung zu realisieren und ein wenig zu verarbeiten. Dann erst, vielleicht nach erfolgtem Auszug und einer dreimonatigen Ruhephase, kann ein erstes Treffen mit dem Dritten vereinbart werden. Dieses Treffen sollte allerdings noch ganz ohne Intimitäten mit dem Dritten stattfinden. Ist eine Verbindung der Kinder zu dem Dritten aufgebaut, so kann auch die Intimität dazukommen. Dieses langsame Vorgehen ist meiner Ansicht nach wichtig, weil die Patchwork-Situation ohnehin schon schwierig genug ist und in der Regel die neue Idylle empfindlich ist. Es ist für alle Beteiligten von großer Bedeutung, dass die Integrierung der dritten Person für die Kinder gut verläuft, daher sollte man sich auch damit genügend Zeit lassen und nichts überstürzen. Und wenn es schließlich gelingt, den Kindern ein schönes neues Zuhause zu ermöglichen, trotz neuen Partners, dann haben alle gewonnen ...

Selbst wer bereit ist, den hier vorgeschlagenen Wegweisern zu folgen, die zu einer konstruktiven Trennung führen, dem ist eines natürlich ganz klar: Der andere Partner muss auf irgendeine Weise mitziehen. Das ist jedoch nicht immer der Fall. Und wenn man merkt, dass der andere – aus welchen Gründen auch immer – einfach nicht mitmacht, dann sollte unbedingt darüber nachgedacht werden, einen Dritten mit an den Verhandlungstisch zu bitten.

Viele Menschen scheuen sich jedoch davor, dies zu tun. Denn immerhin geht es bei einer Trennung um ganz private, ja geradezu intime Dinge. Diese vor einem Dritten offenzulegen, fällt in aller Regel sehr schwer. Hinzu kommt Unsicherheit über das Vorgehen. Daher möchte ich im Folgenden darlegen, was genau in einer Mediation, also mit einem Dritten am Tisch, geschieht. Ich tue dies in der Hoffnung, dass sich auf diese Weise Vorbehalte abbauen lassen und die Möglichkeit einer friedlichen Trennung durch Mediation greifbar wird.

10

Konfliktbeilegung durch Mediation

Wenn wir uns mitten in einem Konflikt befinden, dann ist uns häufig der Blick auf eine Lösung versperrt. Das ist im Nahost-Konflikt nicht anders als bei einem Paar in der hochemotionalen Trennungsphase. Dann ist es sinnvoll, einen Außenstehenden mit an den Verhandlungstisch zu bitten, der emotional nicht in die Sache involviert ist. Der Außenstehende, in diesem Fall der Mediator, unterstützt die Konfliktparteien allparteilich bei der Suche nach einer einvernehmlichen Lösung. Mediatoren lernen in jahrelanger Ausbildung alles über Konflikte und über Kommunikation und helfen bei der Beilegung und Befriedung einer Auseinandersetzung, die ohne Hilfe von außen nicht lösbar zu sein scheint. Viele Paare wollen lange nicht wahrhaben, dass sie feststecken. Sie sind darüber entsetzt, oder es ist ihnen peinlich, dass sie es nicht alleine hinbekommen. Vor allem Männer, darauf geeicht, den Alltag allein zu meistern, tun sich schwer, im entscheidenden Moment Hilfe zu holen. Dabei ist die Spezialisierung doch eine entscheidende Errungenschaft unserer Zivilisation: Der Mechatroniker sorgt dafür, dass der Motor unseres Autos rundläuft, der Mediator sorgt dafür, dass Trennungen möglichst reibungslos vonstattengehen. Ein Fachmann eben.

Auch wer die Trennung ohne Mediator meistern will, findet in diesem Kapitel wichtige Hinweise darauf, wie sich strittige Punkte ohne Rosenkrieg klären lassen. Zudem sind hier noch einmal die wichtigsten Themen aufgeführt, die es zu bearbeiten gilt, damit die Trennung friedlich verlaufen kann. Welch zunehmend hoher Stellenwert der Mediation inzwischen eingeräumt wird, zeigt sich nicht zuletzt in deren Verankerung in der bundesdeutschen Gesetzgebung.

Das 1. Mediationsgesetz

Dass die Gerichte mit Familienstreitigkeiten häufig überfordert sind und es diesbezüglich keine gerechten Lösungen gibt, ist inzwischen auch beim Gesetzgeber in Deutschland angekommen, wo die Mediation bei Gerichtsverfahren zunehmend eine Rolle spielt. In den USA wurde sie bereits in den 1970er-Jahren populär, als das Land von einer wahren Scheidungswelle erfasst wurde. Erstmals wollten sich auch viele Paare aus ärmeren Bevölkerungsschichten scheiden lassen, die sich die hohen Anwaltskosten in der Regel gar nicht leisten konnten. So wurde die Mediation nach und nach in den amerikanischen Gesetzen verankert. In Deutschland war man damals noch sehr zögerlich, und die Gerichte blieben im Konfliktfall unangefochten die erste Anlaufstelle. In anderen Ländern wie etwa in Japan ist es längst gang und gäbe, es vor dem Gerichtsverfahren zunächst einmal mit Mediation und Streitschlichtung zu versuchen, während man hierzulande im Konfliktfall immer noch vorwiegend mehr den Richtern vertraut. Der Deutsche will in erster Linie seine Rechte wissen und dann auch durchsetzen. Auf Schlichtung und Einigung wird leider immer noch viel zu wenig Wert gelegt.

Ein wichtiger Schritt in Richtung Mediation und außergerichtlicher Konfliktbeilegung erfolgte in Deutschland am 26.

Juli 2012 durch die Verabschiedung des 1. Mediationsgesetzes. Darin wird die Empfehlung ausgesprochen, dass der gesetzliche Richter den Rechtsstreit an einen sogenannten Güterichter verweisen kann. Dieser soll dann alle Methoden der Konfliktbeilegung – eben auch der Mediation – anwenden. Auch gibt es in dem Gesetz einige Festlegungen hinsichtlich der Ausbildung von Mediatoren, wenn auch noch etwas vage formuliert. Allerdings hat das Gesetz nach einem Evaluierungsbericht vom 19. Juli 2017 noch zu wenig Anwendung gefunden. Aber ein Anfang ist gemacht. So heißt es im § 135 FamFG: »Das Gericht kann anordnen, dass die Ehegatten einzeln oder gemeinsam an einem kostenfreien Informationsgespräch über Mediation oder eine sonstige Möglichkeit der außergerichtlichen Konfliktbeilegung anhängiger Folgesachen bei einer von dem Gericht benannten Person oder Stelle teilnehmen und eine Bestätigung hierüber vorlegen. Die Anordnung ist nicht selbstständig anfechtbar und nicht mit Zwangsmitteln durchsetzbar. Das Gericht soll in geeigneten Fällen den Ehegatten eine außergerichtliche Streitbeilegung anhängiger Folgesachen vorschlagen.«

Diese Vorschrift ist – wie so häufig im Familienrecht – eine Kann-Bestimmung, aber sie macht zumindest deutlich, dass eine außergerichtliche Streitbeilegung erwünscht ist. Jedes Paar, welches vor Gericht zieht, wird, sobald die Scheidungsanträge gestellt sind und die Sachlage dargelegt wurde, darauf hingewiesen, eine außergerichtliche Einigung zu versuchen oder sich zumindest über die Möglichkeiten dazu zu informieren. Da die Parteien zu diesem Zeitpunkt in der Regel schon zerstritten sind und ein Mediator oder Streitschlichter daher einen relativ schweren Stand hat, wäre es wünschenswert, die Konfliktparteien schon *vor* dem Prozessbeginn zu einer Mediation zu verpflichten. Leider kollidiert dies mit dem sogenannten Freiwilligkeitsgrundsatz im Mediationsgesetz. Dieser besagt, dass eine Mediation auf Freiwilligkeit beruht, was auch für den Prozess der Mediation von übergeordneter Bedeutung ist. Was ist aber, wenn die Bereitschaft dazu nicht vorhanden ist? Dann droht Stillstand – oder eben ein nervenaufreibender Prozess vor Gericht. Daher sollte zumindest das Informationsgespräch über die Mediation dem Prozess vorausgehen. Eine Verpflichtung der Parteien, sich über eine mögliche Mediation zu informieren, wäre schon ein großer Fortschritt. Denn das Wissen darüber, was in einer Mediation genau geschieht, würde mit Sicherheit vielen Menschen die Ängste nehmen und klarmachen, dass es sich dabei nicht um irgendeinen undurchsichtigen »Psycho-Kram« handelt, sondern um einen gangbaren Weg zum Wohle aller Beteiligten.

Was in der Mediation geschieht

Das Ziel für den vereinbarten Termin beim Mediator sollte sein, für bestimmte Themen gute Lösungen zu finden. Dabei ist zunächst einmal unerheblich, ob es demnächst, später oder vielleicht gar nicht zu einer Scheidung kommen wird. Es stehen große Veränderungen an, und diese müssen besprochen werden. Den Termin sollte man etwas vorbereiten, indem man sich im Internet informiert oder einen beratenden Anwalt aufsucht, der jedoch auf keinen Fall einen Prozess anstreben sollte. Auch Freunde und Bekannte, die vielleicht schon eine Trennung hinter sich haben, wissen oft, was wichtig ist und bedacht werden sollte. Immer die gütliche Einigung im Blick, kann man sich schon erste Gedanken darüber machen, wie man es gerne mit den Kindern halten würde und wie viel Geld man zum Leben braucht. Hier geht es um faire und gerechte Lösungen, d. h.,

Was in der Mediation geschieht 197

man sollte gesprächsbereit und ergebnisoffen dem Termin entgegensehen.

Jedes Paar kommt unter anderen Vorzeichen, aber in der Regel immer mit gemischten Gefühlen zum ersten Termin. Das ist mehr als verständlich, denn schließlich geht es dabei um das zukünftige Leben. Gemischt sind die Gefühle, weil auf der einen Seite Klarheit und eine Lösung der Probleme herbeigesehnt werden, aber auf der anderen Seite das Band zwischen den Partnern noch etwas mehr zerschnitten wird, wenn tatsächlich die Trennungsfolgen verhandelt werden. Folgendes Beispiel soll einen Einblick in die Anfangsspannung eines Termins geben.

Ein Mann und eine Frau haben sich zur Trennungsmediation angemeldet und betreten die Praxis. Sie gibt mir zart, bescheiden und zurückhaltend die Hand und schaut schüchtern auf. Er tritt dominant, selbstsicher und fast etwas flirtend auf. Meine Hand drückt er beim Handschlag nach unten. Weltmännisch überlässt er der Frau den Vortritt und die Wahl des Stuhls. Das anstehende Gespräch leitet er mit den Worten ein: »Kann man Sie eigentlich nach der Sitzung auch bewerten?«

Dieses Paar zeigt mir eine klare Rollenverteilung. Er gibt den Boss, steckt das Revier ab, prüft mich auf Augenhöhe und Kompetenz. Die Frau nimmt sich zurück und macht sich eher klein und unscheinbar. Sie hofft vielleicht, dass Mitleid ihr helfen könnte. Er tut das, was er im Geschäftsleben gelernt hat und ihm dort hilft. Beide machen sich Sorgen, dass der andere gewinnen könnte und ich der zurückhaltenden und etwas ängstlichen Frau sowie dem eher dominanten Mann gerecht werden kann. All dies ist aber Ausdruck einer Unsicherheit, die vom Mediator aufgefangen werden muss.

Ein anderes Beispiel:

Das Paar kommt getrennt, die Frau fünf Minuten früher als der Mann. Beide wollen sich offensichtlich nicht begrüßen. Beide wirken sehr stolz, unfreundlich und abweisend. Auch mir können sie kaum in die Augen sehen.

Dieses abweisende Verhalten ist ein Zeichen von starker Verletzung und Unsicherheit. Das ist in dieser Situation ein ganz normales Verhalten, das sich häufig im Lauf der ersten Stunde legt, spätestens dann, wenn die ersten Tränen fließen. Jeder Mensch kontrolliert auf eine andere Weise seine Emotionen. Stolz und Abweisung gehören zu den häufigsten. In diesem Moment kann der Mediator gut helfen, indem er als Erstes die Parteien fragt, mit welchen Gefühlen sie dem heutigen Termin entgegensehen. Ob sie schlecht geschlafen haben, ob sie aufgeregt sind oder ob sie sogar ein wenig glücklich über den Termin sind. So erfährt der Mediator von der Stimmung, in der die beiden sind, und kann die Vorbehalte und gemischten Gefühle auffangen, beruhigen und die Ängste abbauen. Auch kann der Mediator schützend wirken und die Dynamik des Paares verändern. Da meist viele Vorbehalte existieren, ist es wichtig, am Anfang des Gesprächs beide Partner zu beruhigen und den Parteien das Gefühl zu geben, dass hier alles sein darf und alles gut aufgefangen und unterstützt wird. Nur das Vertrauen in die Kompetenz des Mediators und in den geschützten Raum und Rahmen kann zu guten Ergebnissen führen. Der Mediator weiß, wie schwer es den meisten fällt, Ängste und Sorgen, Fehler und Schwächen sowie auch die Vermögensverhältnisse offenzulegen. Aber ein Mediator erlebt dies täglich und hat deshalb einen neutralen und wertungsfreien Zugang dazu. Niemand wird in diesem absolut geschützten Raum verurteilt oder beurteilt, jeder bleibt ein wertvoller Mensch, egal was er getan hat. Die Mediation ist ein wertvoller Begleiter in dieser hochemotionalen Situation, weil sie im Gegensatz zu dem rein juristischen Vorgehen die Emotionen mitbearbeitet. Es geht in der Mediation nicht um die Aufarbeitung der Beziehung. Dies sollte, vor allem wenn eine gute Elternbeziehung bestehen soll, irgendwann später mit einem Paarberater erfolgen. In der Trennungssituation geht es zunächst nur um die Befriedung der Situation, damit die sachlichen Fragen geklärt werden können. Für die Befriedung braucht es die Einbeziehung der Emotionen. Erst wenn die Bedürfnisse und Gefühle auch ihren Platz und ihre Zeit bekommen, kann das Expaar gute sachlich–juristische Lösungen finden. Wir sind so lange nicht zu sachlichen Gesprächen bereit, wie wir uns vom anderen nicht verstanden fühlen. Denn erst dann lassen unsere Gedanken von den Gefühlen los und lassen sich auf die Lösungsfindung ein. Wegen genau dieser Zweiteilung kann die Mediation so gute Erfolge erzielen.

Emotionaler Teil

Der emotionale Teil stellt die Gefühle in den Vordergrund. Dabei geht es zunächst um die Emotionen hinsichtlich des Termins und anschließend um die Trennungsgründe. Jeder kann nun ungestört seine eigene Sichtweise darlegen, ohne vom anderen unterbrochen oder angegriffen zu werden. Auf diese Weise wird gewährleistet, dass jeder vom anderen einmal tatsächlich gehört wird. Auch wenn die Parteien sich vorgenommen haben, ruhig und sachlich den Termin zu gestalten, beginnen in der Regel danach die Vorwürfe und Rechtfertigungen. Die Gefühle sind einfach zu stark. Es hat sich bewährt, dass jeder Partner zweimal zehn Minuten Zeit bekommt, in denen er über seine Gefühle und dann über die Ursachen für seine Trennungsgedanken ungestört reden kann, ohne dass der andere darauf eingehen, geschweige denn kritisieren darf. Es darf deutlich werden, dass beide die Dinge sehr unterschiedlich sehen, erleben und werten, denn das ist vollkommen normal. Jeder baut sich seine Welt hier so, wie er sie aushalten kann und sehen will. Objektivität gibt es zu keinem Zeitpunkt. Wenn dies stehen gelassen werden kann, dann ist schon viel erreicht. Doch in der Regel fällt es dem Paar zunächst sehr schwer, die gesagten Worte so stehen zu lassen. Es beginnt sich zu streiten, und jeder versucht, den anderen von seiner eigenen Sicht zu überzeugen. Die alten Beziehungsmuster beginnen aufs Neue, sich destruktiv zu entwickeln. Die Parteien sind früher mit ihren Bedürfnissen und Wünschen nicht gehört worden und versuchen es jetzt wieder. Doch wie schon damals wird das nicht von Erfolg gekrönt sein. Genau hier ist der Mediator wichtig, denn er kann verhindern, dass die Partner in die alten Muster zurückfallen und der ewige Streit weitergeht. Er wird die Dinge nicht so stehen lassen, sondern versuchen, die unterschiedlichen Sichtweisen zu beachten und mit ihnen zu arbeiten. Der Mediator weiß, dass im Streitfall die Sicht der Parteien auf den Konflikt fokussiert bleibt. Alles andere gerät aus dem Blickfeld, selbst die eigenen Kinder. Schlaflose Nächte und Zukunftsängste tun ihr Übriges. Der klare Blick auf das, was ist, bleibt versperrt. So auch der Blick auf die eigenen Bedürfnisse und Wünsche. Der Mediator übersetzt alles, was gesagt wird, in Bedürfnisse und Wünsche und zeigt so den Parteien, was sie bisher nicht verstehen konnten.

Ein Mann sagt seiner Expartnerin in der Mediation, dass er mit dem gemeinsamen vierjährigen Kind einmal im Monat zu seiner Herkunftsfamilie nach Italien fahren will. Die Frau ist entsetzt und verbietet ihm dies sofort. Er wird daraufhin wü-

tend und sagt, dass er dann auch sein großzügiges Angebot bezüglich des Kindesunterhalts zurückziehen würde. Daraufhin erwidert sie, dass er jetzt wieder ihre Existenzängste befeuere, was sie als äußerst hinterhältig empfinde.

Der Mediator fragt nach den genauen Beweggründen des Mannes und nach den Befürchtungen der Frau. Beide müssen einander nun zuhören. Der Mediator übersetzt die Gefühle in Bedürfnisse. Der Mann hat das Bedürfnis nach Familienzeit mit seinen Angehörigen in Italien, die Frau möchte das Kind vor zu häufigen Auslandsreisen schützen. Was sich zudem herauskristallisiert, ist das Bedürfnis des Mannes nach einem respektvollen Umgang und der Anerkennung als guter Vater, nach Gleichberechtigung und Schmerzvermeidung. Auch der Wunsch nach Geld, Großzügigkeit und Dank spielen hier eine große Rolle. Das Bedürfnis hinter dem Gefühl wird benannt und dann aufgezeigt, wie diese sich widersprechen. Im Idealfall gelingt es dem Mediator, das Problem darzulegen, den Blick für die Sichtweise des anderen zu öffnen, beiden dabei zu helfen, vom anderen verstanden zu werden, und dann nach sachlichen Lösungen zu suchen. Wenn die Frau wirklich versteht, warum der Mann dem Kind die monatlichen Reisen zumuten will, und der Mann tatsächlich sehen kann, dass die Frau ihm keine Steine in den Weg legen möchte, sondern nur an das Kind und die große Unruhe in dessen Leben denkt, dann werden beide nachsichtiger und ruhiger.

Der Mann kann einsehen, dass er den Konflikt mit der Androhung von Sanktionen nur anheizt, und er wird begreifen, dass er den Unterhalt als wichtige Basis für das Kindeswohl bei der Mutter ansehen sollte und nicht als Drohkulisse missbrauchen darf. Auch die Frau muss erkennen, dass ihre Existenzängste zwar von dem Mann ausgelöst werden, sie diese aber selber in sich trägt und daher nur selbst bearbeiten kann. Mit Ängsten zu argumentieren und dadurch zu manipulieren wird den Verhandlungspartner eher in die Flucht schlagen, als zum Nachgeben zu bewegen.

Der Mediator weiß um diese Vermischung der Ebenen und trennt sie eindeutig voneinander. Das hilft auch den Parteien, wieder klarer zu sehen. Der Mediator wird darauf dringen, dass über die Themen einzeln und gesondert gesprochen wird. Spricht die Frau ruhig über ihre Ängste, dann kann der Mann damit ganz anders umgehen. Das könnte dann folgendermaßen klingen: »Ich habe durch die Trennung furchtbare Existenzängste bekommen. Können wir bitte darüber reden?« Werden diese Ängste allerdings mit den anderen Themen vermischt, kommt es wohl kaum zu einem konstruktiven Austausch. Denn erst wenn ich den anderen wirklich verstehen kann (was nicht heißt, dass ich einverstanden bin), kann ich mich in ihn hineinversetzen.

Um das Verständnis zu erhöhen, geht der Mediator noch näher auf die Gefühle und Bedürfnisse ein. Auf welchen Werten und auf welchen Ethikvorstellungen beruhen sie? Jemand, der streng religiös und monogam erzogen wurde, wird sich etwa in Anbetracht eines Fremdgangs anders verhalten als jemand, der aus einem libertären oder polyamoren Elternhaus stammt. Ein wichtiger Teil der Mediation besteht darin, ein Verständnis für den Background des jeweils anderen zu entwickeln, für dessen Herkunft, Vergangenheit, Erziehung und mögliche Traumata, die zu bestimmten Sichtweisen und Reaktionen geführt haben. Ist das gegenseitige Verständnis da, kann der Mediator klarmachen, dass Menschen die Welt aus unterschiedlichen Blickwinkeln wahrnehmen und dass das auch in Ordnung und gut so ist. Der Mediator geht im emotionalen Teil auf die Suche nach den Gefühlen, die in bestimmten Momenten immer wieder hochkochen. Echte Gefühle dürfen sein und sind in Ordnung. Schließlich darf man sich ohnmächtig, unter Druck gesetzt, ungeliebt und der Freiheit beraubt fühlen, wenn der andere sich von uns trennt. Es ist ja gut, wenn wir etwas fühlen, und dann fühlen wir eben auch das. Und wie wir gesehen haben, ist das Aussprechen dieser Gefühle, wenn sie gesehen und gewürdigt werden, schon ein erster Schritt zu deren Heilung.

Eine Frau bittet ihren Exmann zur Mediation. Die Parteien waren zwanzig Jahre lang verheiratet und sind seit etwa acht Jahren geschieden. Alles wurde damals geregelt, sodass es keinerlei Rechte mehr zwischen den beiden gibt. Die Frau arbeitet als Altenpflegerin mit sehr niedrigem Gehalt. Der Mann ist Vorstand bei einer großen Aktiengesellschaft mit einem sehr hohen Gehalt. Diese finanzielle Diskrepanz ist für die Frau unerträglich, da sie sich durch die zwanzig Jahre Ehe für die Karriere des Mannes mitverantwortlich fühlt. Sie möchte durch die Mediation einen kleinen Ausgleich von ihrem Exmann erhalten. Der Mann sieht jedoch nicht ein, warum er seine Exfrau noch unterstützen soll. Sie habe damals die Trennung eingeleitet, und es wäre auch ihre Verantwortung, dass sie heute so wenig verdienen würde. Die Parteien haben drei erwachsene gemeinsame Kinder.

Der Mann müsste sich nicht auf die Mediation einlassen, da er keinerlei rechtliche Verpflichtung hat. Dennoch hat er der Bitte seiner Exfrau Folge geleistet und kommt mit zur Mediation. Daher gehe ich davon aus, dass er, vielleicht auch nur unbewusst, ebenfalls ein ungutes Gefühl wegen der finanziellen Unausgeglichenheit hat. Die Frau beginnt in der Mediation zu schimpfen und ihr Leid zu klagen. Die Kinder wären lieber bei ihm, weil er viel mehr Geld hätte. Auch sei sie damals über den

Tisch gezogen worden, denn dieses Ungleichgewicht wäre überhaupt nicht fair. Er würde sich in seinem Luxusleben suhlen, während sie sich um jede Kugel Eis Gedanken machen müsste. Vieles hat sich aufgestaut in den letzten Jahren.

Ich bemerke sehr wohl, dass der Mann kurz vor Abbruch der Mediation steht. Er will sich das alles nicht anhören. Ich ermutige ihn, zu bleiben und nicht in Opposition zu gehen, sondern sich für ein paar Minuten in die Gefühlslage seiner Exfrau zu versetzen. Er darf alles, was ihm in den Sinn kommt, auf ein Blatt Papier schreiben, damit er es nicht vergisst und später vorbringen kann. Aber jetzt wäre es an der Zeit, sich die Not seiner Exfrau einmal anzuhören. Durch den Abbruch der Mediation würde der Groll weiterbestehen bleiben und die Familie belasten, vor allem auch die Kinder. Eine unglückliche Mutter ist für Kinder kein Vergnügen und führt zu Hilflosigkeitsgefühlen der Mutter gegenüber.

Aber dadurch, dass sie sich beschweren darf und ihren Schmerz zeigen kann, verändert sich nun die Stimmung. Der Mann hört ihr zu, er beginnt zu verstehen, wie sie sich fühlt, und die Mauer, die zwischen ihnen errichtet ist, wird eingerissen. Er kann sogar mitfühlen und trotz rauen Tons eine Idee davon bekommen, warum er so lange mit ihr verheiratet war. Sie bemerkt die Veränderung und wird ihrerseits ruhiger und reflektierter. Sie findet zu sich und realisiert, dass sie nichts in der Hand hat, außer an die Großzügigkeit ihres Exmannes zu appellieren. Nun kann sie über ihren Schatten springen und den Mann bitten, ihr zu helfen. Sie finden eine Lösung, die für ihn einen beträchtlichen Steuervorteil bringt, und sie bekommt lebenslang einen bestimmten Betrag, der ihr das Leben sehr erleichtert.

Nachdem der emotionale Teil befriedet ist, kann der kreative Prozess der Lösungsfindung beginnen. Erst stellt jeder seine

Vorstellungen und Ideen vor, dann wird kreativ nach Lösungen gesucht und ein Ergebnis gefunden. Oft liegen die Lösungen gar nicht so weit auseinander wie zunächst angenommen. Kann keine Lösung gefunden werden, dann macht es Sinn, noch einmal auf der emotionalen Ebene nach unbewussten Blockaden zu suchen. Solche können sein: Wenn ich jetzt mit diesem Kompromiss einverstanden bin, dann gibt es keine Verbindung mehr zwischen uns. Dann ist es endgültig vorbei. Oder wenn ich jetzt einwillige, dann gibt es keine Hoffnung mehr auf mehr. Oder wenn ich mich bereit für eine Einigung erkläre, dann hat er, was er will. Liegen solche unbewussten Verhinderungen vor, dann wird in der Mediation wieder Zeit geschaffen werden, um dies zu lösen.

Sachlicher Teil:
Acht Punkte, die zu klären sind

Geht es nun um den sachlichen Teil, kommt es darauf an, wer den Mediationsprozess begleitet. Ein juristischer Mediator wird mehr erklären und sich stärker im sachlichen Teil einbringen können als ein nichtjuristischer Mediator. Aber auch der juristische Mediator muss jederzeit allparteilich und damit für beide gleichzeitig da sein. Daher kann auch er keine einseitige Rechtsberatung machen. Die Erfahrung zeigt, dass viele schon recht gut informiert zur Mediation kommen, sodass sie auch bei einem nichtjuristischen Mediator gut aufgehoben sein können. Im Endeffekt kommt es darauf an, wer sein Handwerk versteht und wem man vertraut.

Es stehen sich zwei Parteien gegenüber, die einerseits das Ziel verfolgen, eine gute Vereinbarung zu treffen und damit einen Rosenkrieg zu vermeiden. Andererseits schaut jede Partei ganz auf sich selber und muss einen guten Weg zwischen Selbstbehauptung und Nachgeben finden. Anhand einer Checkliste arbeiten die Parteien die wichtigen Themen ab. Diese Punkte werden nacheinander angesprochen, aber in den seltensten Fällen einzeln abgearbeitet bzw. abgehakt. Das liegt daran, dass sich die Punkte in der Regel aufeinander beziehen, d. h., wir sprechen über einen Punkt, gehen dann zum nächsten und kommen wieder auf den ersten Punkt zurück. So hängt beispielsweise der Unterhalt für die Kinder stark davon ab, wer im Haus wohnen bleibt, also wer wo wohnt. Auch der Versorgungsausgleich kann sich ändern, wenn beim Zugewinnausgleich keine gute Regelung gefunden wird. Aufgabe des Mediators ist es, den Überblick zu jedem Zeitpunkt zu behalten, die Parteien zu lenken und jeden und alles im Blick zu haben.

Bei der Verhandlung der einzelnen Punkte wird jeder angehört. Jeder darf seine Sicht der Dinge erläutern, und der andere ist aufgefordert, zuzuhören und seine Emotionen erst einmal ruhen zu lassen.

1. Wer wohnt wo?

Die zukünftige Wohnsituation gehört oft zu den kniffligsten Themen in der Mediation. Wird dieser Punkt vor Gericht verhandelt, dann kann man nur eine sehr subjektive Entscheidung erwarten, die die Bedürfnisse der Parteien in der Regel nicht abbilden kann. Daher sollte man unbedingt eine gerichtliche Entscheidung vermeiden und sich außergerichtlich einigen. Genau dafür kann eine Mediation wertvolle Hilfe leisten. Derjenige, der auszieht, verliert gefühlt nicht nur die intakte Familie, sondern auch noch sein Zuhause. Wenn zum Beispiel eine Familie in einer schönen Wohnung mit Garten nah an der Schule wohnte, dann ist es wahrscheinlich, dass die Kinder gerne an diesem Standort bleiben. Eine neue kleine Wohnung des anderen Elternteils wird nicht so attraktiv sein, und der ausziehende Elternteil befürchtet, seine Kinder nicht mehr oft zu sehen. Auch wird der/die Ausziehende sich entweder ausgestoßen oder wie der/die Schuldige vorkommen. Weder das eine noch das andere fühlt sich gut an. Wer überlässt schon gerne jemandem, der einem gerade so wehgetan hat, das Terrain? Das Nest zu verlassen und quasi wieder »bei null« anzufangen ist schwer. Viele Emotionen bauen sich auf. Zudem kann man die Entscheidung, wer wo wohnt, oftmals erst dann klären, wenn die anderen sachlichen Themen auch geklärt sind. Das heißt, erst wenn ich weiß, wie viel Geld ich bekommen werde, also was ich zur Verfügung habe, kann ich eine Entscheidung über einen möglichen Auszug fällen. Aber auch die Frage des Umgangsrechts, also wo die Kinder wann wohnen werden, gehört zu den wichtigen und vorher zu klärenden Punkten.

Wenn die Kinder ihren Lebensmittelpunkt bei einem Elternteil haben werden, dann bietet es sich in der Regel an, dass derjenige, der die Kinder hauptsächlich betreuen wird, auch in der Wohnung bleiben kann. So haben zumindest die Kinder Stabilität in dieser unruhigen Zeit. Sollen die Kinder jedoch in einem Wechselmodell aufwachsen, dann hängt die Frage nach dem Wohnort wohl eher von den finanziellen Gegebenheiten ab.

Beide Parteien lieben ihr Zuhause, die gemeinsame Eigentumswohnung. Keiner kann sich vorstellen, auszuziehen. Gemeinsam weiterhin dort zu leben, ist allerdings keine Option. Denn die Trennung tut einem von beiden noch sehr weh, und der dauernde Streit belastet die Kinder. Aus finanziellen Gründen ist es jedoch nicht möglich, eine zweite gleichwertige Wohnung anzumieten.

Das Paar befindet sich in einer Patt-Situation, die sehr viel Stress erzeugt und daher dringend gelöst werden muss. Doch in der Regel braucht es Zeit, um diese wichtige Entscheidung treffen zu können. Ungeduld und Wut helfen hier nicht weiter. Es hat sich jedoch bewährt, zunächst eine Übergangslösung zu vereinbaren. Vielleicht kann einer zeitweise woanders hinziehen, etwa zu einem Freund oder zu den Eltern. Nach einer festgelegten Zeit zieht dann der andere für die gleiche Periode aus. Anwälte raten von diesem Schritt ab, da der in der Familienwohnung bleibende Elternteil Möglichkeiten hat, dem anderen die Rückkehr zu erschweren, indem er zum Beispiel die Schlösser austauscht. Dann müsste der ausgezogene Partner sich mühsam wieder in die Wohnung einklagen. Viele wissen auch nicht, dass sie ihr Recht auf Rückkehr nach sechs Monaten verwirken, sollten sie in der Zeit keine Anstalten zur Rückkehr gemacht und diese beispielsweise durch E-Mails nicht dokumentiert haben. Es gibt viele schmutzige Tricks, ganz gewiss. Aber wenn das so anfängt, dann kann man sich den Versuch einer gütlichen Einigung gleich sparen und den Rosenkrieg beginnen. Es braucht also Vertrauen auf beiden Seiten, dass hier fair gespielt wird. Jeder muss sich selber fragen, ob sein Verhalten für die gütliche Einigung förderlich oder hinderlich ist. Diese reflektive Arbeit muss jeder für sich selber machen. Der Blick auf sich selber und nicht auf das Verhalten des anderen ist extrem wichtig. Denn das, was ich tue, fällt am Ende auf mich zurück. Bin ich ehrlich mir selbst gegenüber und kann ich mir noch guten Gewissens im Spiegel in die Augen schauen? Das ist die große Herausforderung der Stunde, und wer sie meistert, wird auf lange Sicht belohnt.

Es ist für beide Seiten von großem Vorteil, wenn jeder räumlich vom anderen getrennt erst einmal zu sich kommt und die Sache von außen betrachtet. Dabei werden sich die Meinungen des Öfteren ändern, weshalb vorläufige Regelungen sinnvoll sind. Das bringt zugleich Bewegung in die Geschichte, und oft findet es einer plötzlich reizvoll, einmal auszuziehen, um dann vielleicht nach sechs Monaten zu tauschen. Die Möglichkeit, zurückzukommen, erleichtert das Ausziehen erheblich. Hat keiner von beiden die Möglichkeit, woanders unterzukommen, dann muss eine Übergangslösung erarbeitet werden, die lautet: Wie wir zusammen unter einem Dach leben können. Damit das gelingt, müssen klare Regelungen getroffen werden, und es muss auf beiden Seiten Verständnis für die unterschiedlichen Bedürfnisse da sein. Auch ist wichtig zu erfahren, was dazu geführt hat, dass zwei Menschen, die sich einmal geliebt haben, nun nicht mehr unter einem Dach leben können. Dabei werden die Bedürfnisse der Parteien abgeklopft. Zum Beispiel hat die Frau das Bedürfnis nach Ordnung und geregelten Zeiten. Kann der Mann diesem Bedürfnis irgendwie Rechnung tragen und jetzt ohne intakte Beziehung kooperativ sein und die gemeinsam genutzten Räume in Ordnung halten? Oder kann vielleicht zweimal im Monat eine Haushaltshilfe für Ordnung sorgen? Oder der Mann wünscht sich Ruhezeiten, in denen er niemanden sehen muss. Kann die Expartnerin diesem Wunsch nachkommen, indem sie in ihren Betreuungszeiten mit den Kindern zu bestimmten Zeiten das Haus verlässt? Es kann auch ein Plan aufgestellt werden, der genau regelt, wer wann die Küche benutzen darf, wer wann mit den Kindern zusammen ist, wer an welchen Abenden weg sein muss und wer an welchen da ist. Eine Lösung, die vorher gar nicht vorstellbar war, wird erarbeitet.

Nachdem der Anfang gemacht ist, traut sich das Expaar zu, diesen Plan zu Hause weiter zu vervollständigen, ihn zu verfeinern und ein getrenntes Leben in der einen Wohnung möglich zu machen. Wir vereinbaren einen Termin drei Wochen später für eine Kontrolle. Bis dahin hoffen beide, dass sie ihre Finanzen so weit geregelt haben, dass sie ein Gefühl dafür bekommen, wie, wo und ob sie sich eine zweite Wohnung leisten können. Die Zeit sollte zudem dazu genutzt werden, um sich mit dem Gedanken eines Auszugs anzufreunden. Wir sind alle Gewohnheitsmenschen. Veränderungen sind anfangs schlimm, aber wir sind in der Lage, uns auf Neues einzustellen. Ist die Veränderung erst einmal eingetreten, dann passen wir uns an. Darauf können wir vertrauen, wenn wir uns dem Strom des Lebens überlassen und uns nicht krampfhaft an der Uferböschung festhalten. Und wie oft habe ich gehört, dass derjenige, der in der alten Wohnung geblieben ist, dies im Grunde bereut hat, weil der Neuanfang so viel schleppender verlief. Der Auszug muss nicht heißen, dass man die Familie verlässt, sondern ganz im Gegenteil, dass man für die Familie ein Opfer bringt und allen einen guten Neustart ermöglicht. Der Ausziehende kann ein eigenes Nest bauen und dieses den Kindern präsentieren.»Das bin nun ich alleine« steht an der Tür, und die Kinder werden es faszinierend finden, den Elternteil in seiner eigenen Umgebung neu kennenzulernen. Irgendwann muss das Paar anfangen, über den eigenen Schatten zu springen. Können sich beide eine temporäre Lösung vorstellen, dann kann der Mediator entweder sofort oder in der nächsten Sitzung mit der Besprechung der anderen Punkte beginnen.

Für den Beginn des Trennungsjahres ist der Auszug eines Partners wichtig, da das Trennungsjahr erst mit dem Auszug unzweifelhaft beginnt. Bleibt man gemeinsam in der Wohnung, dann müsste man eine schriftliche Vereinbarung über den Beginn des Trennungsjahres treffen.

2. Umgangsrecht

Das Umgangsrecht unterscheidet sich vom Sorgerecht und regelt im Einzelnen den Aufenthaltsort der Kinder. Mindestens ein Elternteil muss die Kinder immer betreuen, was Vereinbarungen und Absprachen erfordert. Die Eltern sind gehalten, für die Kinder die bestmögliche Regelung zu erarbeiten und dann innerhalb dieser Vereinbarungen flexibel zu kooperieren. Welche Regelung gut ist, kommt sehr auf die Kinder und vor allem das Alter der Kinder an. Grundsätzlich ist es wichtig, dass die Kinder in dieser emotional instabilen Familiensituation absolute Klarheit darüber erhalten, wo sie wann leben werden. Es gibt drei gängige Modelle, die beliebig abgewandelt werden können.

a) Lebensmittelpunkt bei einem Elternteil

Wird der Lebensmittelpunkt für die Kinder bei einem Elternteil vereinbart, dann wohnen die Kinder bei diesem, gehen von dort aus zur Schule und sind alle zwei Wochenenden beim anderen Elternteil. Die Ferien werden geteilt. Wird dieses Modell gewählt, dann zahlt der betreuende Elternteil den sogenannten Naturalunterhalt, d.h., er kümmert sich um alles, was die Kinder im täglichen Leben brauchen. Er bezahlt die Wohnung samt Nebenkosten, das Essen, Schulsachen, Geburtstagsgeschenke für Schulkameraden etc. Der andere Elternteil, bei dem die Kinder nicht ihren Lebensmittelpunkt haben, ist verpflichtet, Barunterhalt an den betreuenden Elternteil zu zahlen. Für die Höhe des Unterhalts wird in der Regel die Düsseldorfer Tabelle als Richtwert herangezogen. Zudem muss er dafür sorgen, dass die Kinder an ihrem Hauptwohnsitz abgeholt werden, wenn sie zu ihm/ihr fahren.

b) Wechselmodell

Bei diesem Modell wechseln die Kinder von einem Elternteil zum anderen, und das in einem zu vereinbarenden Rhythmus. Normalerweise wird ein 50/50-Modell vereinbart, d. h., die Kinder sind die gleiche Anzahl von Tagen bei der Mutter und beim Vater. Beide müssen dann in der Lage sein, die Kinder gut zu versorgen, und in erreichbarer Nähe von Schule oder Kindergarten wohnen. Es kann auch ein 60/40-Modell vereinbart werden. Beim Wechselmodell leisten beide Eltern Naturalunterhalt. Es kann aber auch beim Wechselmodell zu Barunterhaltsansprüchen kommen, dann zum Beispiel, wenn einer deutlich mehr als der andere verdient.

c) Nestmodell

Das Nestmodell zeichnet sich dadurch aus, dass die Kinder immer in der Wohnung wohnen bleiben und die Eltern sie dort wechselseitig betreuen. Die Eltern suchen sich eine Unterkunft für die Zeit, in der sie nicht bei den Kindern sind. Das kann auch eine Einzimmerwohnung sein, die sich die Eltern teilen. Die Kinder haben so immer einen Elternteil, der auf sie aufpasst, und müssen den Wohnort nicht wechseln.

Jedes Modell hat seine Vor- und Nachteile und muss gut an die Situation der Familie angepasst werden. Dieser Teil der Vereinbarung kann besonders belasten und gehört zu den Punkten, die genauestens bedacht werden müssen. Es leuchtet ein, dass die Entscheidung, die Kinder noch woanders leben zu lassen, sich wie ein Minus im eigenen Leben anfühlt. Bisher hatte man die Kinder zu gefühlten 100 Prozent. Ab jetzt werden sie zu einem bestimmten Prozentsatz ganz aus dem eigenen Blickfeld verschwinden. Und aus dem Blickfeld bedeutet außerdem: Mein Expartner wird die Kinder jetzt so erziehen, wie er es will, und ich habe keinen Einfluss mehr darauf. Keine leichte Aufgabe, die Erziehung loszulassen und die Kinder außerhalb der eigenen Sphäre groß werden zu lassen.

Die Modelle unterscheiden sich aber nicht nur hinsichtlich der prozentualen Aufteilung der Betreuungszeiten. Im Lebensmittelpunktmodell sieht ein Elternteil seine Kinder nicht im Alltag und wird zu einem Ferienelternteil. Die Kinder haben ein beständigeres Leben, und die vielen Wechsel bleiben ihnen erspart. Im Nestmodell wechseln die Eltern, was bestimmt nicht einfach ist und ihnen einen Start ins neue Leben oft erschwert, da sie nicht richtig an einem Ort ankommen können. Auch gehören viele Absprachen dazu, die die Wohnung betreffen, in der die Kinder leben. Außerdem erfordert es viel Vertrauen, sich getrennt um einen Haushalt zu kümmern. Das Nestmodell wird in meiner Praxis nur für eine relativ kurze Übergangszeit vereinbart.

Im Wechselmodell müssen die Kinder ständig wechseln. Manche Kinder meistern das ohne Probleme. Für andere Kinder ist das Wechseln eine große Zumutung, die nicht unbedingt tragbar ist. Sie weinen bei jedem Wechsel und stellen Fragen, schlafen schlecht und fallen in ihrer schulischen Leistung ab. Das kann an der Trennung oder aber auch am Wechseln liegen. In der Regel liegt es jedoch am Streit der Eltern. Schön wäre natürlich, wenn die Eltern nun friedlicher sind und die Kinder wüssten, wofür sie den Wohnungswechsel auf sich nehmen. Für das Wechselmodell spricht die Tatsache, dass beide Eltern den Wunsch haben, den Alltag mit den Kindern zu erleben. Wenn es die berufliche Situation erlaubt, so läuft es in meiner Praxis häufig auf das Wechselmodell hinaus. Dies sollte aber unbedingt immer nur auf Probe praktiziert werden. Dabei ist ständig auf das Wohl der Kinder zu achten.

Bei der Verhandlung um das Umgangsrecht müssen die Parteien nun beweisen, dass sie weiterhin als gute Eltern zur Verfügung stehen. Sie müssen ihre Kinder stets im Blick haben und eigene Interessen hintanstellen. Gerichte schauen in der Regel sehr darauf, wie die Eltern miteinander kommunizieren. Denn ohne Kommunikation lassen sich Nest- und Wechselmodell nicht realisieren. Streitende Eltern müssen also damit rechnen, dass das Gericht sich für das Lebensmittelpunktmodell bei einem Elternteil entscheidet. Für welchen Elternteil, das kann ein Streitpunkt bleiben, und die Entscheidung darüber kann Jahre, Geld und Nerven kosten.

Ein Mann hält nicht viel von den Erziehungsmethoden der Mutter seiner Kinder und befürchtet, dass sich die Kinder unter ihrem Einfluss schlecht entwickeln würden. Deshalb möchte er, dass die Kinder nach der Trennung bei ihm leben. Die Kindsmutter, in ihrer Ehre tief gekränkt, wird über dieses Ansinnen so wütend, dass sie Anstalten macht, die Verhandlungen über das Umgangsrecht abzubrechen.

Der Mann befürchtet, dass die Kinder nicht in seinem Sinne erzogen werden könnten. Das ist insofern nicht verwunderlich, als die Beziehung schon zum größten Teil an zermürbenden Streitereien über Erziehungsfragen gescheitert ist. Die Erziehung durch die Mutter, so seine Angst, könnte im schlimmsten Falle zu einer Entfremdung zwischen ihm und seinen Kindern führen. Eine Lösung kann gefunden werden, wenn die Ängste des Mannes abgebaut werden. Daher rede ich mit ihm über diese Ängste und darüber, wie schwer es ist, seine Kinder loszulassen. Ich erläutere ihm, dass es fast immer unterschiedliche Erziehungsstile in einer Familie gibt und jeder von sich glaubt, es besser als der andere zu machen.

Sind die Unterschiede wirklich so gravierend oder können sich die Eltern entspannen? Wir sind von unseren Genen, unserer Umwelt und unserer Sozialisation bestimmt. Das ist richtig. Es ist daher ein Unterschied, ob wir in einem Land in Afrika oder hier in Deutschland geboren wurden, ob als Juden, als Christen oder Moslems. Entscheidend aber ist, welche Lehren die Kinder selbst aus ihren Elternhäusern ziehen, welche Werte ihnen vermittelt werden und was sie daraus machen. Und darauf haben wir Eltern viel weniger Einfluss, als wir glauben. So wird einer Buddhist, obwohl er streng katholisch erzogen wurde, ein anderer wird Pianist, obwohl ihn die Eltern nie zum Üben angehalten haben. Das eine Kind bekommt von Süßigkeiten Gewichtsprobleme, das andere findet Süßigkeiten uninteressant, weil es immer Zugriff darauf hatte. Und die eine Tochter einer Trinkerin verfällt dem Alkohol, während die andere ein Leben lang abstinent bleibt.

Eltern wissen nicht, was ihre Kinder aus vorgelebten oder eben gerade nicht vorgelebten Prinzipien machen werden. Daher können beide Elternteile in dieser Hinsicht ganz gelassen bleiben. Sie müssen nicht mehr wie noch zu Beziehungszeiten über jede Erziehungsfrage streiten, sondern jeder kann das so handhaben, wie er es für richtig hält. Jetzt erlebt das Kind beide Erziehungsstile nebeneinander und kann selbst wählen, was es damit anfangen wird. Die Kinder wachsen daran, dass sie beides kennenlernen, und werden sich dann irgendwann selbst entscheiden, wie sie es sich in ihrem späteren Leben wünschen. Jeder Elternteil sollte die Zeit, die er mit den Kindern hat, nutzen und ihnen seine Sicht der Dinge erklären und sie auf seine Art erziehen. Im genannten Fallbeispiel bedeutet das, dass der Mann jetzt vielleicht sogar noch mehr Einfluss auf die Kinder bekommt, weil er die Zeit der früheren Streitereien nun den Kindern zugutekommen lassen kann. Und er darf darauf vertrauen, dass er immer der einzige Vater bleiben wird, selbst wenn die Kinder nicht ausschließlich bei ihm leben. Der Mann sollte sich verdeutlichen, warum er damals diese Frau als Mutter für seine Kinder gewählt hat. Er kann sich bewusst machen, dass er seine eigenen negativen Gefühle seiner Exfrau gegenüber nicht auf der Paarebene lässt, sondern sie vielleicht auf ihre Kompetenzen als Mutter ausstrahlen. Der Mann kann so seine Ängste reduzieren, und die Situation beruhigt sich.

Ein Elternpaar hat drei Kinder. Bisher war die Frau überwiegend für deren Betreuung zuständig. Nun möchte der Mann seine Arbeit reduzieren, die Kinder zu mehr als 60 Prozent betreuen und Unterhalt von seiner Expartnerin bekommen. Er findet es nur fair, dass er jetzt mal die Kinder mehr betreuen darf und sie dafür mehr arbeitet. Sie dagegen möchte das 50/50-Modell und alles teilen, was sie schon zu Beziehungszeiten immer angemahnt und sich sehr gewünscht hatte.

Der Mann möchte nun alles anders machen. Mehr für seine Kinder da sein und dafür seine Arbeit reduzieren. Oft kommt in Trennungssituationen der Wunsch nach großen Veränderungen auf. Die Vorstellung, die Kinder jetzt abgeben zu müssen, fühlt sich wie ein schrecklicher Stich ins Herz an, und so sind manche bereit, ihre Arbeit zu reduzieren und den Kindern Priorität einzuräumen. Ein großer Schritt, der sich auf die Karriere und auch auf die Zufriedenheit auswirken kann. Die Frau wollte sich vielleicht immer die Kindererziehung teilen und ist mit einer 50/50-Regelung einverstanden, vielleicht kann sie sich sogar für mehr erwärmen. Aber Unterhalt zahlen, das möchte sie auf keinen Fall. In so einem Fall versuche ich, den Eltern die Zeit schmackhaft zu machen, die sie nach der Trennung dann auch für sich alleine haben werden. In meiner

Praxis erzählen mir geschiedene Eltern oft, dass das Beste an der Scheidung die Wochenenden waren, die sie ganz für sich hatten.

Eine bewährte Technik in der Mediation ist das sogenannte Doubeln. Dabei übernimmt der Mediator die Rolle eines Übersetzers und artikuliert quasi als Double oder Stellvertreter die Bedürfnisse der einen und dann der anderen Partei. So setzt er sich beispielsweise neben die Frau und spricht für sie. Dabei achtet er immer wieder auf die Frau, die ihm jederzeit ein Zeichen geben kann, wenn er etwas sagt, was sie nicht stimmig findet.

So sagt er etwa anstelle der Frau: »Ich finde es großartig, dass du mehr für die Kinder da sein willst. Das wird ihnen guttun, und du bist ein toller Vater. Ich wäre ja bereit, dir die Kinder mehr zu überlassen, aber ich kann und will keinen Unterhalt zahlen. Ich muss trotzdem eine große Wohnung haben, ich trage alle Kosten dafür, ob die Kinder nun zu 60 Prozent oder zu 50 Prozent bei mir sind. Kannst du das nicht irgendwie hinbekommen, ohne weniger zu arbeiten? Das wäre auch für dich und deine Karriere förderlich. Außerdem verstehe ich gut, dass du sauer auf mich bist. Das wäre ich auch, sogar sehr. Aber lass uns das nicht auf dem Rücken der Kinder austragen. Ich bin auch sehr traurig über das alles hier, aber ich will es würdevoll zu Ende bringen. Lass uns einen Weg finden, wie ich keinen Unterhalt zahlen muss.«

Der Mann freut sich über die einlenkenden Worte, denn seine Exfrau nickt zu allem, was der Mediator stellvertretend für sie gesagt hat, und er willigt ein. Er nimmt die 60 Prozent ohne Unterhaltszahlung vorerst einmal an, behält sich aber vor, die Ergebnisse der restlichen Verhandlungen abzuwarten, denn beim Zugewinn gibt es noch einen strittigen Punkt, den er gerne zuvor besprechen möchte.

Kommt es nun zu einem Wechselmodell, dann müssen die Parteien einen genauen Plan aufstellen, wie, wann und wo gewechselt werden soll. Bewährt hat sich ein Wechsel morgens zum Kindergarten oder zur Schule. Das heißt, ein Elternteil bringt das Kind morgens in die Schule, der andere holt es dann dort ab. Der Plan für einen Monat einer 60/40-Regelung könnte zum Beispiel folgendermaßen aussehen:

	Montag	Dienstag	Mittwoch	Donnerstag	Freitag	Samstag	Sonntag
1. Wo.	Vater	Vater	Vater	*Mutter*	*Mutter*	*Mutter*	*Mutter*
2. Wo.	Vater	Vater	*Mutter*	*Mutter*	Vater	Vater	Vater
3. Wo.	Vater	Vater	Vater	*Mutter*	*Mutter*	*Mutter*	*Mutter*
4. Wo.	Vater	Vater	*Mutter*	*Mutter*	Vater	Vater	Vater

Hier hat der Vater von 28 Tagen die Kinder für 16 Tage und die Mutter für 12 Tage, das sind 57 Prozent für den Vater und 43 Prozent für die Mutter. 50/50-Regelungen werden oft mit wöchentlichem Wechsel vereinbart. Die berufliche Situation der Eltern muss dabei immer im Blick behalten werden. Vor allem bei Eltern, die im Schichtdienst arbeiten oder besonders oft beruflich unterwegs sein müssen, hat sich eine sehr flexible Umgangsregelung bewährt. Das bedeutet, dass die Pläne monatlich neu abgestimmt und aufgestellt werden.

Zu beachten ist noch Folgendes: Wenn ein Elternteil die Betreuung nicht übernehmen kann, dann muss er den anderen Elternteil fragen, ob er die Kinder übernehmen kann. Erst wenn dieser es nicht kann, darf eine dritte Person, etwa die Großeltern oder ein Babysitter, die Betreuung übernehmen.

Im Übrigen sollte man auch genaue Regelungen für die Ferienzeiten treffen und sich Gedanken über die Vor- und Nachteile von langen oder kurzen Wechseln machen. Auch dabei gilt es, immer das Kindeswohl im Blick zu behalten. So sollte man, je kleiner die Kinder sind, öfter wechseln. Ein Kind von einem Jahr sollte maximal einen Tag von der Mutter getrennt sein, ein zweijähriges Kind zwei Tage etc. Mit zunehmendem Alter kann man die Kinder dann selbst entscheiden lassen, wo sie sein wollen.

Ist die Umgangsregelung im Großen und Ganzen festgestellt, dann bedarf es noch der Feinabstimmung und vor allem der Vereinbarung über den Unterhalt. Hier einigen sich die Eltern in der Regel sehr schnell, und die Düsseldorfer Tabelle ist eine große Hilfe. Bewährt hat sich ein Kinderkonto, auf das jeder monatlich seinem Einkommen entsprechend Geld überweist. Von diesem Konto werden die größeren Anschaffungen bezahlt. Oder die gesamten Ausgaben für die Kinder werden notiert und alle drei Monate ausgeglichen. Hier sind der Fantasie keine Grenzen gesetzt.

3. Zugewinnausgleich

Der Zugewinn wird rechtlich nur bei verheirateten Paaren im Falle der Scheidung ausgeglichen. Während der Ehezeit darf jeder selbstständig Entscheidungen über seine eigenen finanziellen Mittel treffen und ist dem anderen keine Rechenschaft darüber schuldig. Kommt es allerdings zur Scheidung, so wird das, was die Parteien zu Ehezeiten an Vermögen angespart haben, geteilt. Es wird das Anfangsvermögen zum Zeitpunkt der Eheschließung ermittelt. Dieses Anfangsvermögen wird vom Endvermögen zum Zeitpunkt der Scheidung abgezogen. Die Differenz stellt den jeweiligen Zugewinn dar. Der Zugewinn wird gegenübergestellt, und derjenige mit dem Mehr an Zugewinn gibt dem anderen die Hälfte davon ab.

Jede Partei muss sich zu Ehezeiten darüber im Klaren sein, dass alles, was sie anspart und erwirtschaftet, im Falle der Scheidung hälftig aufgeteilt wird. Davon ausgenommen sind Geschenke und Erbschaften, die ausdrücklich nur für den einen bestimmt sind. Der Zugewinnausgleich stellt die Paare bei der Trennung vor große Herausforderungen. Zunächst wissen viele nicht mehr, was und wie viel sie an finanziellen Mitteln in die Ehe mit eingebracht haben. Bankauskünfte sind häufig wegen der verstrichenen zehn Jahre nicht mehr verfügbar. Auch ist nicht mal so eben zu bestimmen, was etwa eine Arztpraxis, eine Anwaltskanzlei, ein Gebrauchtwagenhandel, eine kleine oder große Firma, ein Einzelhandelsunternehmen und der Immobilienbesitz zum momentanen Zeitpunkt wert ist. Daher kann man über die Bewertung des Zugewinns in die Rechtsfalle tappen, und nur die Anwälte gewinnen dabei. Anwälte können sich mit der Bewertung des Zugewinns jahrelang aufhalten. Da werden Gutachten angezweifelt, neue Gutachten erstellt und dann Teile des Gutachtens wieder boykottiert. Firmenbesitzer verlieren dann das Interesse an ihren mit eigenen Händen aufgebauten Unternehmen, Anwaltskanzleien und Arztpraxen schrauben ihre Umsätze herunter, und andere verlagern ihren Sitz plötzlich nach Andorra, wo die Gesetze ganz anders sind und die Bewertungen noch schwieriger.

Am Zugewinn hängen aber noch ganz andere und damit nicht weniger wichtige Themen, nämlich Emotionen. Der Zugewinnausgleich ist deshalb emotional so aufgeladen, weil man jetzt eine Summe vor sich hat, die man wohl zuvor vielleicht viel höher eingeschätzt hatte. Was habe ich in den letzten Jahren, also während der Ehezeit, nicht alles erwirtschaftet! Und was bleibt übrig von dieser Zeit, und wie werden meine Leistungen in Geld aufgewogen? Jetzt habe ich so viel in diese Beziehung investiert, und das ist der Lohn? Der Zugewinnausgleich kann, wie wir schon im sechsten Kapitel über die Ungerechtigkeiten im Familienrecht gesehen haben, schnell zu einem gefühlten Verlierer führen.

Ein Paar arbeitet gleich viel und verdient ungefähr gleich viel. Beide teilen die Finanzen paritätisch auf, und auch die Kinderbetreuung funktioniert gleichberechtigt. Der Mann leistet sich von seinem restlichen Geld viele Luxusreisen mit Freunden und hat einige teure Hobbys. Die Frau dagegen spart ihr übriges Geld, legt es sehr vorteilhaft an und erwirtschaftet einen guten Gewinn. Die Beziehung geht auseinander, und der Mann verlangt die Hälfte ihres angesparten Vermögens.

Der Mann hat tatsächlich einen Rechtsanspruch, und dieser Rechtsanspruch hat auch einen hohen Stellenwert. Die Frau muss dies einsehen. Doch ob es gerecht ist und ob die Parteien so verfahren wollen, das kann in der Mediation geklärt werden. In dem obigen Beispiel wird die Frau ihr Geld nicht abgeben wollen. Er wird aber vielleicht anführen, dass sie keinen Sex mit ihm hatte und er sich deshalb so viel ablenken musste. Ohne seine teuren Hobbys hätte er das Leben mit seiner Frau gar nicht ausgehalten. Das macht sie enorm wütend und traurig, und ohne Befriedung der Situation könnte es zu einem lebenslangen Wutszenario kommen. Entweder sie kann ihren Frieden mit dem Rechtssystem finden, oder er gibt nach, und sie finden eine andere Lösung, die sich fairer anfühlt. Ich bespreche stets die Emotionen und versuche zu befrieden, indem ich erkläre, dass Beiträge zu einer Beziehung notwendig sind, sonst ist es keine Beziehung mit Nähe und Intimität. Das heißt, wir geben uns ganz in einer Beziehung hin, investieren sehr viel, und das tun meistens beide. Dann passiert etwas, die Investition nimmt vielleicht bei einem ab, und der andere macht umso mehr. Oder beide sind nicht mehr so ganz dabei. Trotzdem bestimmt die

Beziehung zu weiten Teilen das Leben. Jetzt geht die Beziehung zu Ende, vielleicht weil zu wenig von mindestens einem investiert wurde, und nun erweist sich das Investment als nicht erfolgreich.

Dies gibt es auch im Berufsleben. Ich erinnere mich noch gut, wie ein Klient weinend vor mir saß. Er hatte fast dreißig Jahre lang für eine große Aktienfirma gearbeitet, alles gegeben, sehr viel Herzblut investiert, seine Familie und Freunde vernachlässigt, und dann wurde er von heute auf morgen in die Frühpension geschickt. Es gab keinen Dank und keine Ehrung für seine Leistung, sodass er sehr enttäuscht war. Auch in die Kinder investiert man viel, und oft sehen sich Eltern dann mit der Tatsache konfrontiert, dass die Kinder keinen Kontakt mehr mit ihnen suchen. Das Leben ist leider oftmals voll von Ungerechtigkeiten, enttäuschten Erwartungen und Fehlinvestitionen. Man sollte frühzeitig lernen, damit umzugehen. Das Ergebnis der Aufteilung stellt keine Bewertung unserer Leistung und der vielen guten Momente dar. Dank und Lohn bleiben oft aus. Trotzdem waren es wertvolle Momente. Und wenn wir den Moment genießen und nicht für den Dank leben, dann lernen wir zu dem zu stehen, was wir tun und getan haben. Spätestens jetzt, im Moment der Trennung, können wir das lernen.

Doch zurück zum oben beschriebenen Fallbeispiel: In der Mediation reden wir darüber, was das Paar ursprünglich beabsichtigt hatte, noch bevor die Trennung anstand. Hier sind die Parteien sich einig, dass im Grunde beide wie bei einer Gütertrennung gelebt hatten und dies auch so gewollt war. Wäre es jetzt fair, diese stillschweigende Vereinbarung aufzugeben? Auf Rechte zu verzichten ist eine schwerwiegende Entscheidung und muss gut überlegt sein. Das ist eine ganz freiwillige Angelegenheit, die sich aber entwickeln kann und worüber die Parteien später unter Umständen sehr glücklich sind.

Eine Frau hat keinen Beitrag zum Einzelhandelsunternehmen ihres Mannes geleistet. Es gibt keine Kinder. Sie hat Anspruch auf die Hälfte des Firmenwertes aus Zugewinnausgleich. Sie ist unsicher, was sie machen soll, denn sie ist wegen der Trennungsumstände ziemlich wütend auf ihren Mann.

Die Frau ist sich darüber im Klaren, dass ein langer Streit über die Bewertung des Unternehmens vor ihr liegen würde. Auch weiß sie, dass die Firma Insolvenz anmelden müsste, wenn sie die Hälfte des Wertes verlangt. Sie würde damit sein Lebenswerk zerstören. Aber sie will auch nicht auf Geld verzichten, da sie das Geld brauchen wird. Es ist wichtig, dass der Mann ihr anrechnet, dass sie sich diese Gedanken macht und nun beide einvernehmlich auf die Suche nach einer guten Lösung gehen. Die Frau gibt zu verstehen, dass sie durch ihren Mann ein schönes Leben hatte und jetzt nicht in ein von Armut geprägtes Leben gehen möchte. Sie legt in der Mediation dar, was sie für ihr Leben monatlich braucht und womit sie sich wohlfühlen würde. Sie ist fair bei dieser Berechnung, und man spürt, dass sie zwar einen hohen Lebensstandard erhalten will, aber keine übertriebenen Forderungen stellt. Das motiviert den Expartner, großzügig aufzutreten, und sie finden eine gute Lösung, indem er ihr einen monatlichen Betrag überweist und ihr noch hilft, eine Wohnung zu kaufen, sodass sie mietfrei leben kann. Das befriedigt ihr Sicherheitsbedürfnis, und sie freut sich gemeinsam mit ihrem Exmann, dass das Unternehmen so erhalten bleiben kann.

Bei der Trennung einer nichtehelichen Lebensgemeinschaft kann dieses Thema auch eine große Rolle spielen. Wenn einer zum Beispiel viel in die Immobilien des anderen investiert hat und das mangels Rechtsgrundlage nun nicht zurückbekommt. Er hat im Vertrauen auf die Fairness des anderen gehandelt und wird enttäuscht. Die Mediation kann versuchen, einen gerechten Ausgleich zu erarbeiten, und dabei zu einem guten Gefühl bei beiden beitragen.

4. Trennungs- und nachehelicher Unterhalt

Es wird im Gesetz zwischen Trennungs- und nachehelichem Unterhalt unterschieden. Der Trennungsunterhalt ist der Unterhalt, der ab der Trennung und bis zur Scheidung fällig werden kann. Der Gesetzgeber möchte mit dem Trennungsunterhalt erreichen, dass die Partner im Trennungsjahr keine großen Veränderungen hinnehmen müssen. In dieser Zeit soll alles so gut wie möglich wie zu Beziehungszeiten weitergehen, damit sich jeder in Ruhe mit der Trennung arrangieren kann. In dieser Zeit sollten möglichst keine Häuser verkauft und keine Jobs gekündigt werden, sofern dies nicht auch zu Beziehungszeiten angestanden hätte, damit die Lebensumstände in finanzieller Hinsicht möglichst gleich bleiben.

Auf Trennungsunterhalt kann rechtlich wirksam nicht verzichtet werden. Der Trennungsunterhalt von Verheirateten kann von Anwälten genau ausgerechnet werden und stellt in meiner Mediationspraxis in der Regel kein Problem dar. Man kann den Trennungsunterhalt mit der 3/7-Regelung ganz gut überschlagen. Der Besserverdienende muss nach Abzug einiger berufsbedingter Aufwendungen und dem Kindesunterhalt dann 3/7 seines Mehrverdienstes an den schlechter Verdienenden als Trennungsunterhalt abgeben. War das Paar nicht verheiratet, besteht nur dann ein Rechtsanspruch, wenn es noch Kinder unter drei Jahren gibt. Ansonsten muss das Paar sich fair einigen, ohne auf Gesetze zurückgreifen zu können. Schwieriger wird es beim nachehelichen Unterhalt. Im Gegensatz zum Trennungsunterhalt, der nur bis zur Scheidung und damit in der Regel nur für ein Jahr bezahlt wird, kann der nacheheliche Unterhalt viele Jahre bestehen bleiben und ist daher sehr existenziell für die Parteien. Jeder soll nach der Scheidung für seinen Unterhalt selbst verantwortlich sein. Es gibt aber einige Ausnahmetatbestände für einen berechtigten nachehelichen Unterhalt. Hierzu zählen kleine Kinder, eine lange Ehedauer, keine Möglichkeit mehr, Geld zu verdienen, etwa aus Krankheitsgründen, oder der sogenannte Aufstockungsunterhalt. Die Höhe und vor allem Dauer ist sehr volatil, und es ist sinnvoll, sich über den Unterhalt zu einigen, da es auch in solchen Fällen zu langwierigen Prozessen kommen kann.

Vor mir sitzen ein Mann und eine Frau, die sich beide von renommierten Anwälten beraten ließen. Der Mann behauptete, seinem Anwalt zufolge müsse er höchstens fünf Jahre lang monatlich 500 Euro nachehelichen Unterhalt an seine Exfrau bezahlen. Der Anwalt der Frau hatte dieser mitgeteilt, sie habe lebenslang einen Anspruch auf monatlich 500 Euro.

Eine ganz schöne Differenz. In der Mediation wurde das Thema folgendermaßen gelöst: Der Mann erklärte sich bereit, der Frau eine vierjährige Ausbildung als Krankenschwester voll zu finanzieren, was ihr dann voraussichtlich zu einem sicheren Job verhalf. Danach hörte der nacheheliche Unterhalt auf.

Eine Frau ist von ihrem Partner finanziell abhängig, weil sie die Kinder voll und ganz übernommen und ihrem Partner den Rücken freigehalten hatte und daher keiner Arbeit nachgehen konnte. Das Paar hatte sich für diese Lösung entschieden, weil er in seinem Beruf sehr viel mehr verdienen konnte als sie mit ihrer Ausbildung. Sie hatte sich nicht wohl damit gefühlt, weil sie die finanzielle Abhängigkeit nicht ertragen konnte. Nach der Trennung bleibt sie abhängig und leidet stark darunter. Der Mann sieht die Notwendigkeit, ihr nach der Trennung monatlich Geld zu geben. Sie jedoch will das Geld von ihm nicht annehmen, weil sie nicht mehr von ihm abhängig sein will.

Mit ihrer Existenzangst und ihrem Willen nach Unabhängigkeit steckt die Frau schon seit vielen Jahren in einer Zwickmühle, die sie sehr unzufrieden machte. Dieses Dilemma hatte zu einem großen Teil auch zur Trennung geführt, weil der Mann sich immer eine zufriedene Partnerin gewünscht hatte. Er zeigt seine Ratlosigkeit, weil er nicht weiß, wie er die Zwickmühle seiner Partnerin auflösen soll. Er hört ihr noch einmal ganz in Ruhe zu und gibt ihr das Gefühl, ihre Lage wirklich zu verstehen. Sie hört auch ihm zu und gibt ihm zu verstehen, dass sie weiß, wie schwierig es ist, mit diesem Dilemma umzugehen. Mit diesem gegenseitigen Verständnis ist schon sehr viel gewonnen. Jetzt muss das Paar eine Lösung finden, die beiden gerecht wird. Doch sie boykottiert zunächst alle Lösungsvorschläge durch ihre Ängste und Sorgen. Da beginnt der Mann auszurechnen, was sie in der Vergangenheit geleistet hat und welches Geld ihr dafür eigentlich zugestanden hätte. Er kommt auf monatlich 3000 Euro, da ihm die Frau neben der Kindererziehung auch noch umfangreiche Sekretariatsarbeiten abgenommen hat. Da er aber die Miete und Lebenshaltungskosten getragen habe, würde er davon 1500 Euro abziehen. Die restlichen 1500 Euro wolle er ihr jetzt nachträglich monatlich bezahlen. Das Paar war fünfundzwanzig Jahre lang verheiratet. Das sind 300 Monate, in denen sie eigentlich Geld hätte bekommen sollen. Sie vereinbaren, dass er ihr lebenslang 1500 Euro monatlich gibt und damit seine Schulden an sie abbezahlt. Damit konnte die Frau leben und ihren Frieden finden.

5. Versorgungsausgleich

Der Versorgungsausgleich bewirkt eine gleichwertige Teilung der Rentenanwartschaften, die in der Ehezeit angespart wurden. Hierin ähnelt er dem Zugewinnausgleich. Hat einer nicht oder nur wenig gearbeitet und demnach auch weniger für seine Altersversorgung ansparen können, dann hat er rechtlich Anspruch auf die Hälfte der Differenz von dem, was der Partner in der Ehezeit mehr angespart hat. Den Versorgungsausgleich nimmt das Gesetz sehr ernst, und man kann nur dann notariell darauf verzichten, wenn der Verzicht plausibel und nachvollziehbar ist. Das ist dann der Fall, wenn irgendeine andere monetäre Absicherung geleistet werden kann, die adäquat als Alterssicherung genutzt wird. Damit möchte der Gesetzgeber verhindern, dass einer aus seiner Pflicht entlassen wird, der andere dadurch in Altersarmut abrutscht und der Staat dann ausgleichen muss. Ein Verzicht sollte ohnehin sehr gut und gründlich durchdacht werden, da die Gefahren von Altersarmut von vielen Menschen unterschätzt werden. Der Versorgungsausgleich wird von Amts wegen, also immer, wenn nicht ausdrücklich etwas anderes gewünscht wird, vom Gericht berechnet. Konkret: Sobald die Scheidung eingereicht wird, bekommen beide Parteien ein Schreiben vom Gericht, in dem sie aufgefordert werden, darzulegen, was sie an Vorsorge geleistet haben. Aufgrund dieser Angaben errechnet das Gericht die

Vorsorgeleistungen beider Parteien und halbiert die Differenz. Auf den Bescheid vom Gericht kann man natürlich Einspruch erheben bzw. kann das Paar sich noch einmal orientieren und andersartige Vereinbarungen treffen. Zum Zeitpunkt der Scheidung werden die Anwartschaften dann an denjenigen überschrieben, der weniger Leistungen hatte. Beide Rentenbescheide werden bereinigt.

Er ist Rentner (65) und erhält eine Rente von 3000 Euro im Monat. Sie ist 55 und hat noch viele Jahre Arbeitsleben vor sich. Er müsste ihr von seiner Rente ungefähr 40 Prozent abgeben, da sie achtundzwanzig Jahre verheiratet waren und er sich fast seine ganzen Rentenansprüche in der Ehezeit erworben hat. Für ihn heißt das, dass er 1200 Euro monatlich an seine Partnerin abgeben muss, und das jetzt schon. Ihr wird das Geld aber erst in ca. elf Jahren, wenn sie selbst in Rente geht, ausgezahlt.

In der Regel finden Scheidungen einige Zeit vor der Rente statt, sodass die Einbußen in der Zukunft liegen und nicht sofort spürbar werden. Das ist dann zwar später genauso schmerzlich, aber im Heute besser zu ertragen. Das Problem hier besteht darin, dass der Mann sich schon in Rente befindet und er dadurch die Verpflichtung des Rentenausgleichs sofort monatlich zu spüren bekäme. Das Geld, also die 1200 Euro, behält der Staat erst einmal ein. Sollte die Frau früher sterben, würde der Mann diesen Teil der Rente verlieren, da dieser in der Regel nicht an ihn zurückfällt. Beide sind ratlos, denn es gibt keine finanziellen Mittel, um einen eventuellen Verzicht auszugleichen.

In der Mediation entscheiden sich die Parteien gegen eine Scheidung. Sie bleiben getrennt, aber schieben die Scheidung auf unbestimmte Zeit hinaus. So behält der Mann zunächst seine Rente, ein Ausgleich findet nicht statt. Sobald die Frau allerdings ins Rentenalter kommt, lassen sie sich scheiden. Sie vereinbaren zudem notariell, dass im Falle einer späteren Scheidung ab dem heutigen Trennungszeitpunkt kein weiterer Versorgungsausgleich stattfinden soll. Ab jetzt werden die Anwartschaften nicht mehr ausgeglichen. Würde der Mann in der Zeit vor ihrer Rente sterben, dann hätte sie Anspruch auf eine Witwenrente, die höher ist als die Rente, die sie bei sofortiger Scheidung bekommen würde. Im Falle ihres Todes könnte er seine Rente behalten.

6. Hausrat

Wenn es zur räumlichen Trennung kommt, dann muss der Hausrat aufgeteilt werden. An diesem Punkt gibt es selten Probleme. Das, was eindeutig von nur einem angeschafft wurde, kann dieser behalten. Das, was gemeinsam angeschafft wurde, wird geteilt. In der Regel kann das fair und gut gemacht werden. Der eine bekommt die Spülmaschine, der andere den Trockner. Der eine das Sofa, der andere den Esstisch und das Bild. Haben die Partner zwei Kinder, dann nimmt der eine die eine Kinderzimmereinrichtung mit, der andere behält die andere. So muss jeder ungefähr gleich viel für neuen Hausrat ausgeben.

Probleme kann es dann geben, wenn einer nichts mitnehmen kann und/oder will und nun für die an Ort und Stelle verbleibenden Dinge Entschädigung möchte. Die Höhe der Entschädigung ist schwer zu bestimmen, da die Gegenstände in der Regel gebraucht sind und wenig Wert haben. Zudem stellt sich der in der Wohnung Bleibende in der Regel auf den Standpunkt, dass der andere ja gerne etwas mitnehmen könne. Einen Ausgleich wolle er für die alten Sachen nicht zahlen. Eine Lösung kann sein: Der Ausziehende überschlägt, was er neu kaufen müsste und was er für Nachteile hat, und der andere denkt über die Vorteile nach, viele Gegenstände nicht neu kaufen zu müssen. Dann kommt die Zahl der neuen Anschaffungen auf den Tisch, und für diese wird er mit einem Drittel oder einem Viertel vom anderen unterstützt. So hat der eine neue Dinge, und der andere hat weiterhin ein komplett eingerichtetes Zuhause. Kommt es zu keiner Einigung, muss der Ausziehende die Hälfte mitnehmen und sie dann verkaufen. In der Regel findet man mit etwas Fantasie eine faire Regelung.

7. Vermögensaufteilung

Bei der Vermögensaufteilung geht es um das Vermögen, welches beiden rechtlich noch gemeinsam gehört. Es muss besprochen werden, wie Immobilien, Bankkonten, Auto, Hund und Katze, Aktienfonds etc. aufgeteilt werden sollen. Geht es um Konten oder andere leicht zu bestimmende Werte, dann wird in der Regel halbiert, und es geht nur noch um reine Formalitäten, etwa um den Zeitpunkt der Kontoauflösung etc. Hilfreich ist es, eine genaue Vermögensaufstellung zu machen und dann darüber im Einzelnen zu reden.

Problematisch und sehr schwierig zu lösen ist die Aufteilung von Immobilien oder anderen Vermögenswerten, etwa einer gemeinsamen Firma oder Praxis, die keinen klar zu definierenden Wert haben. In der Theorie müsste die Sache verkauft und der Erlös geteilt werden. Oder der Wert muss festgelegt werden, und dann zahlt der eine den anderen aus. In der Praxis sind beide Vorgehensweisen schwierig, daher braucht es häufig genau an diesem Punkt eine Mediation. Verkaufen will in der Regel mindestens einer nicht, und den anderen ausbezahlen wäre vielleicht möglich, aber unter Umständen zu einem ziemlich hohen Preis. Gutachten werden angezweifelt, und die Angst, auf Geld zu verzichten, wenn man zu wenig verlangt hat, ist groß. Sind heute die Immobilienpreise hoch und die Zinsen niedrig, sind vielleicht in drei Jahren die Zinsen hoch und die Immobilienpreise dadurch wieder niedriger. Ist es fair, dieses Risiko auszuklammern? Auch hat einer vielleicht gerade in diese Immobilie investiert, weil er mit einer Wertsteigerung gerechnet hatte. Wenn er jetzt aussteigt, nimmt nur der andere die Wertsteigerung mit. Daher entscheiden sich viele Partner trotz Trennung, die Immobilie zusammen zu behalten, und die darin wohnende Partei zahlt der anderen eine an den Markt angepasste Miete für dessen Hälfte der Immobilie.

Die Frau bleibt mit dem Kind in der Eigentumswohnung. Die Belastung auf der Immobilie beträgt monatlich 1200 Euro. Diesen Betrag teilen sich die Parteien weiterhin. Die Frau zahlt dem ausgezogenen Mann monatlich 500 Euro Miete. Sie muss demnach ihren Anteil von 600 Euro weiterhin bezahlen zuzüglich aller Nebenkosten. Der Mann zahlt auch die 600 Euro monatliche Belastung, erhält aber 500 Euro Mieteinnahmen. Die verbleibenden 100 Euro zahlt er gerne monatlich, denn so tilgt er den Kredit mit, bleibt weiterhin an der Immobilie beteiligt und erhält so für sein Kind die Wohnung. Sollte er irgendwann die Wohnung verkaufen wollen, dann kann die Frau eventuell seinen Kredit ablösen, da die Banken im Falle einer Scheidung mit einer juristisch einwandfreien Scheidungsfolgenvereinbarung den anderen aus dem Vertrag entlassen, wenn die Einnahmen der Frau ausreichen. Die Frage nach der Bewertung der Immobilie wird so in die Zukunft verschoben, was zunächst einmal ein beruhigendes Gefühl gibt.

Man sollte nicht vergessen, dass Gutachten zu Immobilien eine heikle Angelegenheit sind. Wie wir gesehen haben, funktioniert dieses Modell nur dann, wenn einer die nötigen finanziellen Mittel dazu hat. Ansonsten müssen die Parteien sich etwas anderes einfallen lassen und eventuell gemeinsam in der Wohnung bleiben oder bei Freunden unterkommen.

Geht es um Firmenbeteiligungen oder Praxen, so gilt das schon für den Zugewinnausgleich Gesagte über die Wertermittlung. Jetzt kommen aber zusätzlich die Probleme der praktischen Teilung auf einen zu. Hier ist in der Regel eine Mediation in Verbindung mit einem Anwalt für Gesellschaftsrecht erforderlich, da Parteien dies nicht alleine hinbekommen. Um die Schwierigkeiten, dies auseinanderzudividieren, sind die Parteien nicht zu beneiden. Jeder hat seine Vergangenheit und seine Emotionen, und all das muss besprochen werden. Ich kann nur jedem raten, trotz großer Verliebtheit die Scheidungsraten im Blick zu haben und vorab Regelungen zu treffen, bevor man etwas gemeinsam gründet.

8. Optimale steuerliche Gestaltung

Nach der Trennung kommen viele steuerrechtliche Fragen auf, die auch in der Mediation zur Sprache kommen. Leider wird den Parteien schnell bewusst, dass sie durch die Trennung finanziell nur verlieren. Man hat nicht nur durch die getrennten Haushalte jetzt teilweise höhere Kosten, noch dazu wird man steuerlich sehr benachteiligt. Es ist eine unschöne Tatsache, dass Verheiratete dann, wenn sie in einem Kalenderjahr keine drei Tage zusammengelebt haben, nicht mehr die Möglichkeit des Realsplittings haben. Dies soll man erst einmal verstehen, aber so ist es nun einmal. Viele Paare versuchen, das Realsplitting so lange wie möglich zu erhalten, und bleiben dafür offiziell zusammen. Auch können Unterhaltszahlungen steuerlich geltend gemacht werden. Das kann sich im Einzelfall lohnen. Sinnvoll ist auch zu überlegen, wer die steuerlichen Vorteile für die Kinder bekommt. Oder vielleicht ist es möglich, dass eine Partei in Steuerklasse 2 wechseln kann. Ein Besuch beim Steuerberater kann sehr sinnvoll sein. Wichtig ist, dass durch die Mediation das Verständnis dafür geweckt wird, sich gegenseitig bei der steuerlichen Gestaltung zu unterstützen.

9. Die Trennungs- und Scheidungsfolgenvereinbarung

Am Ende einer Mediation kann eine Vereinbarung stehen, die die Parteien selbst entwickelt und unterschrieben haben. Die Parteien übernehmen die volle Verantwortung für das, was sie vereinbaren. Der nichtanwaltliche Mediator darf nicht rechtlich beraten.

Daher ist in jedem Fall anzuraten, sich vor der Unterzeichnung der Vereinbarung noch einmal rechtlichen Rat einzuholen. Ist der Mediator gleichzeitig Anwalt, so entbindet das die Parteien ebenfalls nicht von der individuellen Beratung durch einen eigenen Anwalt. Denn der anwaltliche Mediator kann zwar in vielem beraten und erklären. Er kann auch helfen, rechtlich einwandfreie Lösungen zu entwickeln, aber er kann nicht im Interesse einer Partei beraten, sondern muss immer beide Parteien im Blick haben. Das kann dazu führen, dass eine Partei sich nicht ausreichend vertreten fühlt.

Eine Frau hat schlimme Schuldgefühle, weil sie ihren Partner wegen eines anderen von heute auf morgen verlassen hat. Sie möchte etwas wiedergutmachen und gibt in der Mediation in sehr vielen Punkten nach. Der Mann verhält sich trotz des guten Willens der Frau sehr abweisend und dankt es ihr in kei-

ner Weise. Sie bereut daraufhin ihre vielen Zugeständnisse und findet, der Mediator hätte sie besser beraten sollen.

Der nichtanwaltliche Mediator ist grundsätzlich nicht für die Vereinbarung verantwortlich und hat keinerlei Verpflichtung, die Parteien auf etwas aufmerksam zu machen. Handelt es sich allerdings um einen anwaltlichen Mediator, kann die Sache anders liegen. Dieser ist befugt, auch rechtsberatend tätig zu werden, sofern er keine Stellung für einen der beiden bezieht. Hier kann es unter Umständen zu einem Haftungsfall kommen, da ein die Frau individuell beratender Anwalt ihr nicht zum Nachgeben geraten hätte. Der anwaltliche Mediator müsste die Frau darauf aufmerksam machen, dass sie auf bestimmte Dinge nicht verzichten müsste; sonst kann es zur Haftung kommen. Gibt sie dann dennoch nach, so tut sie es bewusst und sollte dann auch dazu stehen. Es ist daher sinnvoll, sich die Vereinbarung gut durch den Kopf gehen zu lassen und erst nach reiflicher Überlegung zu unterschreiben. Aber dann ist es gut, Klarheit zu schaffen und zu dieser zu stehen. Man sollte nicht vergessen, was einen zur Unterschrift bewogen hat und inwiefern die Vereinbarung zu einem früheren Zeitpunkt sinnvoll war.

Die Parteien entscheiden sich in der Mediation, die Schätzung der gemeinsamen Wohnung ohne Gutachten vorzunehmen, da sie um die Unzuverlässigkeit eines Gutachtens wissen und sich das Geld dafür sparen wollen. Sie einigen sich einvernehmlich auf einen geschätzten Preis von 200 000 Euro. Die Frau bekommt vom Mann 100 000 Euro ausbezahlt, und alles wird in der Vereinbarung rechtlich wirksam unterschrieben. Ein paar Monate nach der Trennungsvereinbarung hört die Frau von einem Anwalt, dass sie nie ohne Gutachten hätte unterschreiben sollen, denn so habe sie wahrscheinlich auf Geld verzichtet.

Jetzt ärgert sich die Frau über ihre damalige Entscheidung und findet, der Mediator hätte sie dahingehend beraten sollen.

In der Regel weiß der Mediator, dass Gutachten im Streitfall keine Garantie für einen gerechten Ausgang sind. Wenn Parteien sich ohne Gutachten einigen, dann ist das kein schlechter Weg. Denn Sie erinnern sich: Auch Gerichtsurteile, die mit viel Geld und Schmerzen erstritten wurden, können sich im Nachhinein extrem unfair und falsch anfühlen. Der spät befragte Anwalt denkt an die maximalen Möglichkeiten, der Mediator an die friedliche Einigung.

Die Parteien sollten gemeinsam mit dem Mediator darauf achten, dass nur Dinge vereinbart werden, für die die Zeit schon reif ist. Denn die Trennungs- und Scheidungsfolgenvereinbarung zeichnet sich dadurch aus, dass beide im Grunde genommen nachgeben, vielleicht könnte man sogar sagen, als Verlierer aus der Sache rausgehen. Der Sieg besteht in den außergerichtlichen Faktoren, die in diesem Buch behandelt wurden. Verläuft die Mediation gerecht, dann kommt es immer zu Ergebnissen, mit denen beide Seiten gut leben können. Und die Freude über die anderen positiven Nebenwirkungen sollte nicht vergessen werden.

Ist die Vereinbarung unterschrieben und sind einige der Punkte noch notariell beurkundet, dann hat sie rechtlichen Bestand. Lassen die Parteien sich nicht scheiden, dann haben sie ein wertvolles Dokument in Händen, das die Trennungszeit regelt, egal wie lang sie auch sein mag.

Wird die Scheidung angestrebt, dann geht einer von beiden zu einem Anwalt, dieser wird dann die Scheidung einreichen. Die andere Partei bekommt den Scheidungsantrag zugeschickt, stimmt allem zu und braucht keinen eigenen Anwalt mehr in dem Verfahren. Letzterer darf sich dann allerdings auch nicht mehr im Verfahren äußern, da dies nur mit Anwalt geht, aber das muss er ja auch nicht mehr, wenn alles geregelt ist. Unter Umständen möchte der Anwalt, der die Scheidung einreichen wird, die außergerichtliche Vereinbarung sehen. Dabei sollte dem Anwalt klar und deutlich gemacht werden, dass er für beide Parteien da sein soll. Die Vereinbarung sei der Wille der Parteien und brauche keine einseitige Überprüfung mehr. Er solle nur die Scheidung einreichen und nicht mehr die Rechte einer Partei vertreten.

Das Gericht schickt die Versorgungsausgleichsunterlagen beiden zu, und wenn diese ausgefüllt zurückgesendet und überprüft wurden, dann ergeht hierüber ein Bescheid. Den prüfen die Parteien, und wenn sie dem zustimmen, dann wird ein Termin anberaumt. Zu diesem erscheinen die Parteien mit einem Anwalt. Die Scheidung ist dann ein kurzer formeller Akt. Für viele ist der Akt zu kurz und sehr unpersönlich und daher eine große Ernüchterung. Denn immerhin geht hier etwas formell zu Ende, was in der Regel mit einer festlichen Zeremonie begonnen hatte. Daher sollten die Parteien gemeinsam über ein passendes Scheidungsritual nachdenken, zum Beispiel einen kleinen Abschiedsdrink, oder gemeinsam die Ringe an einem Ort deponieren, der ihnen wichtig war.

Es können und werden in der Vereinbarung auch Dinge geregelt, die nicht rechtlich durchsetzbar sind, wie etwa Folgendes: »Die Parteien vereinbaren einvernehmlich, sich jederzeit zum Wohle der Kinder zu verhalten. Sie versprechen einander, die Kinder im Blick zu haben und den anderen Elternteil vor den Kindern nicht schlechtzumachen und für ein gutes Verhältnis zu sorgen.« Oder: »Die Parteien vereinbaren, dass neue Partner den Kindern nur sehr langsam und in Absprache mit dem anderen Elternteil vorgestellt werden sollen.«

Auch Kommunikationsregeln können vereinbart werden, was dann sinnvoll ist, wenn die Kommunikation entweder schwierig ist oder aber die Parteien Schwierigkeiten haben, voneinander loszukommen. Fängt immer wieder einer an, den anderen mit nervigen Dingen und altbekannten Gesprächen, Vorwürfen und Mustern zu belästigen, damit wenigstens noch irgendeine Art von Kontakt bestehen bleibt, dann können Regelungen sehr helfen. Andere wollen unbedingt gute Eltern bleiben, spüren aber, dass dies nur unter bestimmten Voraussetzungen möglich sein kann. Dann sollte auch das besprochen und vereinbart werden. Oft bleibt es beim Wunsch, schriftlich zu kommunizieren. Oder es wird ein wöchentliches Telefonat gewünscht. Hier sind dem Expaar keine Grenzen gesetzt. Ist die Kommunikation allerdings zu sehr gestört, dann reicht eine Vereinbarung nicht, dann sollte das Paar sich weiterhin von einem Paarberater oder von dem Jugendamt begleiten lassen.

Interessanterweise verspüren Expaare häufig einen starken Wunsch nach gemeinsamen Familienerlebnissen, was auch in die Vereinbarung aufgenommen wird. Etwa die Geburtstage der Kinder oder einen Sonntag im Monat zusammen zu verbringen liegt dem getrennten Paar nun am Herzen. Der Wunsch danach, dass das Familienleben nicht so abrupt beendet wird, ist groß. Damit das gelingen kann, müssen beide sich große Mühe geben, die Sachebene nicht zu verlassen. Aber einen Versuch ist es doch wert.

Demnach werden in der Vereinbarung immer wieder rechtlich nicht durchsetzbare Dinge geregelt. Dies hat auch seine Berechtigung. Denn Absichtserklärungen und moralische Verpflichtungen sprechen die eigene Integrität an, sodass man es schon vor sich verantworten muss, wenn man sich später nicht danach richtet.

11

Nach der Trennung –
allein sein muss nicht einsam sein

Nach der Trennung wird es sicherlich mehr einsame Momente geben als zu Beziehungszeiten. Einsame Momente, die so sehr gefürchtet werden, dass man einer schlechten, vielleicht sogar krank machenden Beziehung den Vorzug gegeben hat. Immer wieder ist diese große Angst vor der Einsamkeit ein Thema in meiner Praxis. Dabei vergisst man, dass Einsamkeitsgefühle auch in einer Beziehung entstehen können. Nirgendwo sonst habe sie sich jemals so einsam gefühlt wie in ihrer Ehe, sagte mir einmal eine Klientin. Selbst wenn am Frühstückstisch oder allabendlich vor dem Fernseher jemand neben einem sitzt, ist man zwar nicht alleine, aber einsam vielleicht schon. Dann zum Beispiel, wenn der Partner einem gegenüber nicht loyal ist, einen nicht im Blick hat, man sich anschweigt oder sogar ignoriert und schlecht behandelt. So gesehen hat Einsamkeit mit dem Alleinsein gar nicht viel zu tun. Es gibt sozial sehr isolierte Menschen, die sich trotzdem nicht einsam fühlen, und Menschen mit vielen sozialen Kontakten, die sich dennoch im Grunde ihres Herzens einsam fühlen. Dennoch nehmen Einsamkeitsgefühle in Zeiten des Alleinseins natürlich zu. In einer Beziehung kann man sich ablenken, und das ist wohl der große Unterschied. Ist man tatsächlich allein, wird man unmittelbar mit seinem Inneren konfrontiert. Mit der eigenen Sehnsucht nach einer anderen Person, mit alten Kindheitsthemen und vor allem mit der Frage, ob man das Richtige im eigenen Leben tut. Das sind Themen, denen sich nicht jeder gerne stellt, und so manche finden deshalb die Ablenkungen durch den ungeliebten Partner und die vielen Streitereien immer noch erträglicher als einen Abend allein mit sich und seinen Gedanken. Man spürt auch, dass die Ablenkung von den eigenen Gefühlen nach der Trennung schwieriger wird. Und: Man muss aktiv auf andere zugehen, seine Abende organisieren und Wochenenden planen, wenn man nicht vereinsamen will.

Die neuere Gehirnforschung hat herausgefunden, dass das Gefühl von Einsamkeit in derselben Gehirnregion verankert ist wie das körperliche Schmerzempfinden. Ob wir uns nun die Schulter auskugeln oder uns einsam fühlen, beides manifestiert sich im selben Schmerzareal. Daher ist es nicht verwunderlich, dass Schmerzmittel auch Einsamkeitsgefühle betäuben können.

Nun wissen wir, dass Schmerzen lebenswichtig für uns sind, weil sie uns darauf hinweisen, dass etwas nicht in Ordnung ist und wir etwas ändern müssen. Drückt uns der Schuh, dann sollten wir die Schuhe wechseln. Schmerzen zwingen uns demnach zur Veränderung. Das gilt eben auch für Gefühle, die Schmerzen verursachen, und Einsamkeit verursacht tatsächlich Schmerzen, zum Beispiel von der Welt verlassen und nicht wichtig zu sein. Es kann sich anfühlen wie: Alle anderen feiern in einer Kneipe, und ich ziehe daran vorbei, traue mich nicht hinein und gehe traurig nach Hause, wo nur der Fernseher auf mich wartet.

Wer das Gefühl von Einsamkeit spürt und ganz bewusst wahrnimmt, der kann von der Einsamkeit auf den Schmerz schließen und vom Schmerz auf die Notwendigkeit, etwas zu verändern. Und was wäre wichtiger als eine Veränderung des Verhältnisses zu sich selbst. Jetzt wird es Zeit, gut zu sich zu sein.

Man wünscht sich von anderen etwas, was man sich selber meist nicht gibt, und zwar Liebe. Denn achtet man einmal auf seine täglich kreisenden Gedanken, so sind diese oftmals gar nicht gut zu uns selbst. »Du hast schon wieder nichts geschafft! Du siehst wieder so was von schlecht aus! Du hast ja eh nur wieder Pech! Das hast du aber gar nicht gut gemacht.« Das sind nur einige der nicht guttuenden Gedanken, die sich viele Menschen regelmäßig machen können.

Man sollte sich die Zeit nehmen und sich einmal selber zuhören. Dann kann man sich fragen, ob man glücklich wäre, wenn andere einem diese Worte sagen würden, die man selber immer wieder denkt. Wohl sicher nicht.

Man sollte nun beginnen aufmerksam, zugewandt, beschützend und liebevoll mit sich umzugehen und sich zu fördern, ganz so wie es liebevolle Eltern mit ihren Kindern tun. Und das eben mit sich selbst. So gestärkt beginnt man dann die Dinge zu tun, die man sich während der Beziehung immer schon vorgenommen hatte. Vielleicht geht man wieder zum Sport, liest ausgiebig die Zeitung, besucht Freunde und genießt die neu gewonnene Freiheit. So erlaubt man sich selbst, der wichtigste Mensch im Leben zu sein und sich auch mal zu freuen, wenn die Kinder beim Partner sind. Alte Freunde werden aktiviert, neue Impulse gesetzt. Jetzt kann das Leben ganz anders und verändert aussehen. Dafür sollte man offen sein und dabei realisieren und spüren, dass sich vieles leichter und besser anfühlt. Man lernt zuerst einmal richtig durchzuatmen und das Leben wieder zu lieben. Man hat doch schließlich nur dieses eine Leben.

Ein gutes Heilmittel gegen Einsamkeit kann übrigens ein Ehrenamt sein, welches sehr viel Freude und neuen Sinn in unser Leben zu bringen vermag. Bei dieser Tätigkeit treffen wir auf andere Menschen und erweitern unseren Horizont. Wir verlassen die Komfortzone und ernten Freude und Dank. Dadurch bekommt das Leben mehr Sinn, und unser Selbstwert wird dabei gestärkt, indem auch anderen geholfen wird. Wir können zudem dabei lernen, wie hilfsbereit und wertschätzend wir mit anderen umgehen, und das machen wir dann auch gleich mal mit uns selbst, ganz ohne Schmerz- und Betäubungsmittel.

Zum Abschluss noch eine kleine Geschichte: Ein König hat eine wunderschöne Tochter im heiratsfähigen Alter, die derjenige zur Frau bekommen soll, der durch ein Becken voller Haifische schwimmt. So versammeln sich am Beckenrand die klügsten und die schönsten Jünglinge des ganzen Königreichs und starren in das Wasser. Nervös treten sie von einem Bein aufs andere, und es ist ihnen anzusehen, wie gerne sie den Sprung ins Wasser wagen würden. Aber die Haie schwimmen dicht an dicht. So geht es eine ganze Weile, und nichts geschieht, bis plötzlich ein Jüngling ins Wasser springt und durch das Becken um sein Leben schwimmt. Er schafft es tatsächlich, das Becken lebend zu durchqueren, und bekommt unter lautem Beifall die Königstochter zur Frau. Als sich die Begeisterung gelegt hat, fragt ihn der König, wie er denn den Mut gefunden habe, in das Haifischbecken zu springen. Der junge Mann antwortet: »Ich wurde gestoßen.«

Danke

In jedem Satz dieses Buches ist mein Mann Clemens ganz nah an meiner Seite. Er trägt und begleitet mich durchs Leben. Ohne ihn wäre ich nie dort angekommen, wo ich heute bin. Durch ihn bin ich stabil und kraftvoll geworden und in der Lage, meinen Weg zu gehen. Für dieses Glück bin ich unendlich dankbar. Unsere Kinder Paulina, Ottonie und Augustin lassen mich jeden Tag spüren, wie schön das Leben ist. Ich bin durch euch gesegnet. Mein Dank gilt Susanne Rick, die jede Zeile in diesem Buch begleitet hat. Wir haben gemeinsam an dem Konzept gefeilt, einige meiner liebsten Passagen gestrichen, andere hinzugefügt und unsere persönlichen Themen über ein Jahr lang geteilt. Du warst ein wunderbarer Coach, einfühlsame Lektorin und Kritikerin.

Dank an Frau Stuhldreier vom Ullstein Verlag, die mit sicherem Instinkt das Thema des Buches modifiziert und mich in die richtige Richtung gelenkt hat. In diesem Rahmen danke ich auch meiner Agentin Dr. Frauke Jung-Lindemann, die sich sofort von der Idee hat begeistern lassen und schnell den richtigen Verlag gefunden hat. Dank an die Lektorin Barbara Krause, die dem Buch einen wichtigen Schliff gegeben hat und an Alexandra Krishnabhakdi für die wertvolle Hilfe und Geduld. Ein ganz besonderer Dank geht an meine Freundin Anne von Moltke. Du hast dir viel Zeit genommen und warst besonders konstruktiv als Lektorin und immer helfend an meiner Seite. Ich traue mich nun, das Buch in die Öffentlichkeit zu entlassen.

Unglaublich wichtig waren für mich diejenigen, die bereit waren, das Buch schon in der Rohfassung zu lesen. Da möchte ich meiner Schwester Caroline für ihre wertvollen Anmerkungen danken, meiner Tochter Paulina für ihre mentale Unterstützung, meiner Freundin und Rechtsanwältin Dorothea von Hülsen, die mich mit juristischem Rat begleitet hat, und meiner sprachbegabten Freundin Jenne Baule-Prinz, die mir spontan und wertvoll geholfen hat. Meine Freundin Monika Czernin weiß, was mir das Buch bedeutet. Auch sie hat es gelesen und mir wertvolle Tipps gegeben. Danke dir.

Prof. Dr. Michael Naumann verdanke ich den perfekten Buchtitel. In einer wichtigen Situation warst du mit dabei und hast mir sehr viel Input gegeben. Danke.

Mein Dank gilt auch dem Singleberater und Therapeuten Christian Thiel, der mir wichtige Tipps gab und mir viele Türen öffnete. Auch Dir vielen lieben Dank.

Mein Dank gilt auch all den Menschen, die mich in meiner Entwicklung entscheidend geprägt haben. Sie haben mich inspiriert, mir neue Wege aufgezeigt und an mich geglaubt. Als Erstes sei hier Amei von Trott zu Solz erwähnt, meine spirituelle Lehrerin, der ich nicht genug danken kann. An einem himmlischen Ort in Hessen blicke ich auf großartige Momente in meinem Leben zurück. Auch Dr. Wolfgang Merz, der mich durch seine fantastischen Persönlichkeitstrainings darin unterstützt hat, zu dem Mensch zu werden, der ich heute bin. Darüber hinaus ist es mir ein Bedürfnis, zwei Ausbildungsinstitute hervorzuheben: die GST in Berlin für meine systemische Familientherapie-Ausbildung sowie Streitendknoten, ebenfalls in Berlin, für meine Mediationsausbildung. Auch sei hier noch Gunther Schmidt genannt, dessen Lehrgänge ich mit Begeisterung verfolgt habe und die entscheidenden Einfluss auf meine Arbeit haben.

Danken möchte ich auch den Menschen, die sich immer für das Buch interessiert haben und mit denen ich im regen Austausch stand. Da ist mein Schwager Dr. Hubertus von Treuenfels, der mit seiner Erfahrung viel zum Gelingen beigetragen hat, meine Freundin Loretta Würtenberger, die mich sehr gestärkt hat, meine Freundin Jutta Woker, die meinen Weg begleitet hat und mein zukünftiger Schwiegersohn, der immer helfend und begeistert bei der Sache ist. Auch meine in Deutschland verteilten Freundinnen und meine Kolleginnen meiner Intervisionsgruppe sind ein wertvoller Bestandteil meines Lebens. Danke euch sehr.

Danken möchte ich auch meiner Mutter und meinem Stiefvater, an denen ich sehr gewachsen bin. Auch meinem Vater gebührt großer Dank. Seine Gastfreundschaft und Herzlichkeit sind mir auf immer ein Vorbild.

Und auch wenn das vielleicht etwas komisch klingen mag: Ich danke dem wunderschönen Potsdam für seine inspirierende Schönheit und den guten Cafés in Berlin, in denen ich so viele Stunden geschrieben habe.

Und zum guten Schluss: Das ganze Buch lebt von meinen Klienten. Ich habe tiefen Respekt vor den Menschen, die eine Trennung durchlaufen müssen. Ich danke allen, die den Weg zu mir gefunden haben. Sie lehren mich, und so kann ich es an andere weitergeben. Von Herzen danke und viel Erfolg für das Leben nach der Trennung.

Weiterführende Literatur

Bach, G.R., Goldberg, H.: *Keine Angst vor Aggression. Die Kunst der Selbstbehauptung.* Fischer Taschenbuch Verlag, 15. Aufl., Frankfurt am Main 2000

Bernstein, G.: *Könnte Wunder bewirken. Das 40-Tage-Programm, um Ihr Leben grundlegend zu verändern.* mvg Verlag, 2. Aufl., München 2014

Braiker, H.: *Giftige Beziehungen. Wenn andere uns krank machen.* Fischer Taschenbuch Verlag, 7. Aufl., Frankfurt am Main 2013

Chapman, G.: *Die 5 Sprachen der Liebe. Wie Kommunikation in der Ehe gelingt.* Francke Verlag, 30. Aufl., Marburg an der Lahn 2014

Cöllen, M.: *Das Verzeihen in der Liebe. Wie Paare neue Liebe finden.* Verlag Kreuz GmbH, Freiburg 2009

Dahlke, R.: *Krankheit als Sprache der Seele. Be-Deutung und Chance der Krankheitsbilder.* Goldmann Verlag, München 1997

Dechmann, B., Ryffel, C.: *Vom Ende zum Anfang der Liebe. Ein Leitfaden für die systemische Beratung und für Paare, die zusammenbleiben wollen.* Beltz Verlag, Weinheim 2001

Egli, R.: *Das Lola-Prinzip. Die Vollkommenheit der Welt.* Editions D'Olt, Wettingen 1994

Fleischhauer, J.: *Alles ist besser als noch ein Tag mit Dir. Roman über die Liebe, ihr Ende und das Leben danach.* Knaus Verlag, München 2017

Frankl, V.E.: *Trotzdem ja zum Leben sagen. Ein Psychologe erlebt das Konzentrationslager.* Kösel Verlag, München 2009

Fromm, E.: *Die Kunst des Liebens*. Ullstein Taschenbuch Verlag, 73. Aufl., Berlin 2015

Gruen, A.: *Der Fremde in uns*. dtv, 3. Aufl., München 2004

Hötker-Ponath, G.: *Trennung und Scheidung. Prozessbegleitende Interventionen in Beratung und Therapie*. (*Leben lernen*). Klett-Cotta, Stuttgart 2009

Juul, J.: *Aus Erziehung wird Beziehung. Authentische Eltern – kompetente Kinder*. Herder Verlag, 12. Aufl., Freiburg im Breisgau 2015

Kessler, K.: *Das muss (kann) Liebe sein. 54,5 Pflegetipps für die glückliche Ehe*. Lübbe, Köln 2016

Largo, R.H., Czernin, M.: *Glückliche Scheidungskinder. Was Kinder nach der Trennung brauchen*. Piper Verlag, München 2014

Levine, P. A.: *Trauma-Heilung. Das Erwachen des Tigers – unsere Fähigkeit, traumatische Erfahrungen zu transformieren*. Synthesis, Essen 1998

Lusseyran, J.: *Das wiedergefundene Licht. Die Lebensgeschichte eines Blinden im französischen Widerstand*. dtv, 15. Aufl., München 2006

Norwood, R.: *Wenn Frauen zu sehr lieben. Die heimliche Sucht, gebraucht zu werden*. Rowohlt Taschenbuch Verlag, 20. Aufl., Hamburg 2014

Osho: *Liebe, Freiheit, Alleinsein*. Goldmann Verlag, 10. Aufl., München 2002

Pásztor, S., Gens, K.-D.: *Ich höre was, das du nicht sagst. Gewaltfreie Kommunikation in Beziehungen*. Junfermann Verlag, 3. Aufl., Paderborn 2008

Riemann, F.: *Grundformen der Angst. Eine tiefenpsychologische Studie*. Ernst Reinhardt Verlag, 35. Aufl., München/Basel 2003

Rohr, R., Ebert, A.: *Das Enneagramm. Die 9 Gesichter der Seele*. Claudius Verlag, 38. Aufl., München 2002

Schellenbaum, P.: *Abschied von der Selbstzerstörung. Befreiung der Lebensenergie.* dtv, Stuttgart 1992

Schmidbauer, W.: *Du verstehst mich nicht.* Rowohlt Taschenbuch Verlag, Hamburg 1998

Schnarch, D.: *Die Psychologie sexueller Leidenschaft.* Piper Verlag, 13. Aufl., München 2012

Sieder, R.: *Patchworks – das Familienleben getrennter Eltern und ihrer Kinder.* Klett-Cotta, Stuttgart 2008

Stahl, S.: *Das Kind in dir muss Heimat finden. Der Schlüssel zur Lösung (fast) aller Probleme.* Kailash Verlag, München 2015

Stahl, S.: *Vom Jein zum Ja! Bindungsangst verstehen und lösen – Hilfe für Betroffene und ihre Partner.* Ellert & Richter Verlag, 2. Aufl., Hamburg 2015

Tepperwein, K.: *Loslassen, was nicht glücklich macht. Krise als Chance.* Weltbild Verlag, Augsburg 2001

Tolle, E.: *Jetzt – Die Kraft der Gegenwart. Ein Leitfaden zum spirituellen Erwachen.* J. Kamphausen Verlag, 5. Aufl., Bielefeld 2002

Torralba, F.: *Die Kunst des Zuhörens.* Verlag C.H. Beck, München 2007

Willi, J.: *Die Zweierbeziehung.* Rowohlt Taschenbuch Verlag, Hamburg 1990

Winterhoff, M.: *Warum unsere Kinder Tyrannen werden. Oder: Die Abschaffung der Kindheit.* Gütersloher Verlagshaus, Gütersloh 2008

Wolf, Dr. D.: *Wenn der Partner geht. Trennungsschmerz und Liebeskummer bewältigen.* Pal Verlagsgesellschaft, 28. Aufl., Mannheim 2013

Elena-Katharina Sohn

Goodbye
Herzschmerz
Eine Anleitung zum
Wieder-Glücklichsein

Taschenbuch.
Auch als E-Book erhältlich.
www.ullstein-taschenbuch.de

Elena-Katharina Sohn ist DIE Expertin für
Liebeskummer

Liebeskummer – was so harmlos klingt, tut in Wahrheit
verdammt weh und kann uns schlimmstenfalls sogar
die Lust am Leben nehmen. Elena-Katharina Sohn arbeitet täglich mit Frauen und Männern, die an Herz-
schmerz leiden. Sie hat eine Methode entwickelt, um
zerbrochene Herzen zu heilen – und mehr noch: Sie
hilft den Betroffenen, wieder richtig glücklich zu sein!
So wird aus der Krise Liebeskummer eine wunderbare
Chance.

Ulrike Stöhring

Vielen Dank
für alles

Trennung –
glücklich überlebt

Erzählendes Sachbuch.
Klappenbroschur.
Auch als E-Book erhältlich.
www.ullstein-buchverlage.de

Ulrike Stöhring

**VIELEN DANK
FÜR ALLES**
Trennung — glücklich überlebt

**»Ja, verlassen zu werden kann sich anfühlen wie ein
Mordversuch. Die gute Nachricht ist: Die allermeisten
überleben ihn.«**

Schlimmer hätte es nicht kommen können: An einem
idyllischen Augustabend eröffnet ihr Mann ihr bei einem Glas Wein, dass er sie wegen einer anderen verlassen wird. Ulrike Stöhring, Anfang fünfzig, steht unter
Schock. Einer Generation zugehörig, in der zwischen
Versorgungsehe und feministischer Guerilla alles möglich schien, hat sie nun absolut keine Idee mehr, wie es
weitergehen könnte. Bis sie erkennt, dass es höchste
Zeit ist, sich endlich um sich selbst zu kümmern. Und
am Ende wird sie, was sie vor der Trennung nicht war:
eine glückliche Frau.